훈민정음 제자원리와 역리의 상관성

권오휘 權五輝

경북 예천에서 태어나 2003년 『문예사조』를 통해 시로, 2014년 『문학세계』를 통해 평론으로 등단했다. 논문 「예천지역 친족어 연구」와 저서 『훈민정음 제자원리와 역리의 상관성』 등 다수가 있다. 국어학을 전공한 문학박사이다. 안동대학교 겸임교수, 경북도립대학교 외래교수를 역임했다. 현재 문인권익옹호위원, 한국문협 경북부지회장, 예천문화연구회장, 한국예총 예천지회장, 대창고등학교 국어교사이다.

훈민정음 제자원리와 역리의 상관성
_____

초판 인쇄 2018년 9월 20일
초판 발행 2018년 9월 28일

지은이 권오휘 ▎**펴낸이** 박찬익 ▎**편집장** 황인옥 ▎**책임편집** 정봉선
펴낸곳 ㈜ **박이정** ▎**주소** 서울시 동대문구 천호대로 16가길 4
전화 02) 922-1192~3 ▎**팩스** 02) 928-4683 ▎**홈페이지** www.pjbook.com
이메일 pijbook@naver.com ▎**등록** 2014년 8월 22일 제305-2014-000028호

ISBN 979-11-5848-385-2 (93710)

* 책값은 뒤표지에 있습니다.

훈민정음

訓民正音

제자원리와 역리의 상관성

권오휘 지음

訓民正音
國之語音。異乎中國與文字
不相流通。故愚民有所欲言
而終不得伸其情者多矣予
為此憫然。新制二十八字。欲
使人人易習便於日用矣
ㄱ牙音如君字初發聲

(주)박이정

권재일

(한글학회 회장, 서울대학교 교수)

올해 2018년은 세종대왕이 조선 제4대 왕으로 즉위한 지 600돌이 되는, 매우 뜻 깊은 해입니다. 세종대왕은 여러 방면에 걸쳐 훌륭한 업적을 남겼습니다. 그러나 그 가운데서도 으뜸은 바로 훈민정음 창제라 하겠습니다. 세종대왕의 훈민정음 창제는 한국의 언어학 수준을 높였다는 점에서 언어학사에서 그 의의가 매우 큽니다. 체계적인 음운 이론을 바탕으로 자음과 모음 그리고 운소까지 갖춘, 더 나아가 모음조화라는 음운 체계를 반영한, 새로운 음소문자를 만든 것이기 때문입니다.

세계에는 수천 가지의 언어가 있지만, 그 가운데는 자기 언어를 표기하는 문자를 가지고 있지 못한 경우도 있고, 또 다른 언어에서 쓰는 문자를 빌려다가 쓰는 경우도 있습니다. 그러나 우리는 우리말과 더불어 우리 고유의 문자인 훈민정음을 가지고 있습니다. 그뿐만 아니라 훈민정음은 창제한 사람, 창제한 날짜가 정확하게 알려져 있으며 창제한 원리를 적은 기록이 전해 오는 이 세상에서 유일한 문자입니다. 이러한 점이 바로 우리가 한글에 대해 긍지를 가지고 높이 받들어야 하는 이유입니다.

이러한 뜻 깊은 해를 맞이하여 그 동안 교육 현장에서 훈민정음을 연구하고 가르치는 데에 온 힘을 다해 온 권오휘 박사가 『훈민정음 제자원리와 역리의 상관성』이라는 훌륭한 책을 펴냈습니다. 훈민정음의 교육과 연구에서 매우 값진 성과가 아닐 수 없습니다. 이 책은 '훈민정음해례' 제자해에 적용된 역리 사상을 살피고, 이를 바탕으로 훈민정음 제자 원리와 자형 형성 원리를 새롭게 제시한 것입니다. 지은이는 기본적으로 훈민정음해례의 제자해를 정확히 해석하기 위해서는 언어학적 접근뿐만 아니라 역리적 접근도 함께 이루어져야 한다고 주장하였습니다. 창제 당시 철학 사상에 바탕을 두고 훈민정음해례에 적용된 역리 사상에 주목한 것입니다. 이러한 연구 방법은 바로 학문 연구를 융합과 복합 차원에서 전개하는 것입니다. 저는 바로 여기에 이 책의 가장 큰 의의가 있다고 믿습니다.

또한 지은이는 훈민정음해례 제자해에 나타난 제자 원리와 자형 형성 원리의 역리 적용 범위를 파악하기 위해 성리대전, 황극경세서 등에 실린 역리를 실증적인 방법으로 고찰하여 자음 기본자와 모음 기본자의 제자 원리를 새롭게 해석하였습니다. 자음과 모음의 재출자는 공시적, 통시적 역리가 융합과 복합을 통해 제자되었다고 해석하였습니다. 이러한 훈민정음해례제자 원리에 대한 새로운 해석 방법은 우리가 모두 주의 깊게 되살펴보아야 할 연구 방법이라고 믿습니다.

결론적으로 지은이는 훈민정음해례 제자해의 초성은 발음기관 상형과 가획의 원리를 통하여, 중성은 천·지·인 삼재 원리를 통하여 자형이 형성되었다고 보는 견해를 수용하면서, 역리적 관점에서 새롭게 훈민정음 제자 원리와 자형 형성을 고찰하여, 학계에 훈민정음의 제자 원리에 폭넓은 이해를 제공하였으며, 나아가서 융합과 복합의 연구 방법을 통해 훈민정음을 다양하게 연구할 수 있는 기틀을 마련하였다는 점에서 저는 이 책의 학문적인 성과를 높이 받들고자 합니다.

한 말씀을 덧붙이고자 합니다. 우리는 연구와 교육 현장에서 훈민정음 창제의 의의를 정확하게 알고서 연구하거나 교육해야 하겠습니다. 가끔 보면 교수자나 학습자가 한글이 우리 것이니까 그저 훌륭하고 과학적이고 독창적이라 말하는 예를 자주 봅니다. 이제는 무엇이 왜 훌륭한지를 정확하게 이해하여 세종대왕의 훈민정음의 창제 정신을 계승해 나가도록 해야 할 것입니다. 이 책의 진정한 의미가 바로 여기에 있습니다.

　이 책은 훈민정음 해례본의 제자해에 대한 연구이다.『훈민정음』제자해의
제자원리에 관한 연구는 지금까지 많이 이루어졌다. 그 결과 제자해에 대한
의문점도 많이 해결되었다. 이 책은『훈민정음』제자해의 제자원리에 대한
학계의 훌륭한 성과의 바탕 위에서 이루어졌다. 제자해에 대한 훌륭한 성과
가 있음에도 불구하고 필자가 부끄러움을 무릅쓰고 이 책을 출판하게 된 것
은『훈민정음』제자해의 제자원리를 이해하는 데 조금이나마 도움이 될 수
있으면 하는 바람 때문이다.

　『훈민정음』제자해의 제자원리를 이해하기 위해서는 국어학적인 측면에서
도 연구가 되어야하겠지만 국어학적인 논리로는 해결이 되지 않은 부분을
해결하기 위해서는 학문적 융합과 복합이 필요하다. 이러한 측면에서『훈민
정음』해례본의 제자해에 적용된 역리사상을 살피고, 역리적 추론을 통해 훈
민정음 제자원리와 자형형성 원리를 찾아보았다. 예를 들어, 중성자 제자원
리가 천지인 삼재론의 철학적인 관점에서 출발을 했다고 한다면 초성자 역
시 철학적인 원리를 바탕으로 출발을 했다고 보았다. 이러한 관점에서 발음
기관 '상형'의 의미를 다시 고찰하게 되었다.

이 책에서는 『훈민정음』 '제자해'의 제자원리에 담긴 태극사상, 음양사상, 오행사상 그리고 삼재론과 간지(干支) 등의 역사상(易思想)에 집중하였다. 이러한 역리를 활용하여 초성 기본자와 중성 기본자의 자형형성에 복희역과 소강절의 상수학이 핵심적인 역(易)사상으로 작용하였음을 밝혔다. 나머지 초성자와 중성자는 훈민정음 창제 당시의 공시적·통시적인 역사상이 복합되어 제자가 되었다는 사실을 알게 되었다.

이 책에서 고찰한 『훈민정음』 제자해의 역리적 연구는 제자원리를 다양하게 접근하게 하고, 폭넓은 이해를 제공할 기틀을 마련하는 데 기여할 것이라고 본다. 또한 일반 독자들에게 『훈민정음』 제자해의 제자과정을 설명하여 제자원리를 또 다른 측면으로 이해하는 데 도움을 주고자 한다.

이 책의 구성은 5부로 하였다. 제1부에서는 연구의 목적과 의의 등을 다루고, 제2부에서는 『훈민정음』 제자해에 반영된 역리이론을 정리하였다. 제3부와 제4부에서는 훈민정음의 초성자와 중성자 제자원리에 적용이 된 역리에 대해서 고찰하였다. 제5부에서는 전체 내용을 정리하여 결론으로 삼았다. 제자해에 적용된 '방원도'의 원리를 통해서 초성 기본자 형성원리 및 중성 기본자 형성 원리를 밝혔지만 필자의 학문적 깊이가 얕음으로 인해 많은 부족함이 느껴진다.

　이 책이 세상에 나오기까지 많은 도움을 받았다. 논리적으로 부족한 면이 있지만 애정으로 문제를 지적해 주시고 해결에 도움을 주신 분들이다. 전체적인 틀을 구성할 수 있게 도움을 주신 서보월 선생님과 훈민정음의 초성 기본도가 세상에 나올 수 있게 지도해 주신 김용하 선생님의 큰 은혜와 사랑은 잊을 수 없다. 훈민정음의 제자원리 가운데 역리와 관련된 내용을 꼼꼼하게 확인하고, 제자원리와 관련된 역리의 적용 방법과 함께 역리 전체를 정리해 주신 이세동 선생님, 국어학적인 면과 역리적인 면을 상세하게 지도해 주시고 부족한 부분을 꼼꼼하게 살펴 주시고 또한 저자의 부족함을 탓하지 않으시고 너무나 과분한 배려를 해 주신 백두현 선생님께 감사의 말씀을 드린다. 그리고 처음 공부를 시작했을 때부터 지금까지 애정과 조언을 해 주셨고, 또한 먼 길 마다하지 않으시고 내려오셔서 부족한 제자를 위해 힘과 용기를 주시며, 항상 올곧은 학자로의 모습을 통해 제 스스로를 돌아보게 해 주신 권재일 선생님께 이 자리를 빌려 감사드린다.

　또한 처음부터 많은 도움을 준 소중한 친구 김운태 내외와 정연정 선생께도 고마운 마음을 표한다. 그리고 힘들 때도 말없이 곁에서 신뢰와 사랑으로 응원을 해 주신 사랑하는 부모님과 아내와 딸 예슬이 그리고 아들 대훈이를 비롯해서 가족 모두에게도 고마움을 전한다.

끝으로 한 권의 책으로 출판하게 도와주신 박이정 출판사의 박찬익 사장님과 편집장님 이하 여러분들께도 감사드린다.

2018년 8월
심유산방에서
권오휘

≪훈민정음≫ 해례본 ― 한글학회(1998) 수정본

제1부

서 론

1.1. 연구 목적 및 의의

이 책은 역리적 추론을 통해서 훈민정음의 제자원리와 자형형성의 원리를 밝히는 데 목적이 있다. 『훈민정음』 제자해에 중점을 두고 제자해에 적용된 역리사상이 무엇인지, 역리사상이 훈민정음 자형형성에 어떤 작용을 하였는지를 살펴 훈민정음과 역리사상의 상관관계를 밝히고자 한다. 또한 초성자와 중성자의 역리 속성을 살펴 훈민정음 28자 체계도를 제시하고자 한다. 훈민정음이 상형과 가획, 삼재의 원리에서 자형이 형성되었다는 선행 연구 결과를 수용하면서, 훈민정음의 자형(字形) 형성원리를 역리적 관점에서 새롭게 살필 것이다.

제자원리를 정확히 이해하려면 제자해에 인용된 역리사상을 간과해서는 안 된다. 따라서 국어학적 접근뿐만 아니라 역리를 바탕으로 한 융합과 복합의 차원에서 연구가 이루어져야 한다.[1] 제자해에서 훈민정음은 초성자는 발

---

[1] 학문적 융합에 대한 논거는 백두현(2012)과 서영식(2012)에서도 제시하였다. 이 책에서 융합과 복합이란, 훈민정음을 바라보는 관점에서 국어학과 언어학적인 측면뿐만 아니라 체계화된 역학적 개념을 수용하는 데 있어서 학문적 융합을 뜻한다. 복합이란 역학적인 체계 안에 다양한 개념들이 있는데, 역리의 일부분만을 취한 것이 아니라 공·통시적 역리로

음기관 상형과 가획의 원리를 통해서, 중성자는 천·지·인 삼재원리로 창제되었다고 하였다. 그리고 지금까지 많은 연구로 인해 이전에 품었던 훈민정음 제자원리의 의문이 상당 부분 해결이 되었다. 하지만 초성자 제자에서 말한 '상형'의 의미, 가획의 원리에서 설음과 후음을 제외한 아음, 순음, 치음의 일관성 상실 등에 대해서는 국어학적으로는 설명되지 않는다. 또한 층위가 다른 초성 기본자의 구성 문제와 제자원리를 통해 구체적으로 자형을 제자(制字)한 연구도 부족한 편이다. 이 부분을 해결하기 위해서는 학문의 융합이 필요하다.

이 책은 훈민정음 제자원리와 자형형성에 내재된 원리를 창제 당시의 철학적 사상에 바탕을 두고, 훈민정음 해례본에 적용된 역리사상에 주목하고자 한다.[2] 『훈민정음』 해례본의 제자원리에는 태극사상, 음양사상, 오행사상 그리고 삼재론과 간지(干支) 등의 역사상이 활용되었다. 하지만 지금까지 연구에서는 자형형성에 역리가 어떻게 적용되었는지 방법적인 문제와 더불어 어떤 역리가 어떻게 적용이 되었는지에 대한 구체적인 설명이 부족한 편이다.

훈민정음은 당대의 성리학적(역리적) 언어관을 배경으로 만들어진 문자이다. 그러므로 일부 역리가 한정적으로 적용되었다고 볼 수 없다. 이러한 문제를 해결하기 위해서는 훈민정음 제자와 관련된 역리를 공·통시적으로 살펴볼 필요가 있다.

역학 전체적인 개념을 취한 것이다. 그래서 융합과 복합의 의미는 인접 학문과의 교류와 더불어 학문 안의 세부적인 이론을 포함하는 포괄적인 개념이다.

2) 현재까지 『훈민정음』 해례본의 제자해에 대한 연구를 살펴보면, 대부분의 학자들이 초성은 상형과 가획의 원리에 의해 제자가 되었으며, 중성은 역리를 활용하여 제자가 되었다고 인정하는 추세이다(강규선 2005:153–158). 하지만 필자는 『훈민정음』 해례본의 중성자는 물론 초성자도 역리적 원리를 활용하여 제자가 되었다고 본다. 따라서 이를 위해 제자해의 해석이 먼저 선행되어야 할 것이다.

『훈민정음』 해례는 『태극도』, 『역학계몽』, 『황극경세서』 등 송학 계통의 서적에서 이론을 받아들여 제자해의 첫머리에서 태극, 음양, 오행과 결부된 언어관을 제시하고, 훈민정음의 창제도 성음을 바탕으로 하여 음양의 이치를 다한 것이라고 하였다(강신항 2003:96). 이 책에서는 제자해에 적용된 역리의 의미와 작용을 정리하고, 초성 기본자와 중성 기본자의 자형형성에 복희역과 소강절3)의 상수학4)이 핵심적인 역사상으로 작용하였음을 밝힐 것이다. 또한 나머지 초성자와 중성자는 훈민정음 창제 당시의 공·통시적인 역사상이 복합되어 제자가 되었음을 밝히고자 한다.

이런 측면에서 이 책은 『훈민정음』 해례본의 제자해를 대상으로 하여 제자해에 서술된 제자 원리를 역리적 관점에서 해석하고자 한다. 해례본의 제자해에 언급되지 않은 이론에 대해서는 논의를 삼가고, 제자해의 원문에 등장하는 역리적 기술에 초점을 두고 논할 것이다. 역리에 관련된 제자해 원문의 의미 해석과 역리의 적용 범위를 이해하기 위해 『성리대전』, 『계사전』, 『황극경세서』 등에 실린 역리와 비교하면서 실증적인 방법으로 고찰할 것이다.

이 책의 연구는 다음과 같은 세부 목적을 가진다.

첫째, 『훈민정음』 해례본의 제자해를 역리적 관점에서 접근하여 훈민정음의 제자원리를 명확하게 설명할 수 있다.

---

3) 중국 북송(北宋)의 철학자. 도가(道家)에서 '도서선천상수학(圖書先天象數學)'을 배우고, '상수(象數)'를 원리로 하는 관념론적 철학을 수립하였다. '태극(太極)-양의(兩儀)-사상(四象)-팔괘(八卦)'로의 확장을 우주생성 과정으로 보았다. 대표적인 저서로 『황극경세서』가 있다.

4) 중국의 전한말부터 후한과 삼국시대에 걸쳐 성립된 학설이다. 북송대에 이르러 소옹이 『주역』과 도교의 사상을 융합하여 상수학의 체계를 완성했다. 상수론에는 전한 때 맹희의 소식설 등 여러 학설이 있는 데, 대개 자연의 변화와 인간사의 길흉을 괘효의 조합으로 풀이하고 있다. 소옹은 도교의 사상과 『주역』의 사상을 융합하여 세계의 구조를 설명하는 '선천팔괘도'를 만들었다. 이 '선천팔괘도'는 마음을 중시한 학문으로 모든 변화와 일이 마음으로부터 생겨난다는 의미이다.

둘째, 훈민정음 제자에 공·통시적인 역리[5]가 복합적으로 적용되었음을 밝히고, 『훈민정음』 28자의 자형형성 원리를 제시할 수 있다. 이를 통해 훈민정음의 자형형성 과정에서 역리(易理)가 중성자뿐만 아니라 초성자 형성에도 중심 역할을 담당하였다는 것을 밝힐 수 있다.

셋째, 변별적 역리자질을 상정하여 『훈민정음』 28자의 기본 자질을 도식화하고 이를 통하여 28자의 체계를 구명할 수 있다. 음양, 오행, 방위, 간지, 팔괘[6]를 역리자질로 설정하여 초성과 중성의 성질을 밝히고 방도에 초성 17자를, 원도에 중성 11자를 배정할 수 있다.

이 책은 훈민정음 제자원리에 적용된 역리를 이해하는데 한걸음 더 다가가는 계기가 되고, 훈민정음을 보다 깊이 있게 이해하는 데 도움이 될 것이다.

1.2. 연구 범위 및 방법

『훈민정음』은 왕의 명령으로 정인지 등 집현전 학자들이 중심이 되어 세종 28년(1446)에 만든 훈민정음의 해설서이다. 책이름으로서의 『훈민정음』을 분명히 하기 위해 흔히 『훈민정음 해례본』이라 부르기도 한다. 문자로서의 훈민정음을 가리킬 때는 『　』을 빼고 훈민정음이라 칭하는 것이 관례이다.

현전하는 『훈민정음』 판본은 1권 33장의 목판본이다. 내용상으로 볼 때 크게 3개로 나눌 수 있다. 첫째는 정음편으로 세종 어제 서문과 자모 음가를 규정한 예의가 여기에 포함된다. 둘째는 해례편으로 제자해, 초성해, 중성

---

5) 세종 당시의 성리대전에 담긴 역리를 공시적 역리(易理)라고 하고, 복희역과 소강절 역리(易理) 등을 통시적 역리라 한다.

6) 제자해에서는 '팔괘'란 용어가 나오지 않지만, '坤復之間爲太極'에 태극이 양의, 사상, 팔괘로 확장되는 생성 확장의 원리가 담겨 있기 때문에 훈민정음 속성을 배정하는 자질로 넣었다.

해, 종성해, 합자해 5해와 용자례 1례로 구성되어 있다. 셋째는 권말에 붙은 정인지 서문이다. 이것은 앞의 내용과 형식적 구별은 없이 줄글로 연결되어 있지만 내용상으로 구별하는 것이 해례본 구성을 이해하는데 편리하다. 정인지 서문의 끝에 '정통 11년'(1446)이라 명시되어 있어서 해례본의 간행 연도를 알 수 있다.

이 책의 연구 대상은『훈민정음』해례본의 제자해만으로 한정한다. 제자해는 초성자 17자와 중성자 11자 즉, 훈민정음 28자의 제자원리에 대해 설명해 놓은 부분이다. 훈민정음의 '제자원리'와 '자형형성'에 대한 원리를『훈민정음』해례본의 제자해에서 논한 문구에 근거하여 실증적인 방법을 통해 추론해 나갈 것이다. 다만, 이론의 비교를 위해서 일부 논거는 제자해 외 해례본의 다른 내용도 함께 다룰 것이다.

이 책의 연구방법은 다음과 같다.

첫째, 학문적 융합과 복합의 방식을 활용한다. 전술한 바와 같이 융합적인 관점은 국어학과 언어학적 측면과 역리 철학을 활용하여 융합적으로 전개해 나갈 것이다. 그리고 복합의 방법으로는 송대(宋代) 당시의 공시적 역리 철학과 송대 이전의 통시적인 역리 철학을 복합적으로 적용하여 살필 것이다. 『훈민정음』해례본의 제자해에 활용된 철학이 한 시대의 학풍인 성리학적 체계만이 활용된 것이 아니기 때문에 이러한 관점이 필요하다. 필자는『훈민정음』해례본의 제자해에 적용된 공·통시적 역리를 바탕으로 중성자 11자와 초성자 17자가 역리를 활용하여 제자가 되었음을 규명함과 동시에 이를 바탕으로 자형형성이 어떠한 원리에 의해서 만들어졌는지 밝혀나갈 것이다.

둘째, 제자해에 나타나는 역리적 표현을 세종 당시 훈민정음의 이론 및 언어 철학에 많은 영향을 끼친『성리대전』[7),『계사전』[8),『황극경세서』[9) 등에 실린 역리와 비교하면서 실증적인 방법으로 고찰하여 이를 근거로 자형

형성에 미친 역리의 영향을 살필 것이다.

셋째, 제자해에 적용된 역사상을 살피고 '방원도'의 원리를 통해 초성 기본자 형성 원리 및 중성 기본자 형성 원리를 구명할 것이다. 이를 위해 먼저 '正音二十八字. 各象其形而制之.'에서 나오는 '象'의 의미를 정확히 해석해야 한다. '象'의 의미를 새롭게 정립한 후 '복희방원도'를 통해 기본자 형성 원리를 밝힐 것이다. 원(○)과 방(□)은 천지(天地)의 기본으로 원과 방에서 초성과 중성의 기본자가 제자가 되었음을 밝히고, 방원도에 28자의 자형을 배치하여 훈민정음 28자의 자질을 설명할 것이다.

이 책은 모두 5부로 구성되어 있다. 각 부에서 다루는 내용은 다음과 같다. 1부에서는 연구 목적과 의의를 밝히고, 관련된 선행 연구를 정리한다.

2부에서는 『훈민정음』 해례에 적용된 역사상(易思想)과 제자원리의 상관관계를 정리한다. 그리고 『훈민정음』 제자해에 나오는 '상형'의 의미를 철학적 관점에서 살펴보고 역사상이 훈민정음 자형 형성에 어떤 영향을 주었는지 당시의 문헌자료를 바탕으로 밝힌다.

---

7) 『성리대전』은 1415년에 송대와 원대의 학설을 채택하였으며, 전체가 70권으로 이루어져 있다. 그 70권 중에 25권이 송대 학자의 중요한 저술을 수록한 것이고, 45권이 주제별로 여러 학자의 학설을 분류, 편집한 것이다. 우리나라에는 세종 1년(1419)에 『사서오경대전』과 함께 명나라로부터 들어왔다.

8) 『계사전』은 『주역』의 괘사와 효사를 해석한 것이다. '계사'는 글자 그대로 '말을 매단다'는 뜻으로 상(象)과 연계되어 묶여 있기 때문에 '계사(繫辭)'라고 한다. 『계사전』은 구성상 『계사상전』과 『계사하전』으로 나누어지는데, 『계사상전』은 형이상학적이고, 『계사하전』은 형이하학적이며 인사적인 내용이다.

9) 『황극경세서』는 중국 북송(北宋)의 학자 소옹(邵雍)의 저서로 역리(易理)를 응용하여 수리(數理)로 천지만물의 생성변화를 설명하고 있다.
세종 때의 훈민정음의 이론 및 언어 철학에 많은 영향을 끼친 책으로 『성리대전』 권7-13에 실려 있다. '황극경세'에서 '황(皇)'은 '지대(至大)'의 뜻이고, '극(極)'은 '지중(至中)'의 뜻이고, '경(經)'은 '지정(至正)'의 뜻이며, '세(世)'는 '지도(至度)'의 뜻이다. 『국어국문학자료사전』의 기술 내용을 참고하였다.

3부에서는 훈민정음의 초성자 제자원리에 적용된 역리와 역리자질을 고찰한다. 초성 기본자를 바탕으로 '오음 분류', '청탁 분류' 등과 가획의 원리를 통한 제자원리를 설명할 것이다. 그리고 선천방도와 원도를 통해 자형형성 과정을 제시한다.

4부에서는 훈민정음 중성자 제자원리에 적용된 역리와 역리자질에 대해서 고찰할 것이다. 중성 기본자는 삼재론을 바탕으로 '설축', '성(聲)의 심천', '구축', '구장' 등의 원리를 통해서 초출자와 재출자의 제자원리를 설명해 나갈 것이다. 이러한 과정을 통해서 초·중성 28자의 체계를 구명한다.

5부는 이 책의 마무리 장으로 본론에서 논한 주요 내용을 요약 제시한다.

1.3. 선행연구 검토

훈민정음에 대한 성리학적 연구는 조선 후기의 주요 학자들의 저술에서 발견된다. 18세기 최석정(1646~1715)의 『경세훈민정음(經世訓民正音)』에서는 초성과 중성 모두 역리와 관련이 있다고 보았다. 특히 소옹의 『황극경세서(皇極經世書)』에 영향을 많이 받았다고 하였다. 신경준(1712~1781)의 『훈민정음운해(訓民正音韻解)』[10]에서는 '초성도'와 '중성도'에서 초성과 중성의 원리를 설명하였는데 『훈민정음』의 해례와 아음·설음·순음·치음·후음 등의 오음을 오행에 배정함에 있어서 차이를 보여 준다.

이사질(1705~1776)은 『훈음종편(訓音宗編)』[11]에서 훈민정음의 모든 글

---

10) 이상규(2014)는 지금까지 『운해훈민정음』, 『훈민정음운해』, 『훈민정음도해』 등으로 잘못 알려져 온 이 책의 서명을 『저정서(邸井書)』라고 주장하였다. 이 책은 훈민정음의 운도를 밝힌 것이 아니라 18세기 바른 한자음을 훈민정음으로 표기한 한자의 운도를 기술한 책임을 말하고 있다.

11) 『훈음종편』은 훈민정음을 연구한 것으로, 이사질의 문집인 『흡재고(翕齋稿)』에 들어 있다.

자의 기원을 '천원지방(天圓地方)'에 두었다. 또한 세상의 만형만상이 원(圓)과 방(方)에 의해서 이루어진 것으로 보고 있다. 글자도 이것을 본떠 만들었다고 하였다. 하지만 제자원리의 철학적 배경을 체계적으로 설명한 것은 아니다. 권정선(1848~?)의 『음경(音經)』[12]에서도 한글의 자형(字形)을 원방반절상형설(圓方反切象形說)로 설명하였다. 즉 모든 한글의 자형은 천지(天地)의 기본인 원(ㅇ)과 방(ㅁ)의 절단(切斷)으로 되었는데, ㅇ과 ㅁ이란 입과 혀를 펴거나 오므리는 형상을 상징하는 것이다. 'ㅇ'과 'ㅁ'의 변용이 'ㆍ'과 'ㅡ'인데 중성 글자의 기본이 된다고 하였다. 또한 초성글자도 'ㅇ'과 'ㅁ'에서 생겨난다고 하였다.

『훈민정음』 해례본이 1940년에 발견된 이후 훈민정음의 제자원리에 대한 논란은 어느 정도 정리가 되었다. 하지만 해례본에서 밝힌 원리를 해석하는 데는 관점에 따라 차이가 있다. 지금까지 『훈민정음』 해례본의 제자원리와 자형형성에 관한 연구는 크게 두 가지로 나뉜다. 그 하나는 국어학적 측면과 다른 하나는 역리적 측면이다.

국어학적 연구로는 파스파 문자 모방설(유창균 1966, 이관수 1979)을 비롯하여 훈민정음의 제자원리를 한자의 구성 원리와 관련(유창균 1966, 강신항 1963, 1977, 1987, 안병희 1990)한 논의도 있었다. 또한 신창순(1975), 이승재(1989, 2006), 김슬옹(2012) 등에서 훈민정음이 지니고 있는 문자론

이 책은 홍계희(洪啓禧)의 『삼운성휘(三韻聲彙)』가 나온 직후에 이루어졌으며, 서론·본론·부론의 3편으로 되어 있다. 서론에서는 훈민정음의 기원을 도시하여 설명하였고, 본론에서는 훈민정음의 원리와 특징을, 부론에서는 성운학에 관한 일반적 원리를 밝히고 있다.

12) 『음경』은 권정선이 문자사용의 혼란을 막고 누구나 바르게 배울 수 있는 기준을 고안하기 위해 저술한 책이다. 권정선은 영조 때의 운학자(韻學者) 이사질(李思質)의 후계자이며 주시경(周時經)에게도 많은 영향을 주었다고 한다.

적 논의도 있었다. 노상철(1979)에서는 훈민정음 자형의 원리를 점과 수직 그리고 수평선을 기본 요소로 하여 설명하였으며, 안병희(1993)에서는 중성자는 원점과 직선의 자형을 기본자로 하고 나머지는 그 결합으로 만들었으며, 초성은 곡선의 자형을 기본자로 하고 나머지는 거기에 직선을 덧붙임으로써 만들었다고 하였다. 이후 안병희(2007)에서는 훈민정음 제자원리를 한자의 형성원리인 육서로 해석하였다. 초성 기본자는 '상형'의 원리, 중성 기본자는 '지사'의 원리 그리고 초성 가획자는 '형성'의 원리, 중성 초출자와 재출자는 '회의' 등의 원리에 의해서 제자가 되었다고 보고 있다.

제자해에서 초성 오음의 기본자 설정 원칙, 치음의 기본자 설정, 치음 계열의 상관성 및 후음의 기본자 설정, 후음 계열의 상관성에 내포된 문제 등 훈민정음 제자론에 대한 비판적인 연구(김완진 1984, 강창석 1989, 김유범 2009, 백두현 2012)도 나왔다. 그리고 세종학문의 국어학사적 의의에 관한 논의(권재일 2012), 『조선왕조실록』을 토대로 훈민정음 창제의 역사적 배경 등에 대한 연구(김주원 2013)도 있다. 『훈민정음』 해례본의 제자해를 작업 단계의 관점에서 제자의 전 과정을 체계화한 연구(최상진 1997, 백두현 2013)도 나왔다. 이러한 논의는 『훈민정음』 제자의 단계를 정하고 난 뒤에 역리적인 관점에서 재구해 본 연구로 의미가 있다.

역리적 측면의 연구는 『훈민정음』 해례본의 제자해에 나오는 역리를 바탕으로 이루어졌다. 『성리대전』과 관련하여 훈민정음을 논의(강신항 1963)한 것을 비롯해서 '기일성문도(起一成文圖)'와의 관련성(홍기문 1946, 공재석 1968, 강신항 1987, 안병희 1990)을 연구한 논의도 있다. 강규선(1985)에서는 『훈민정음』 해례와 성리학의 관련성을 체계적으로 밝혔다. 그리고 백두현(2012)에서도 훈민정음 문자체계의 융합을 통해서 훈민정음의 창제가 성리학과 밀접한 관계가 있다는 견해를 논하기도 하였다. 최근 곽신환(2016)

에서는『훈민정음』해례에 반영된 성리학과『주역』의 영향 관계를 태극과 음양 그리고 오행과 삼재를 중심으로 원문을 통해 체계적으로 밝혔다. 그리고『훈민정음』해례에는 성리학의 일반 이론 외에『주역』의『계사전』을 비롯한,『중용』,『태극도설』, 소옹의『황극경세서』와 하도와 낙서이론도 차용이 되었음을 밝혔다.

또한 역리를 바탕으로 자형형성에 관련한 논의도 활발하게 이루어졌다. 서병국(1964)에서는『훈민정음』의 제자해에서 제자원리 중, 하나는 중국 음운학이고, 다른 하나는 당대의 과학인 성리학이라고 했다. 서병국(1973)에서는 중국 운서인『절운지장도』와『광운』을 중심으로 고찰하면서 초성자 오음과 오상의 차이를 제시했다. 그리고 역리적 사고방식이 훈민정음 제자에 영향을 주었다고 본다. 즉, 원동방정(圓動方靜)을 통해서 동(動)의 상(象)은 원(圓)이고 원(圓)은 양(陽)을 의미하고, 정(靜)의 상(象)은 방(方)이고 방(方)은 음(陰)을 상징하는 원리가 제자해에 적용된 것을 언급하였다.

이정호(1975)에서는 '훈민정음도'를 만들어서 자형형성 과정을 설명하였다. 하지만 해례본에 없는 28수 등의 역리를 끌어들여 설명한 부분은 잘못이다.

조영진(1969)에서는 훈민정음의 자형과 태극사상을 관련시켜, 천원지방(天圓地方)을 나타내는 원꼴 'ㅇ'과 네모꼴 'ㅁ'이 훈민정음의 기본도형임을 주장하기도 했지만, 천원지방의 출처에 대한 근거가 부족하고, 하도의 방위가 잘못되어 있다. 하도(河圖)의 방위를 오늘날의 지도의 방위처럼 상을 북, 하를 남, 좌를 서, 우를 동으로 그렸다.[13] 또한 초·중성에 대한 구체적이고 체계적인 자형형성에 대한 논의는 없다. 그러나 상형에 대한 개념을 고차원적으로 보려한 견해는 의미가 있다.

---

13) 하도(河圖)의 방위는 위가 남(南), 아래가 북(北), 왼쪽이 동(東), 오른쪽이 서(西)이다.

그리고 유정기(1968), 김익수(1986, 2003), 김양진(2016)에서는 중성자는 하도의 원리로, 초성자는 낙서의 원리로 연구하였다. 이들 연구는 중성자 제자 원리를 하도와 관련하여 논의한 것은 타당하지만 초성자를 낙서의 원리로 설명한 것은 연구자의 개인적인 논리로 보인다. 김양진(2016)에서 초성자의 원리를 계절의 순환론으로 설명하면서 낙서의 원리를 설정한 것은 설득력이 떨어진다.

신경철(1998)에서는 중성자 'ㆍ'자형을 기준으로 옆으로 늘려서 'ㅡ'를, 아래위로 늘려서 'ㅣ'를 만들었다고 논의하고 있으나 역리적인 의미에서 보면 논리성이 부족하다.

역리적 측면에서는 훈민정음의 제자원리인 '상형'을 새롭게 보는 논의도 있다. 안명철(2004, 2005, 2006)에서 훈민정음 제자 원리와 기호 및 육서의 관계를 연구하기도 하였다. 이 가운데 안명철(2005)에서는 훈민정음의 상형 원리를 새롭게 보고 있다. 즉 성리학적 세계관의 상형은 소리와 의미에 대한 음성상징성을 도상적으로 나타내고 있다고 하였다. 김만태(2012)에서도 추상화된 상형의 원리를 통해 제자원리를 체계적으로 밝혔지만, 구체적인 자형형성의 원리를 도출해 내는 데는 한계가 있다. 그리고 김양진(2015)에서는 초성자와 중성자가 모두 각각 소리를 나타내는 발음기관을 상형하여 만들어지되 '일음양오행'의 원리와 십간(十干)을 활용하였다. 곽신환(2016)에서는 '象'을 '나타내다'는 의미로 보았다.

『훈민정음』 해례본에 대한 제자해의 자질을 논한 것으로는 김송원(1985)이 있다. 김송원(1985)에서는 역리자질로 기본자와 초출자에 대한 변별적 자질을 설명하였다. 기본자의 비교에 있어서는 음양, 지지, 합벽[14], 원평,

---

14) 합벽(闔闢)은 닫히고 열린다는 뜻이다. 합(闔)은 조음(調音)할 때 입을 오므리는 것을 말하고, 벽(闢)은 입을 벌리는 것을 말한다. 『한국고전용어사전』의 기술 내용을 참고하였다.

오행, 삼재를 자질로 보는데 이 중에서 합벽과 원평은 개구도 자질의 일종으로 보고 있다. 또한 대립자 간의 비교에 있어서는 기본자와 그 자질이 같으나 방위가 첨가되어 있다. 양성과 음성 모음 간의 자질에 있어서는 음양이 제외된 다섯 개의 자질만 비교하고 있다. 다만 역리적 변별자질을 논하면서 개구도 같은 음운론적 자질을 함께 논하고 있는 것과 중성에 대한 자질로 천간 대신에 지지만을 사용한 것은 아쉬운 점이다.

이상으로 훈민정음의 제자원리와 자형형성에 대한 연구를 살펴보았다. 국어학적인 측면과 역리적인 측면의 연구로 인해 훈민정음의 제자 원리가 상당부분 해결이 되었다. 훈민정음 제자원리에서 초성자는 상형과 가획의 원리, 중성자는 삼재의 원리를 통해 제자가 되었다는 것이 일반적이다. 하지만 초성자 제자에서 말한 '상형'의 의미, 가획의 원리에서 설음과 후음을 제외한 아음, 순음, 치음의 일관성 상실 등에 대해서는 국어학적으로는 설명되지 않는다. 또한 층위가 다른 초성 기본자의 구성 문제와 제자원리를 통해 구체적으로 자형을 제자(制字)한 연구도 부족한 편이다. 이러한 문제를 해결하기 위해서는 역리적 방법으로 접근을 해야 한다.

훈민정음 제자원리와 자형형성 원리를 이해하기 위해서는 우선 해례본에 실린 역리 이론을 바라보는 관점의 차이로 정리할 필요가 있다. 이를 위해 국어학자와 성리학자들이 해례본에 담긴 역리를 어떻게 해석하는지 주요 역리별로 나누어 논점을 제시한다. 이는 이 책의 논의를 진행하는 데 토대가 될 것이다. 여기에는 이론(異論)의 여지가 없는 것이나 관점의 차이를 드러내는 것을 중심으로 기술한다.

1.3.1. 국어학자들이 훈민정음을 바라보는 역리적 관점

국어학자들이 훈민정음의 제자원리에 담긴 역리를 어떻게 바라보고 있는지 '태극', '음양', '오행', '삼재', '상수', '개물성무(開物成務)' 등으로 나누어 정리하고 논점을 찾고자 한다.

(1) 태극설

강신항(1987)과 유창균(2008)에서는 곤복지간(坤復之間)을 무극이라고도 하고, 태극이라고도 하였다. 태극은 무극과 같은 의미로 보며, 하늘과 땅이 나누어지기 전의 원기(元氣)가 뒤섞여 있는 상태를 의미한다고 했다. 권재선(1988)에서는 태극을 대극(大極)[15]으로 해석을 하였다. 박종국(2007)은 태극을 음양이원(陰陽二元)에 앞서는 우주(宇宙) 구성의 최고 원리로서 천지가 나누어지기 전의 원기(元氣)가 뒤섞여 하나로 있는 상태로 이해하고 있다.

해례본의 '坤復之間爲太極'은 『계사전』에서 인용한 것이다. 태극을 무극 혹은 우주 구성의 가장 기본이고, 최고가 되는 원리라고 해석하며, 이 원리가 훈민정음 제자의 기본 원리로 적용이 되었다고 보고 있다. 하지만 '坤復之間爲太極'의 의미를 구체적으로 해석한 연구는 드물다.

(2) 음양설

'음양'에 대한 논의는 크게 이견이 없다. 서병국(1964)에서는 음양을 우주와 인간사의 모든 것의 생성원리로 보았고, 강신항(1987)과 유창균(2008)에

---

15) 대극(大極)을 한(大), 끝(極)이라 한다.

서는 우주의 생성소(生成素)로 보았다. 강신항(1987)에서는 제자해에서 음양의 원리와 사람의 말소리간 상호 관계를 설명하면서 역학(易學)에서 음운학(音韻學)을 이끌어 낼 수 있다고 설명하였다. 박창원(2005)과 박종국(2007)에서는 음양은 우주 만물의 이원(二元) 대립적 관계를 상징하는 것으로 이해하기도 했다. 특히, 박창원(2005)에서 음양(陰陽)은 역(易)이고, 역(易)은 변화로 보고 있다. 역(易)에는 이간(易簡)·변역(變易)·불역(不易)의 뜻이 있는데, 이간(易簡)은 천지자연은 간단하다는 뜻이고, 변역(變易)은 천지만물은 고정된 것이 아니라 계속 변한다는 뜻이고, 불역(不易)은 변하지 않는다는 뜻이다. 이러한 원칙이 훈민정음의 창제에 반영이 되었다고 했다.

이와 같이 음양은 우주 만물의 생성소이며 생성원리로 받아들인다. 음양은 만물의 다양한 모습의 본질에 바탕을 두고 있으며, 제자해 전반에 걸쳐 반영되어 있다고 본다.

(3) 오행설

훈민정음 제자원리에서 오행을 다룬 연구는 많다. 서병국(1964)은 오행을 언어 구성의 원리라고 하였으며, 강신항(1987)과 유창균(2008)에서는 도(道)의 구성소(構成素)로 이해했다. 박창원(2005)에서는 우주 만물을 이루는 다섯 가지 기본적인 질료적 원소[16]로 보고 있다. 성리학에서 '이(理)'는 사물의 근본이 되는 원리 혹은 우주의 근본이 되는 도리(道理)라면, '기(氣)'는 상대적으로 사물의 질료적 측면을 의미한다. 사물의 질료적 측면은 오행(五行)이 되며, 훈민정음에서 조음의 질료적 측면은 발음기관이 된다고 하

---

16) 목(木), 화(火), 토(土), 금(金), 수(水) 등의 요소를 말한다.

였다. 박종국(2007)은 우주 간에 운행하는 원기(元氣)로서 만물을 만들어 이루는 다섯 원소(元素)라고 하였다. 유창균(2008)은 제자해에서는 초성과 중성을 오행에서 보면 초성은 오행의 질(質)이고, 중성은 오행의 기(氣)라고 논의하였다. 기(氣)는 천지공(天之功), 질(質)은 지지공(地之功)을 통해서 오행의 이치를 강조하였다. 그리고 백두현(2013)에서 오행은 초성 분류체계의 토대라고 하였다. 오행에 오음과 오성 및 오시를 결합하여 초성의 음성적 특질을 설명하고 있다. 음양에 바탕을 둔 오행론은 우주 만물의 생성과 변천을 설명하는 자연철학 이론이라고 했다. 김양진(2015)은 제자해의 초성자와 중성 및 합자의 과정에 음양과 오행이 관여한다고 하였다. 오음인 '아-설-순-치-후'의 배열을 천간(天干)[17]과 관련하여 정리하였다. 그리고 발음기관 심천(深淺)을 통해서 오음의 배열을 '후-아-설-치-순'으로 설명하였다.

국어학자들은 오행을 언어 구성의 원리와 도(道)의 구성소(構成素) 혹은 우주의 근본이 되는 도리(道理)로 이해했다. 제자해와 관련하여 대부분의 학자는 오행이 초성 분류체계의 토대가 되는 것으로 본다. 이를 토대로 오음과 오성의 관계를 정리한다.

(4) 삼재설

국어학자들은 '삼재'를 '천 · 지 · 인'의 중성자 제자원리로 설명한다. 서병국(1964)은 천(天)을 부(父)로 하고, 지(地)를 모(母)로 하고, 그 중간에 자녀가 출생하므로 부모인 천지와 자녀인 만물을 합한 것을 삼재로 본다. 권재선(1988)은 삼재를 세감(材料)[18]으로 보기도 한다. 강신항(1990)에서는 삼

---

17) 오행(木)-오음(牙)-천간(甲)-초성자(ㄱ, ㅋ, ㆁ), 오행(火)-오음(舌)-천간(丙)-초성자 (ㄴ, ㄷ, ㅌ)

18) 세감(材料)은 곧 '三才'를 의미한다.

재는 우주를 의미하며, 해례의 첫머리에 나오는 '천지지도(天地之道)'에 '인(人)'을 더한 것이라 한다. 그러므로 천지의 도는 달리 '천·지·인' 즉 삼재의 도를 말함과 같다고 설명한다. 제자의 기준을 음성학적 특징에서 구하지 않고 성리학적 원리에 따랐다고 했다. 임용기(1996)에서 초성, 중성, 종성으로 구분하는 방법인 삼분법이 천지의 도인 음양과 삼재의 도인 천지인에서 벗어나지 않으므로, 이것을 성리학의 원리에 따라 설명하게 되었다고 하였다. 삼분법은 중국 성운학의 전통적인 한자음 분석 방법 가운데 하나인 이분법에 대하여 상대적인 용어로 우리말 소리와 조선 및 중국이 한자음을 분석하는 한 방법을 창안한 독창적인 음운이론이다. 훈민정음의 삼분법은 한 음을 세 가지의 하위 구성요소로 분석하는 방법으로, 그것을 구성하는 세 요소들의 기능에 따라 초성, 중성, 종성으로 분류하고 그 목록을 만들어 체계를 세우는 방법이라고 했다. 또한 이 삼분법은 유창균(2008)에서도 삼재를 우주(宇宙)로 이해한다. 중성자의 제자는 천지지도(天地之道)에 인(人)을 더한 것으로 천지의 도는 '천, 지, 인' 즉 삼재(三才)를 말한다고 한다. 삼재는 만물의 으뜸이 되고, 천(天)은 삼재의 근원이 되고, 'ㆍ, ㅡ, ㅣ'는 여덟 글자의 머리가 되고 'ㆍ'는 또 세 글자의 갓이 됨과 같다고 한다.

백두현(2013)에서는 삼재를 훈민정음 해례의 음절 삼분법 및 중성 기본자 설정에 있어서 사상적 기반 이론으로 보고 있다. 음절 삼분법은 합자법(초성·중성·종성)으로 글자를 만드는 것과 표리 관계를 이루는 것이기 때문에 훈민정음 창제의 근본 원리로 보고 있다.

삼재에 대해 국어학자들은 대부분 중성 기본자인 'ㆍ, ㅡ, ㅣ'와의 관련성을 제시하고 있으며, 천지인 삼재사상을 통해서 중성자를 제자한 것과 더불어 음절 삼분법도 삼재 사상의 결과물로 보았다.

(5) 상수론

강신항(1987), 『역경계사』에서는 1부터 10까지 수 중, 기수(奇數)를 천(天)에, 우수(偶數)를 지(地)에 배합했는데, 정현(127-200)의 『역법』에서는 천지(天地)의 수(數) 중, 1에서 5까지를 생위(生位), 6에서 10까지를 성수(成數)라 했다. 여기에 오행, 계절, 방위 등을 결부시켰다. 기(奇)를 양(陽), 우(偶)를 음(陰)으로 보았다. 훈민정음 해례에서는 이러한 수리를 활용하여 방위, 오행, 생위, 성수 등의 원리가 적용되었다고 설명하고 있다. 백두현(2013)에서 『훈민정음』 제자해에 적용된 역리 이론은 음양론, 오행론, 삼재론 등이라고 했다. 여기서 제자의 원리나 글꼴 형상에 직접적으로 작용하지 못한 역리 이론으로 상수론을 제시하였다. 상수론은 수를 하나의 상징적인 매개물로 삼아 만물의 변전(變轉)을 설명하는 이론이다. 상수론을 통해서 중성자의 제자에 수리를 결합하게 된다. 중성자 하나하나에 상수론과 오행론을 적용한 것은 역학이론의 지나친 결과로 평가하고 있다.

국어학자들은 훈민정음 제자원리를 다루는 글에서 상수론에 대해서는 특별히 언급을 하지 않았다. 중성자 제자해에 상수론에 대한 직접적인 설명이 있기 때문에 따로 다루지 않은 것으로 보인다.

(6) 개물성무(開物成務)설

'개물성무(開物成務)'[19]에 대해 강신항(1987) 등은 『주역』의 『계사전』의

---

19) 『계사전상』에 나오는 말로 만물의 뜻에 통하고, 천하(天下)에 일을 이루는 것(易通萬物之志 成天下之務)이다. 사물을 열고 일을 이룬다는 뜻으로 문명을 이루어가는 제반 활동을 의미한다. 또한 역(易)이 사물을 열어주고 일을 이루어 천하의 모든 도를 포괄한다(夫易開物成務冒天下之道)는 의미도 있다. 그리고 성인이 천하의 뜻을 통하여 천하의 업을 정하고 천하의 의문을 해결한다(聖人以通天下之志 以定天下之業 以斷天下之疑)는 뜻도 있다. 일반적으

뜻을 그대로 활용하였다. 박창원(2005)에서는 '개물성무'와 훈민정음의 관계를 자세히 설명하고 있다. '개물성무'는 '물(物)을 열어 일을 이룬다'는 의미로 천하 사물의 궁극적인 이치를 밝혀 일(사업)을 이룬다는 뜻으로 해석하였다. 훈민정음 창제와 관련하여 비유하면, 소리의 이치 속에는 음양과 오행 및 방위와 수가 존재한다는 것을 밝히는 것이 '개물(開物)'에 해당된다. 그리고 이치를 바탕으로 구체적으로 훈민정음 창제라는 작업을 완수하는 것이 '성무(成務)'에 해당한다. 박종국(2007)에서도 만물 또는 사물이 시작되어 완수됨을 이르는 말로, 만물의 뜻을 개통하고(열어 놓고) 천하의 사무(모든 일)를 이룩하여 놓는다는 뜻 또는 문물을 열어 일을 이룩한다는 뜻으로 해석하였다.

지금까지 연구를 보면 개물성무(開物成務)를 다룬 내용은 많지 않다. 이는 개물성무가 훈민정음 제자원리나 자형 형성의 개별 원리가 아니기 때문인 것으로 판단된다.

1.3.2. 성리학자들이 훈민정음을 바라보는 역리적 관점

선행 연구를 통해 대표적인 성리학자[20]가 훈민정음의 제자해를 어떻게 바라보고 있는지를 '태극', '음양', '오행', '삼재', '개물성무(開物成務)'로 나누어 정리하고 논점을 제시한다. 이는 제자해를 이해하는 데 의미가 있다.

로 '개물(開物)'은 '通天下之志'를 의미하고 '성무(成務)'는 '定天下之業'을 뜻한다. 『한국민족문화대백과사전』의 기술 내용을 참고하였다.

20) 성리학적 관점에서 많은 연구가 있었지만, 이 가운데 훈민정음을 역리적으로 고찰한 이정호(1975), 이성구(1985), 곽신환(2010, 2016) 등으로 한정한다.

(1) 태극설

이정호(1975)에서는 태극을 만유(萬有) 창생(創生)의 근본 원리로 보고 있고, 이성구(1985)에서는 우주만물 생성의 궁극적인 근원을 의미한다고 했다. 제자해의 '終聲復用初聲' 원리에 나오는 '一元之氣'는 하나의 으뜸이 되는 기(氣)로서 태극의 원리로 볼 수 있으며, 중성자 중에서 태극과 관련이 있는 글자는 '•'라고 하였다. 곽신환(2010)에서는 '坤復之間爲太極'에 대한 학자들의 차이를 설명하였다. 소옹이 말하는 '坤復之間'은 "음기(陰氣)가 막 사라지자마자 양기(陽氣)가 처음으로 생기는 것"으로 설명하면서, 곤괘(坤卦)와 복괘(復卦) 사이가 태극(太極)이 된다는 것은 그의 선천원도(先天圓圖)를 의미한다고 했다. 즉, 곤괘(坤卦)와 복괘(復卦)의 사이는 틈(간격)이 아니고 만나는 지점(際)으로 이는 주돈이가 말하는 '坤復之間爲太極'의 위치와 다르다고 했다.

성리학자들은 태극을 우주의 기본 원리로 이해하고 있으며, 이는 훈민정음 제자원리를 보는 기본 태도이기도 하다. 태극은 음양오행을 전제한다. 이기론(理氣論)의 관점에서 보면 태극(太極)은 '이(理)'이고, 음양오행(陰陽五行)은 '기(氣)'이다. 역리학자들은 공통적으로 태극을 곤괘(坤卦)와 복괘(復卦)의 사이로 보고 있다. 그렇지만 곤괘(坤卦)와 복괘(復卦)의 사이에 대한 이견(異見)이 있다.

(2) 음양설

이정호(1975)는 'ㅡ, ㅣ'를 양의로 논할 때, 'ㅡ'는 양(陽)이고, 'ㅣ'는 음(陰)이라고 했다. 『훈민정음』 전체가 음과 양의 작용이라고 했다. 이성구(1985)에서는 음양은 우주 만물을 구성하는 이원적(二元的) 두 기(氣)라는 의미로 설명하고 있다. 제자해에서 음양과 관련되는 내용은 초성과 중성의 대비를 통해서 찾아 볼 수가 있다. 음양은 천도이고 강유는 지도에서 이원적 대립 관계를 찾을 수 있다. '天의 作用(天之用)'은 양(陽)이라고 할 수 있고, '地의 作用(地之功)'은 음(陰)이라 할 수 있으므로, '天之用'인 중성은 양(陽)이고, '地之功'인 초성은 음(陰)이라고 했다. 그리고 초성·중성·종성이 합하여 음절을 이루는 원리를 설명하면서도 음양 관계를 알 수 있다고 한다.[21]

곽신환(2016)에서는 음양을 형이하학적인 기(器)[22]로 설명하고 있다. 훈민정음 제자해에서 이원적 대립관계를 잘 보여 준다. 초성이 중성과의 대립 관계에서는 음(陰)이 되지만, 받침인 종성과의 관계에서는 양(陽)이 됨을 볼 수 있다.

역리학자들이 보는 음양의 개념은 국어학자들이 보는 견해와 별반 차이가 없다. 우주 만물을 구성하는 이원적 대립 관계를 보여준다.

(3) 오행설

제자해에서 오행과 관련하여, 오음(五音), 계절(季節), 오성(五聲) 등을 제시하였다. 이정호(1975)와 이성구(1985)에서는 오행을 천지지간(天地之間)에 유행(流行)하는 다섯 가지 기운으로 설명하고 있다. 이성구(1985)는 오행은 기본적으로 방위와 사시에 관계가 있다고 본다. 제자해에서도 오행과 관련된 내용이 보인다. 초성 제자해에서 성음(聲音)을 오행과 방위와 계

---

21) 『훈민정음』 제자해에서, 초성은 천지사(天之事)이고, 종성은 지지사(地之事)이고, 중성은 인지사(人之事)라고 했다.

22) 形而上者謂之道; 形而下者謂之器(태극을 도(道)라 하고, 음양을 기(器)라고 한다.) (『계사 상전』 제12장)

절과 관련하여 다루고 있다. 또한 중성 제자해에서도 오행과 관련하여 생성 순[23]과 방위 그리고 수리와의 관계 등이 관계된 것으로 보고 있다. 그리고 제자해에서 'ㄱ→ㅋ→ㄲ'의 관계를 오행의 성장과 관련시키기도 했다.[24]

곽신환(2016)에서 오행은 『상서』에 처음 등장하며, 이 문헌에서 말한 오행은 만사만물의 운행을 의미한다고 하였다. '목·화·토·금·수'의 오행이란 양식은 방위나 장기 등 사물과 인체를 설명하는데 유기체론이나 유비론(類比論)적 해명이 편리하여 점차 그 적용 대상을 넓혀가게 되었다고 한다. 그래서 맛도 색깔도 인륜적 덕목도 오행과 연결을 하면서 그 범위가 확대된 것으로 보고 있다. 그리고 오행론과 관련된 해례의 문구를 제시하였다.

이처럼 성리학적 입장에서는 훈민정음과 오행론의 관계는 해례의 문구를 토대로 해석하고, 그 표현을 근거로 그 의미를 찾고 있다. 우주 만물에 오행이 있으며, 제자해와 관련하면 인간의 소리도 오행과 관련이 있다는 것이다.

(4) 삼재설

삼재는 하늘(天)·땅(地), 사람(人)으로 이해하고 있다. '삼재'에 대한 성리학자들의 기본적 입장은 비슷하지만 확장해서 해석하는 과정에서는 학자마다 차이가 있다. 이정호(1975)는 삼재의 의미를 종(縱)과 횡(橫)의 착종(錯綜) 즉 경위원리(經緯原理)[25]의 작용으로 보고 있고, 이성구(1985)에서

---

23) 제자해에서 오행의 생성순(生成順)은 수(水)가 만물을 생(生)하는 근원이고, 화(火)는 만물을 이루는 작용을 하기 때문에 수(水)와 화(火)가 중요하듯이, 수(水)에 해당하는 후음(喉音)과 화(火)에 해당하는 설음(舌音)이 중요하다고 했다. 이러한 원리로 보면, 제자해에서 오행의 생성순은 수, 화, 목, 금, 토이다.

24) 'ㄱ'은 목(木)의 바탕을 이루고, 'ㅋ'은 목(木)이 성히 자라는 것이며, 'ㄲ'은 목(木)이 나이 들어 씩씩함이라고 했다(이성구 1985:80).

25) 직물(織物)의 날과 씨를 아울러 이르는 말이다.

삼재는 '천·지·인'으로 만물의 근간을 이루는 요소로 설명하고 있다.[26) 제
자해에서는 '천·지·인' 삼재가 만물의 선두가 되고, 천(天)이 삼재의 시초
가 된다고 했다.

곽신환(2010)은 삼재란 천지인(天地人)의 지리(至理)을 의미하고, 삼극
(三極)이라고 한다. 『훈민정음』 해례의 제자해에서 천지인(天地人)의 상
(象)을 '圓, 平, 立'으로 제시하고 이것을 중성의 근간으로 삼았다. '·, ㅡ,
ㅣ'를 천지인의 형상으로 삼고 풀이한 것은 탁월한 통찰이다. 음양을 하늘의
도, 강유를 땅의 도, 인의를 사람의 도라고 한 것도 삼재를 설명한 것으로
천지인의 적절한 대립개념을 설정한 것이다.

성리학자들이 보는 삼재는 만물을 이루는 구성 요소로서 공통점을 지니고
있으며, 삼재에서 가장 중요한 중심 개념은 인간에 있다. 이러한 삼재론은
제자해의 근간을 이룬다.

(5) 개물성무(開物成務)설

'개물성무'에 대한 연구를 역학자의 관점에서 보면, 우선 이정호(1975), 이
성구(1985)에서는 물을 열어 놓고 그 일을 성취하는 것으로 해석하고 있다.
이성구(1985)는 개물성무(開物成務)에 대한 기본적인 의미는 『주역본의』에
서 '開物成務 謂使人 卜筮以知吉凶而成事業[27)'과 더불어 만물의 뜻을 개
통(開通)하고, 천하의 임무를 생취한다는 뜻으로도 쓰인다고 했다. 곽신환
(2016)에서 '개물'은 사물의 세계를 여는 것, 또는 사물을 만들어 내는 것을
의미한다고 하였다. '성무'는 각자에게 주어진 사무 또는 의무나 존재 이유에

---

26) 천(天)은 만물을 생(生)하고, 지(地)는 기르고(養), 인(人)은 완성(完成)시킨다.
27) 개물성무는 사람으로 하여금 복서(卜筮)에 의하여 길흉(吉凶)을 알아 그것에 따라 사업(事
務)을 이루게 한다.

부합하는 활동을 하여야 한다는 뜻이라고 했다.

이러한 의미를 종합해 보면 성리학자들은 '개물성무'를 사람의 기교가 새로운 물건을 만들어 낸다는 뜻으로 이해하고 있다. 또한 '開物成務'를 통해서 훈민정음 창제를 작역(作易)에 해당될 만한 것으로 보고 있다.

이상으로 훈민정음의 제자원리와 자형형성 원리에 대하여 국어학자와 성리학자 간의 논의가 어떻게 진행되었는지 태극, 음양, 오행, 삼재, 개물성무 등으로 나누어 살펴보았다. 성리학적 사고가 자형형성에 영향을 끼쳤다는 데는 일치를 하지만 구체적으로 어떤 역리가 어떻게 적용되었으며, 그로 인해 자형 형성에 어떤 영향을 주었는가에 대해서는 학자마다 이견이 있다.

훈민정음의 제자원리와 자형형성 원리를 명확히 밝히기 위해서는 융합과 복합을 통한 연구방법이 필요하다. 훈민정음은 당대의 성리학적(역리적) 언어관을 배경으로 만들어진 문자이다. 그러므로 일부 역리가 한정적으로 적용되었다고 볼 수 없다. 훈민정음의 제자원리를 국어학적 분야와 역학적 분야의 두 가지 관점을 모두 존중하면서 제자해를 해석한다면 지금까지 제대로 밝히지 못하였던 부분을 명확하게 해석할 수 있을 것이다. 이러한 융합과 복합을 통한 사고를 토대로 훈민정음 제자원리와 자형형성 과정을 밝히는 것이 필요하다.

이 책은 이러한 학문적 배경에서 복희방원도를 통해 초성자와 중성자가 제자 되었다는 것을 밝힐 것이다. 기존에도 복희팔괘도를 활용한 연구가 있지만 단편적이며, 일부 역리에만 치중된 것이 대부분이다. 복희방원도를 통해서 초성자와 중성자의 자형형성과정, 초성 기본자의 구성 문제를 해결할 수 있다.

제 2 부

『훈민정음』 제자해에 반영된 역리이론

『훈민정음』 해례본의 제자해에는 태극론(太極論), 삼재론(三才論), 음양론(陰陽論), 오행론(五行論)과 상수학(象數學)[28] 등 역리적(易理的) 사상(思想)이 바탕을 이룬다. 이들 사상(思想)이 자형형성에 융합 및 복합적으로 작용을 하였다. 그러므로 제자원리를 정확히 이해하기 위해서는 『훈민정음』 해례에 나타난 역리와 관련된 용어를 찾아 의미와 쓰임을 살피는 것이 중요하다.

이 책은 『훈민정음』 해례본의 제자해에 중점을 둔다. 제자해의 원리를 통하여 훈민정음 초성자와 중성자가 어떻게 만들어지게 되고 또한 그것이 어떠한 모형으로 자형형성이 되었는지를 밝혀 나갈 것이다. 그 원리를 연구하

---

28) 『주역』에서 상(象)은 역(易)의 괘상(卦象)을 연구하는 것이며, 수(數)는 수리(數理)를, 이(理)는 의리(義理), 즉 윤리적 입장에서의 연구이다. 상수역(象數易)의 대표적 저술로는 소옹(邵雍)의 『황극경세서』가 있다. 의리역(義理易)으로는 정이(程頤)의 『역전』이 있다. 상수와 의리 어느 한 곳으로 치우치지 않고 두 가지를 종합한 저술로 주희(朱熹)의 『주역본의』가 있다. 상수역은 『역전(易傳: 十翼)』에서 발원(發源)하여 음양오행설의 성행과 자연법칙을 중시하는 한대(漢代)의 기풍 속에서 나온 사상 체계이다. 송대와 한대의 상수론을 새로운 관점에서 정리하고 철학성을 부여하여 상수학(象數學)으로 체계화시킨 인물이 소옹이다. 『한국민족문화대백과』의 기술 내용을 참고하였다.

는 데는 국어학적인 관점과 역리적 관점을 활용한다.

역리적(易理的) 관점에서 제자해를 이해하기 위해서 제자해의 전문을 살펴 역리와 관련된 문구를 찾고, 이를 역사상(易思想)과 비교하여 제자원리를 밝힐 것이다. 또한 이러한 원리를 통해서 구체적으로 자형(字形)이 어떻게 형성되는지 그 과정을 구명해 나갈 것이다.

2.1. 『훈민정음』 제자해와 역사상

『훈민정음』 해례본에서 제자해의 내용을 보면 훈민정음 창제에 여러 가지 역사상(易思想)이 관여된 것을 알 수 있다. 이미 알려진 바와 같이 태극론, 음양론, 오행론, 삼재론, 상수학 등을 비롯해서 제자해의 기반을 이루는 '상(象)'의 개념이 그것이다. 하지만 지금까지 훈민정음의 연구에 있어서 '제자(制字)'와 관련하여 '상형(象形)'은 발음기관을 '본뜨다'는 개념으로 이해하여 연구된 반면 철학적인 면은 부차적인 것으로 여겨 크게 다루어지지 않았다.

이 장에서는 『훈민정음』 제자해에 나오는 '상형'의 의미를 철학적 관점에서 살펴보고, 역사상(易思想)이 훈민정음 자형 형성에 어떤 영향을 주었는지 당시 문헌 자료를 바탕으로 밝히고자 한다. 훈민정음의 이론 및 언어 철학에 많은 영향을 끼친 주요 문헌은 『성리대전』, 『계사전』, 『황극경세서』 등이다. 제자해의 표현을 이들 문헌에 실린 역리와 비교하고 실증적인 방법으로 고찰하여 이를 근거로 자형형성에 미친 역리의 영향을 살필 것이다.

2.1.1. 상(象)

『훈민정음』 해례본의 제자해에 '二十八字 各象其形而制之'라고 제자원리를 밝히고 있다. 훈민정음 28자는 상형을 하여 글자를 만들었다는 의미로 글자를 만든 원리가 '상형'[29]임을 분명히 하고 있다.

『훈민정음』 제자해에서 상형(象形)을 보는 관점은 두 가지로 구분할 수 있다. 첫째, 한자 구성 방식의 하나인 육서적 상형(象形), 둘째, 형이상학적인 의미인 형상으로의 구상화 과정을 거친 역리적 상형(象形)이다. 지금까지 연구에서 '상형'은 한자의 구성 방식 중의 하나인 육서의 원리인 '상형'으로 해석하여 발음기관을 본뜬 것이라는 의견이 지배적이다. 아래 [표 1]은 백두현(2016:4)을 참고하여 상(象)에 대한 기존의 입장들을 필자가 재정리한 것이다.[30]

---

[29] 홍윤표(2005:59)에서 훈민정음의 제자원리인 '象形'이 나온 기록을 정리하였다.

	기 록	출 전	기술의 대상
①	正音二十八字 各象其形而制之	제자해	정음 28자
②	癸亥冬 我殿下創制正音二十八字 各揭例義而示之 名曰 訓民正音 象形而字倣古篆	정인지 서문	정음 28자
③	正音制字尙其象	제자해 결	정음

[30] 백두현(2016:4)의 토론문 내용을 참고하여 재정리하였다.

[표 1] 상형에 대한 논의

상의 의미	선행 연구
모방하다	홍기문(1946)
시늉하다	유열(1947)
본뜨다	김민수(1959), 서병국(1981), 박종국(1976), 박창원(2005), 이정호(1975), 강신항(2007), 박지홍(1981), 조규태(2010), 백두현(2016), 이상규(2016)
상형하다	유창균(1977)
상징하다	조영진(1969), 한재영(2016)
'본뜨다'는 의미+추상적인 의미의 형상화	이성구(1985)
상상력과 은유적 메시지	박연규(1998)
광의의 '상형'	박형우(2009)
추상적 · 형이상학적 의미	김만태(2012)
도상적 기호(icon)화	안명철(2005)[31]
나타내다, 그려내다	곽신환(2016)

[표 1][32]에서 보듯이 '제자해'에서 표면적인 의미에서 보면 이처럼 '본뜨다'의 의미로도 볼 수 있다. 하지만 상(象)을 고차원적 혹은 자연의 원리를 내포한 우주론적인 입장에서 보면 다르게 볼 수도 있다.

박형우(2009:155-163)에서도 '상형'을 한자 육서의 하나로 보아서는 안되고, 광의의 '상형'으로 보아야 한다고 하였다. 김만태(2012:89)에서도 '모습(形)을 본뜨다(象)'는 의미를 구체적인 실물로 한정해서는 안 되며, 역의 괘상(卦象)처럼 추상적 · 형이상학적 의미까지도 형상화했다는 뜻으로 확장

---

31) 성리학적 세계관의 상형: 초성자와 중성자가 통일되고 공통된 상형의 원리가 있을 것이다.
32) 이 책에 제시되어 있는 [표]와 [그림]들은 출처가 있는 것은 그 출처를 밝히고, 그 외는 필자가 작성한 것임을 밝혀 둔다.

했을 때, 훈민정음에 함축된 역학적 의미를 온전하게 이해할 수 있다고 하였다.

조영진(1969:197)에서도 상(象)을 고차원적으로 이해하자는 주장을 하면서 다음과 같은 설명을 하였다.

> 육서로서의 상(象): ㄱ ← 舌根閉喉之形
> 고차원적인 상(象): ㄱ = 舌根閉喉之形

육서의 하나로 상(象)을 보면 발음기관이 자형(字形)을 결정하는 절대적인 존재임에 반해, 고차적원인 관점에서 상(象)으로 보면 자형과 발음기관은 상관성 내지는 유사성이 있는 것으로 설명할 수 있다고 했다. 부연하면, 전자의 경우는 자형의 기원이 결정되어 버리지만 후자의 경우는 고차원적인 관점으로 자형의 기원을 다른 차원에서 구할 수 있다는 의미다. 이는 자형 원리를 한층 높은 차원에서 고찰 할 수 있는 길을 열어 놓았다고 본다.

김주필(1997:77-78)에서도 상형은 문자와 의미가 대응되는 제자의 한 방법으로서, '사물을 그린 형태'가 지시하는 의미는 '그린 사물이나 대상' 그 자체가 된다. 그러나 『훈민정음』의 중성자는 '사물을 그린 형태'가 의미에 대응되는 것이 아니라 소리에 대응된다는 점에서 육서적 상형과는 차이가 있다고 했다. 그러므로 『훈민정음』의 상형(象形)은 추출된 국어 음소에 대응되는 문자의 도형을 만드는 방법으로서, 일반적인(육서적) 상형의 제자 방법과는 거리가 있다고 했다.

곽신환(2016:36-37)에서는 상(象)을 '나타나다'로 보고 있다. 『주역』의 『계사전』에서 以制器者尙其象[33](『계사상전』10), 見乃謂之象[34](『계사상전』

---

33) 易有聖人之道四焉, 以言者尙其辭, 以動者尙其變, **以制器者尙其象**, 以卜筮者尙其占.(성인 역을 활용하는 방안 네 가지를 말하기, 결단을 내려 행동하기, 문명의 이기(利器)를 만들기,

11), 是故謂之象³⁵⁾(『계사상전』 12) 등 '象'이 나오는 구절을 예로 들며 '그려
내다', '나타내다'는 의미라고 설명하였다. 훈민정음의 창제는 『주역』을 활용
하는 방안 네 가지 중, '문명의 이기(利器)를 제작하기' 곧 '제기(制器)'에 속
한다고 하였다.

이 책에서도 『훈민정음』 제자해의 상형(象形)의 의미를 자연의 원리를 내
포한 우주론적인 입장에서 바라보고자 한다. 표면적으로는 육서로서의 상형
을 의미하나 내면에는 형이상학적인 역리적 상형을 의미하는 것으로 이해해
야 자형형성 원리를 제대로 파악할 수 있다. 즉, '상(象)'의 의미는 구상화,
상징화 한 것으로 '나타나다, 표현되다, 추출하다'를 담고 있다.

상(象)의 개념을 정립하기 위해서는 상(象)의 구상화 과정과 추상화 과정
에 대한 이해가 선결이 되어야 한다. 상의 구상화 과정이라는 것은 연역적이
고, 형이상학적인 개념이다. 구상화란 추상에서 구체화 되어 가는 과정이다.
보이지는 않지만 어떠한 대상이 있다고 가정하고 그것을 구체적으로 인식해
가는 것이다. 이 과정에서 존재 자체를 인식하는 단계가 형상화(形像化) 단
계이다. 이 형상화 과정이 이루어지면 그 다음 단계가 존재에 대한 인식의

길흉을 점치기가 그것이다(『繫辭上傳』10).

34) 一闔一闢謂之變 往來不窮謂之通 見乃謂之象(한번 열고 닫히는 것을 일러 變이라 하고,
왕래하여 고정되지 않는 것을 通이라한다. 通하고 變해서 **나타내는 것**을 象이라고 한다)이
라고 象을 정의하고 있다(『繫辭上傳』11).

35) 子曰, "書不盡言, 言不盡意." 然則聖人之意 其不可見乎? 子曰, "聖人立象以盡意, 設卦以盡
情僞, 繫辭焉以盡其言, 變而通之以盡利, 鼓之舞之以盡神.", "故夫象, 聖人有以見天下之
蹟, 而擬諸其形容, 象其物宜, 是故謂之象"(공자 왈, 글로는 말을 다하지 못하며, 말로는
뜻을 다하지 못하니, 그러한즉 성인의 뜻을 가히 볼 수 없단 말인가? 공자 왈, 성인 상을
세워서 뜻을 다하며, 괘를 베풀어서 참과 거짓을 다하며, 두드리고 춤추게 하여, 신묘함을
다하는 것이다. 상이란 사람 중에서 가장 탁월한 이가 세상의 지극히 어지럽고 복잡한
현상을 보고서 그 모습에서 논하고 그 물건이 지닌 특징을 그려냈기에 상(象)이라 한다.(『繫
辭上傳』12).

단계이다. 존재에 대한 인식의 단계는 대상인 주체와 대상을 보는 객체가 있는 단계이다. 아래 [표 2]는 필자가 상(象)에 대한 구상화 과정을 정리한 것으로『훈민정음』해례의 제자해에서 나오는 상(象)을 이해하는 데 중요한 의미를 지닌다.

[표 2] 상(象)의 구상화 과정

상(象): 연역적·형이상학적 개념
↓
형상화(形像化) 과정: 존재자체
↓
형상(形相): 존재에 대한 인식으로 주·객체의 성립

상(象)의 추상화 과정을 설명하면 다음과 같다. 상의 추상화 과정이라는 것은 귀납적이고 형이하학적인 개념이다. 추상화 과정이란 구체에서 추상화되어 가는 과정이다. 추상화 과정은 어떠한 대상이 존재한다는 의미에서 출발한다. 존재한다는 의미는 형(形)의 의미이다. 개개의 구체적인 대상으로 관념화의 단계이다. 이 관념화의 단계에서 속성들을 모은 것이 상(相)이다. 이 상(相)의 단계는 객체와 주체의 관계가 형성되는 단계이다. 즉 인식의 단계로 '본뜨다'의 의미다. 여기서 형(形)은 아직 대상에 대한 인식이 이루어지기 전의 단계이다. 인식에 대한 개념이 없는 단계인 형(形)에 대해 인식을 하게 되는 단계로 이어지게 된다. 이러한 인식의 단계가 상(相)의 단계이다. 이 상(相)의 단계는 '본뜨다'의 의미이다.

이 상(相)으로 인한 관념 혹은 이미지화가 된 단계가 상(像)이다. 이 상(像)의 단계가 육서에서 상형을 의미한다. 여기까지 단계가 전체적으로 형이하학적인 단계이다. 이러한 과정을 통해서 하나의 공통된 관념 체계가 형성이 된다. 이 단계가 개념화의 단계로서의 상(象)을 의미한다.

아래 [표 3]은 필자가 상(象)에 대한 추상화 과정을 정리한 것이다. 육서(六書)로서의 상형(相形)을 이해하는 데 중요한 의미를 지닌다.

[표 3] 상(象)의 추상화 과정

상(象): 개념화 혹은 공통된 개념체계의 형성

↑

상(像): 이미지 혹은 관념화(육서)

↑

상(相): 형(形)에 대한 인식

↑

형(形): 구체적인 사물로서의 관념

육서(六書)의 상(象)은 구체적인 형상에서 문자로의 추상화 과정을 거친 결과물이다. 하지만 '제자해'에서 상(象)은 형이상학적인 상의 개념을 연역적으로 받아들이는 것을 전제로 이해해야 한다.

『계사전』과『황극경세서』에 구상화 과정의 '상(象)'을 뒷받침할 내용이 나온다.

(1) ㄱ. 分而爲二以象兩, 掛一以象三. 揲之以四, 以象四時.[36)

ㄴ. 是故易有太極. 是生兩儀. 兩儀生四象, 四象生八卦. 八卦定
吉凶 吉凶生大業[37].

ㄷ. 爻也者效此者也. 象也者像此者也.[38]

ㄹ. 是故易者象也. 象也者像也.[39]

(2) ㄱ. 一闔一闢謂之變 往來不窮謂之通 見乃謂之象

ㄴ. 易有意象, 立象皆所以明象 統下三者, 有言象不擬物而直言
以明事, 有像象擬一物以明意, 有數象七日八月三年十年之
類是也.[40]

(1ㄱ-ㄹ)도『계사상전』에 나오는 '象'에 대한 문구들이다. 구상화 과정을
역(易)으로 보면, 무극[41]에서 태극으로 태극에서 음과 양으로 양분이 된다.

---

36) 임의로 나누어 왼쪽은 천양(天陽), 오른쪽은 지음(地陰)으로 한다. 천야(天也), 지야(地也)),
오른손에 서죽(筮竹) 중 하나를 취하고, 왼손 소지와 약지 사이에 낀다. 인야(人也). 서죽을
네 개씩 덜어서 세는 것은 춘하추동을 상징하기 위해서다. 즉, 둘로 나누니 음양인 양의를
형상한 것이요, 천책에서 하나를 뽑아 새끼손가락에 사이에 끼는 것은 천·지·인 삼재를
형상화한 것이다. 왼 손의 천책부터 네 개씩 헤아리는 것은 사상과 사계절을 형상한 것이
다. 참고로 서죽을 왼쪽에 쥔 것을 천책(天策)이라 하고 오른손에 쥔 것을 지책(地策)이라
한다.

37) 이런 까닭으로 역에 태극이 있으니, 이것이 양의를 내고, 양의가 사상을 내고, 사상은 팔괘
를 내니, 팔괘가 길흉을 정하고, 길흉이 큰일을 낳는다.

38) '효'는 이것을 본받는 것이고, '상'은 이것을 형상(形像)하는 것이다.

39) 그러므로 역(易)은 상(象)이며, 상(象)이란 것은 형상(形像)이다.

40) 역(易)에 의상(意象)이 있다. 의를 세우는 것은 모두 상을 드러내어 보이는 것이다. 아래의
세 가지를 거느리는데 언상(言象)이 있으니, 사물에 비유하지 않고 바로 말하여 사(事)를
뚜렷이 드러내 보이는 것이며, 상상(像象)이 있으니 하나의 사물에 비유하여 의(意)를 뚜렷
하게 나타내 보이는 것이며, 수상(數象)이 있으니, 7일, 8월, 3년, 10년 따위이다.

41) '무극'은 시간과 공간의 제약을 넘어선 절대적 존재로서 유가, 도가의 중요한 철학적 개념이
다. '무극'은 노자『도덕경(道德經)』제28장에서 "참된 덕은 어긋남이 없어 무극에 돌아간다
(常德不忒復歸於無極)"라고 한 데서 최초로 나타난다. 그 후『도덕경(道德經)』에 관한 주석
의 하나인《하상공장구(河上公章句)》에서는『도덕경(道德經)』제28장에 대해 "사람이 능히
천하의 본보기가 될 수 있으면 참된 덕이 자기에게 간직되어 어긋남이 없을 것이다."라고
하며,『주역(周易)』에서 논의된 태극과 함께 거론되면서 중요하게 부각되었다.『주역(周易)』
의 '계사(繫辭)'에서는 "역에 태극이 있으니 태극에서 양의(음·양)가 나온다. 양의에서 사상

음양은 다시 사상(四象)으로 나누어진다. 사상에서 상(象)이 나온다. 사상에서 나오는 상이 구상화 과정에서 언급한 상이다. 상(象)이 형이상학적인 역리적 상(象)이라면, 상(像)은 형이하학적인 이미지의 의미가 있다.

(2ㄱ)은『계사상전』에 나오는 문구로 상(象)은 '나타나다'의 의미로 해석할 수 있다. (2ㄴ)은 소강절의『황극경세서』권6에 나오는 구절로, '상(象)'의 개념이 '나타나다, 표현하다, 추출하다'의 구상화의 의미임을 보여 준다. 소강절은 역(易)에는 의상(意象)이 있으며, 의(意)를 세우는 것은 상(象)을 밝히는 것이라 했다. 그리고 '상'에는 '言, 像, 數'의 세 종류가 있음을 설명하고 있다. 이것은 상(象)의 연역적이며, 형이상학적 개념을 설명하는 부분이다. 즉 어떤 대상을 제시하고 난 뒤에 그 대상을 기준으로 구상화하는 것이다. 태극(太極)에서 음양(陰陽)이 나오고 음양에서 사상(四象)이 나오는 발생론적 원리와 같다. 또한 '易有內象理致是也 有外象指定一物而不變是也[42]'라 한다. 즉 내상은 이(理)이고, 외상은 하나의 사물로 구상화 되어 고정되는 것을 말한다.

송대의 학자인 장재(張載)도『역설』에서 '기(氣)'를 우주본체로 보며 '상(象)'이 구상적인 개념이라고 하였다.

이 나오며 사상에서 팔괘가 나온다(易有太極是生兩儀兩儀生四象四象生八卦)"라는 내용이 있다. 여기서의 태극은 음양이기(陰陽二氣)가 나오기 이전의 근원적 존재라는 의미로 풀이되어 한대(漢代) 이후 중국철학사에서 매우 중시되었다. 이러한 두 가지 흐름을 종합하여 무극과 태극을 연결시키며 중요한 철학적 개념으로 부각시킨 인물이 오대말의 도교사상가인 진단(陳摶)이다. 그는 도교수련의 원리를「무극도(無極圖)」와「선천태극도(先天太極圖)」 등의 그림을 통해 함축적으로 표현했다. 진단의「무극도(無極圖)」와「선천태극도(先天太極圖)」는 본문에서 상술하고 있다.『두산세계대백과사전』의 기술 내용을 참고하였다.

42) 역(易)에는 내상(內象)이 있는데 이치가 그것이다. 그리고 외상(外象)이 있는데, 하나의 사물을 가리켜 변하지 않는 것이 그것이다.

(3) ㄱ. 太虛者 氣之體 太虛無形 氣之本體 其聚其散 變化之客形 爾[43)]

  ㄴ. 凡可狀 皆有也 凡有 皆象也 凡象 皆氣也[44)]

　장재[45)]는 '기일원론'[46)]을 기초로 역리에서 '기'와 '상'의 관계를 설명하면서 '형(形)'과 '상(象)'을 구별하였다. 장재는 '형(形)'이란 볼 수 있는 것이고, 상(象)은 '강유동정'의 성능을 가리킨다고 하였다. 그래서 심경호(2009:497)는 (3ㄱ)처럼 상(象)이 있는 것이라 하여 반드시 형(形)이 있는 것은 아니라고 하였다. 형(形)이 있는 것은 반드시 상(象)이 있으나 형(形)이 없어도 상(象)은 있다고 하였다.

　(3ㄴ)은 형상(形狀)이 있는 것은 유(有)이고, 유(有)한 것은 상(象)이고 그것은 모두 기(氣)라는 의미이다. 이를 정리하여 다음과 같은 표로 나타낼 수 있다.

---

43) 태허란 기의 체이다. 태허란 무형으로 기의 본체이다. 그 모이고 흩어짐은 변화의 객형(客形)일 따름이다.

44) 형상할 수 있는 것은 모두 유이다. 모든 유는 모두 '상'이다. 모든 '상(象)'은 모두 '기(氣)'이다.

45) 장재(張載: 1020-1077)는 중국 송나라 시대의 사상가이다.

46) 성리학에서 현상계를 구성하고 있는 것은 기(氣)이고, 그 기의 존재방식을 규정하는 것은 이(理)이다. 현상계에서 보면 이(理)와 기(氣)는 동시에 존재하는 이기불상리(理氣不相離)의 관계에 있지만, 궁극적인 관점에서 보면 이(理)는 기(氣)보다 앞서서 기의 존재방식을 규정한다. 이기(理氣)의 관계는 서로 섞일 수 없는 이기불상잡(理氣不相雜)의 관계에 있다고 본다. 이런 이기이원론에 대해 기(氣)는 이(理)에 관계없이 독자적으로 존재해서 우주만물을 생성시킨다고 하는 것이 기일원론이다. 『한국민족문화대백과사전』의 기술 내용을 참고하였다.

[표 4] 기(氣)와 상(象)과의 관계표

장재에 따르면 만물은 '기(氣)'로 이루어져 있다. 이 '기'라는 것은 '상(象)' 이라는 추상체나 기호로 드러난다. 이것이 자연계에서는 형상화되기도 하고, 형태가 없기도 하다는 논리이다. 역리에서는 '상(象)'을 '양(陽)'으로 보고, '형(形)'을 '음(陰)'으로 보는 것과 같은 이치다.

한동석(2013:173)에서 상(象)은 형(形)과는 상대되는 개념으로, 형(形)을 인간의 감각에 쉽게 느껴질 수 있는 것이라고 한다면, 상(象)은 일반적인 인간, 즉 명(明)을 잃은 인간이나 또는 자연 법칙을 관찰할 줄 모르는 사람에게 인식되기 어려운 무형(無形)을 의미한다고 했다.

상(象)과 형(形)의 개념에 대한 설명은 『주역』을 해설한 『계사전상』에서도 살펴볼 수 있다.

(4) ㄱ. 天尊地卑 乾坤定矣[47] …(중략)… 在天成象 在地成形 變化

　　　見矣[48] (『繫辭上傳』1.)

　　ㄴ. 聖人設卦 觀象繫辭焉 而明吉凶. 剛柔相推 而生變化 是故

　　　　吉凶者 失得之象也 悔吝者 憂虞之象也 變化者 進退之象也

---

[47] 하늘은 높고 땅은 낮으니 건(乾)과 곤(坤)이 정해진다.

[48] 하늘에서는 형상의 상(象)을 이루고 땅에서는 모양인 형(形)을 이루니 변화가 나타나는 것이다.

剛柔者 晝夜之象也[49]（『繫辭上傳』2.）

　ㄷ. 聖人有以見天下之賾　而擬諸其形容　象其物宜　是故謂之
　　象[50]（『繫辭上傳』12.）

　(4ㄱ)에서 보는 바와 같이 상(象)과 형(形)에 대해 하늘과 땅 즉, 음양의
원리로 설명하고 있다. 상(象)은 천(天) 즉, 양(陽)이고, 형(形)은 지(地) 즉,
음(陰)인 것이다.

　(4ㄴ)은 성인 즉, 복희·문왕·주공이 '象'을 어떻게 보았는지를 잘 묘사하
고 있다. '상(象)'에는 길흉(吉凶)과 회린(悔吝) 및 변화(變化)와 강유(剛柔)
의 의미를 지니고 있다. 이들 어휘들은 역의 용어로서 물질계에서 실득(失
得)과 우우(憂虞) 및 진퇴(進退)와 주야(晝夜) 등으로 형상화가 되고 있다.
이 형상화가 '상'에 대한 상징화이다.

　(4ㄷ)은 '상(象)'이 '형(形)'이나 '물(物)'에 대한 상징화의 개념이라는 부분
을 명확하게 설명해 주고 있는 부분이다. 이 글을 정리하면 다음과 같다. 무
릇 상(象)이란 성인이 천하의 심오함을 보아, 그 형(形)과 용(容)을 견주어,
물(物)의 마땅함을 상했기 때문에 상(象)이다. 이처럼 상(象)은 물(物)과 형
(形)의 구상화된 개념이다.

　박일봉(1991:560)에서는 상(象)을 천지만물의 형(形)과 용(容)에 비유하고,
천지만물이 당연히 그러해야할 모습을 본떠 사람에게 나타내 보였다. 이와
같이 비유하고 상징화하는 이것을 '상'이라 한다. 그러므로『훈민정음』의 제자해

---

49) 말을 엮어서 길흉을 밝혔으니, 강유(剛柔)가 서로 밀어 변화가 생긴다. 길흉이란 것은 잃고
　얻는 형상이요, 근심스런 형상인 것이다. 변화되는 것은 나아가고 물러나는 형상이요. 강유
　는 낮과 밤의 형상이다.
50) 성인은 천하의 오묘한 비밀을 보았으나 그것을 표현하는 과정에서 그것과 비슷한 모습으로
　밖에 나타낼 수 없었다. 그래서 그것을 상(象)이라 한다.

에서 의미하는 '상'은 단순한 모방(模倣)인 형이하학적인 개념[51]이 아니라 형이상학적인 개념인 것이다. 구체적으로 상의 개념을 정리하면 아래와 같다.

형(形)은 물질계[52]를 나타내며, 상(象)은 그보다 포괄적인 범주이면서 상위 개념인 중간계에 해당하는 상징화의 의미이다.[53] 즉 상(象)은 물질계인 형(形)에 대한 형이상학적인 개념인 것이다. 상(象)은 중간계에서 물질계로 '나타내다, 표현하다'는 의미이며, 물질계의 형(形)이나 물(物)의 '상징화'의 과정이다. 예를 들어 舌音 'ㄴ'은 물질계에서 '설부상악지형(舌附上腭之形)'을 본뜬 형(形)이지만, 중간계의 '상(象)'으로 보면 'ㄴ'이라는 구상화 된 상(象)이 된다. 이처럼 고차원적인 관점에서 보면, 순음 'ㅁ'도 자연스럽게 이해가 된다. 순음(脣音) ㅁ이라는 '상(象)'은 물질계에서는 입의 모형을 본뜬 형이지만, 중간계의 상징적 의미로 보면 구상화되어 나타난 것이다. 나머지도 같은 원리로 설명이 가능하다. 이렇게 보는 근거는 상(象)이 '중간계'에서 형성이 되기 때문이다.

태극에서 음과 양의 변화를 통해서 분화되기까지 여러 단계를 거친다. 필자는 태극에서 음양의 분화 단계를 구체화해서 단계를 정하고, 그 각각의 단계를 명명화 과정을 통해 제자해를 이해하는 데 도움을 주고자 한다. 우선,

---

51) 상(像)은 물질계의 형이나 물상을 '본뜬다'는 의미이며 단순히 모양을 모사(模寫)한다는 뜻으로, 형이하학적인 개념이다.

52) 태극(太極)의 변화에 따라 현상과 물질이 생성되기 전단계를 '중간계'라고 하고, 사상(四象)에서 팔괘(八卦)로 확장되는 단계를 '전현상계'라 명명한다. 그리고 팔괘(八卦)에서 64괘로 확장된 단계를 '현상계'라 하고, 64괘에서 확장된 384효 혹은 4096동효의 단계를 '물질계'라 한다. 이에 대한 상세한 기술은 3부에서 논할 것이다.

53) 발생론적으로 상(象)을 보면, 무극에서 사상(四象)까지는 형이상학의 개념이고, 사상(四象)을 통한 팔괘(八卦)부터는 형이하학의 개념이다. 중간계에 해당하는 사상(四象)에서 상형(象形)은 형이상학적인 의미로 '나타내다, 표현하다, 추출하다'의 의미를 지닌다. 그리고 물질계에 해당하는 384효와 4096동효에서의 상형(象形)은 한자 구성 방식의 하나인 육서로서 상형(象形)이며 형이하학의 개념으로 사용되었다.

태극에서 음양의 과정을 통해서 사상(四象)으로 분화된다. 그런데 이 단계는 아직 구체적인 현상이 나타나기 전의 단계이다. 그렇기 때문에 이 단계는 물질이 형성되기 이전의 단계로 '중간계(中間界)'라고 명명한다. '중간계'는 태극이 음양으로 변화하고, 이 음양이 다시 사상으로 확대되는 단계를 의미한다. 이 중간계가『훈민정음』제자해에서 말하는 '상(象)'의 의미와 관련이 있는 매우 중요한 단계이다.

'중간계'를 기점으로 사상(四象)에서 '팔괘(八卦)'의 단계로 확장이 된다. 이 단계는 **물질로** 표상되기 전의 단계로 '현상계(現象界)'라 명명한다. 현상계(現象界)는 변화의 범위에 따라서 '전현상계'와 '현상계'로 구분하는데, 사상(四象)에서 팔괘(八卦)로 확장이 되는 단계를 '전현상계(前現象界)', 팔괘에서 64괘로 다시 확장된 단계를 '현상계(現象界)'로 명명한다. 태극에서 음양으로, 음양에서 팔괘를 거쳐서 64괘로 확장이 되고, 이 64괘에서 각 효(爻)가 동하여 생성되는 384효와 4096동효가 되는데 이처럼 64괘에서 확장된 단계를 '물질계'라 명명한다. 이 '물질계(物質界)'가 우리의 현실 생활에서 보이는 모든 물질을 괘로 보여주는 단계이다.

지금까지 고찰한 내용을 표로 정리하면 다음과 같다.

[표 5] 태극(太極)의 변화와 표현되는 상(象)

태 극		음양의 분화
양	음	
태양 소음	소양 태음	중간계
건 태 이 진	손 감 간 곤	전현상계
64괘		현상계
384효, 4096동효		물질계

『훈민정음』 제자해의 '正音二十八字 各象其形而制之'에서 '其'나 '而', '之' 등 수식어를 제하고 나면 '象形制之' 즉 '象形制字'가 된다. 이는 '28글자를 만들었는데, 형태를 나타내다'는 뜻이다. 제자해(制字解)의 결(訣)에 나오는 '中聲十一亦取象', '·取象天圓合地平' 등 '取象'의 의미 역시 역리적 관점에서 보면 '·가 원을 나타내다, 표현하다, 추출하다'는 의미로 해석된다. 천지인(天地人)의 취상이나 조음기관의 취상이나 모두 같은 구상화의 과정으로서 '상(象)'을 의미한다고 본다. 제자해 결에 나오는 '舌迺象舌附上腭 罢'[54], '脣則實是取口形'[55], '齒喉直取齒喉象'[56] 등의 상(象)과 형(形)의 개념들도 앞에서 논한 것과 같다. '象'을 '陽'으로 보면, '形'은 '陰'이다. '형(形)'이 구체적인 사물을 형상화한 것이라면, '상(象)'은 추상적인 것을 형상화한 것이다. 이와 같은 해석은 훈민정음 창제 당시 식자층에서는 역리가 일반화되었다는 시대적인 배경과 관련을 지어 보면 당연한 것이다.

지금까지의 내용을 정리하면, 『훈민정음』 제자해의 상형은 표면적으로 조음기관을 본떴다고 하는 것은 상(象)의 형이하학적인 개념이지만, 내면에서는 형이상학적인 상징화의 과정을 거친 **역리적(易理的) 상형(象形)**을 의미한다.

2.1.2. 태극론

『훈민정음』 제자해의 첫머리에 태극과 관련된 구절이 나온다.

> 天地之道. 一陰陽五行耳已. 坤復之間爲太極, 而動靜之後爲陰陽
> (制字解)

---

54) 설음은 곧 윗잇몸에 혀가 붙는 모양에서 상(象)한 것이다.
55) 순음은 곧 입의 모습에서 형(形)을 취한 것이다.
56) 치음과 후음은 바로 이와 목구멍 모습을 상(象)한 것이다.

『주역』 64괘에서 시작을 의미하는 괘(卦)가 복괘(復卦)이며, 끝을 의미하는 괘(卦)는 곤괘(坤卦)이다. 이 곤괘와 복괘 사이가 태극이다. 태극에서 음과 양이 나오고, 음양에서 사상으로, 사상에서 팔괘로, 팔괘에서 64괘로 확장이 된다. 이처럼 64괘의 시작은 태극이다. 제자해의 첫머리에 인간의 성음을 태극과 음양으로 설명함으로써『훈민정음』의 제자원리에 주역의 원리가 적용되었음을 보여주고 있다.

역리사상의 기본이 되는 것은 '태극과 양의'이다. 태극은『계사전』에서 나오는 말로, 세상 만물의 근원이다. 이 태극에서 음과 양의 기운으로 분화가 되고, 이렇게 분화된 음과 양의 기운을 양의라 한다. 양의는 두 가지 의미로 이해할 수 있다. 그 하나는 사상으로 분화가 된다는 의미이며, 다른 하나는 만물의 현상적인 작용이라는 의미이다. 여기서 사상(四象)으로 분화된다는 의미는 우주 발생론적 측면에서 접근할 수 있다. 태극은 우주의 근원이고, 이 근원을 통해서 양의가 나오게 된다. 다시 말해 양의는 태극이 기(氣)로 작용하면서 생겨나는 음과 양을 의미한다.

『계사전』에 이와 관련된 내용이 나온다.

> 是故 易有太極 是生兩儀
> 兩儀 生四象 四象 生八卦
> 八卦 定吉凶 吉凶 生大業(『繫辭上傳』)

위 글은 태극과 양의 그리고 사상과 팔괘의 관계를 논하고 있다. 태극에서 양의가 생겨나고, 양의에서 사상이 나오고, 사상에서 팔괘가 생겨난다. 팔괘에서 길흉이 정해지고 길흉에서 대업이 이루어진다고 했다.

송나라의 정이천도 그의 저서『易傳』에서 태극과 양의의 관계에 대해 다음과 같이 해설하고 있다.

散之在理則有萬殊 統之在道則无二致 所以易有太極 是生兩儀 太
極者 道也 兩儀者 陰陽也 陰陽 一道也 太極 无極也. 萬物之生 負陰
而抱陽 莫不有太極 莫不有兩儀 絪縕交感 變化不窮. 形一受其生 神
一發其智 情僞 出焉 萬緖 起焉 易所以定吉凶而生大業.(『易傳』)

흩어서 이치에 두면 만 가지 다름이 있고, 모아서 도에 두면 두 가지 이룸
이 없으니, 그렇기 때문에 역에 태극이 있으니 이것이 양의를 낳는다. 태극
은 도이고, 양의는 음과 양이니, 음양은 한 도이며 태극은 무극이다. 만물의
생겨남이 음을 지고 양을 안아서, 태극이 있지 않음이 없으며 양의가 있지
않음이 없으니, 인온하여 사귀어 느낌에 변화가 무궁하다. 형체가 한번 그
생명을 받고 신이 한번 그 지혜를 발하여 참과 거짓이 나옴에 만 가지 단서
가 일어나니, 역이 이로써 길흉을 정하고 대업을 낸다.

이 글에서도 역에 태극이 있고 태극에서 양의가 나오며, 태극은 도이고,
양의는 음과 양이니, 음양은 하나의 도이며 태극은 무극이라고 하였다.
『황극경세서』에도 '무극'에 대한 표현이 나온다.

無極之前陰含陽也 有象之後 陽分陰也 陰爲陽之母, 陽爲陰之父,
故母孕長男而爲復 父生長女而爲姤 是以陽始於復陰始於姤也.(『皇極
經世書』5)

내용을 정리해 보면, '무극' 이전에는 음이 양을 포함하는데, 이를 괘상으

로 나타내면 감괘(坎卦☵)의 형상이지만, 감괘(坎卦) 자체는 아니다. 상(象)이 생긴 뒤에는 양에서 음이 갈라져 나오고, 음에서 양이 갈라져 나온다. 음에서 나온 음과 양이 합쳐서 복괘(復卦)가 되고, 양에서 나온 양과 음이 합쳐서 구괘(姤卦)가 된다. 노영균(2009:225)은 양(陽)은 복괘(復卦)에서 시작하고 음(陰)은 구괘(姤卦)에서 시작한다고 했다.

상(象)의 변화에서 보듯이 '坤(☷)'에서 '坤(☷)'과 '雷(☳)'로 나누어지고, '乾(☰)'에서 '乾(☰)'과 '巽(☴)'로 나누어진다. '곤'과 '뢰'가 합하여 '復卦(䷗)'가 되고, '건'과 '손'이 합하여 '姤卦(䷫)'가 된다. 이 '곤'과 '복'의 사이를 무극이라고 한다. 즉, 무극은 태극의 개념으로 볼 수 있다.

주희의 태극관도 이와 유사하다.

> 朱子曰 無極之眞 二五之精 妙合而凝[57] 所謂眞者, 理也, 所謂精者
> 氣也[58].

주희의 관점에서 이(理)는 곧 태극(太極)을 말함이다. 이를 종합하면 다음과 같은 등식이 성립된다.

[표 6] 무극과 태극의 관계표

無極之眞 = 理 = 太極

중성 'ㅣ'의 제자해에도 '無極之眞'이 포함되어 있다.

---

[57] 무극의 진리와 음양오행의 정수가 묘하게 합하여서 응결되나니.
[58] 이른바 진(眞)은 리(理)이고 정(精)은 기(氣)이다.

ㅣ獨無位數者. 盖以人則無極之眞 二五之精 妙合而凝 固未可以定位
成數論也.(制字解)[59]

제자해에서 '無極之眞'을 통해서 중성 'ㅣ'는 단순히 사람의 형상을 본뜬
것이 아니라 태극에서 발생하여 음양오행의 기가 응취된 결과인 '人'의 의미
다. 그러므로 'ㅣ獨無位數者'에서 'ㅣ'는 생위(生位)와 성수(成數)의 배정이
배제된 것이 사람은 자리와 수로 논할 수 없다는 것이다.

이성구(1985)에서도 태극은 우주만물 생성의 궁극적인 근원을 의미한다
고 했다. 제자해의 '終聲復用初聲'의 원리에 나오는 '一元之氣'는 하나의
으뜸이 되는 기(氣)로서 태극의 원리로 볼 수 있으며, 중성자 중에서 태극과
관련이 있는 글자는 'ㆍ'라고 하였다.

지금까지의 내용을 정리하면,『훈민정음』제자해의 태극은 우주만물의 근
원이다. 제자해의 성음도 태극의 원리가 적용이 되어 있다. 특히 제자원리에
태극은 '無極之眞 = 理 = 太極'의 관계로 형이상학적인 개념이다.

2.1.3. 음양론

이정호(1975:23)는 훈민정음 전체가 음과 양의 작용이라고 했다. 'ㆍ, ㅡ,
ㅣ'에서 'ㅡ, ㅣ'만을 논할 때는 'ㅡ'는 양(陽)이고, 'ㅣ'는 음(陰)이라고 했
다. 이성구(1985:146)에서는 음양은 우주 만물을 구성하는 이원적(二元的)
두 기(氣)라는 의미로 설명하고 있다. 제자해에서 음양과 관련되는 내용은

---

59) 'ㅣ'는 홀로 자리와 수가 없는 바, 대개 사람은 무극의 참과 이오의 정이 묘하게 합하고
   엉키어서 실로 자리를 정함과 수를 이루는 것을 의논할 수가 없는 것이다(강신항
   1994:44).

초성과 중성의 대비를 통해서 찾아 볼 수가 있다. 음양은 천도(天道)이고, 강유는 지도(地道)로서 이원적 대립 관계를 찾을 수 있다. '天의 作用(天之用)'은 양(陽)이라고 할 수 있고, '地의 作用(地之功)'은 음(陰)이라 할 수 있으므로, '天之用'인 중성은 양(陽)이고 '地之功'인 초성은 음(陰)이라고 했다. 그리고 초성·중성·종성이 합하여 음절을 이루는 원리를 설명하면서도 음양 관계를 알 수 있다고 했다.[60]

곽신환(2016:26)에서 음양은 형이하학적인 기(器)[61]로 설명하고 있다. 『훈민정음』 제자해에서 이원적 대립관계를 잘 보여 준다. 초성이 중성과의 대립 관계에서는 음(陰)이 되지만, 받침인 종성과의 관계에서는 양(陽)이 됨을 볼 수 있다.

음양은 양의를 말하며, 양의는 태극에서 나오는 개념이다. 『주역』의 괘(卦) 중에서 건(乾)은 시작의 의미가 있으며, 밝고 강하여 역동적인 면이 있어서 양(陽)의 의미를 지닌다. 이에 반해서 곤(坤)은 마지막의 의미가 있으며, 어둡고 부드럽고 피동적인 면이 있어서 음(陰)의 의미를 지닌다.

음과 양의 관계를 정리해 보면, 양의 극점이 음을 내포하고, 음의 극점이 양을 내포하는 식으로 서로가 서로의 꼬리를 물면서 조화를 이루고 있다. 음양의 성질을 일상에 비추어 본다면 아래와 같이 정리할 수 있다.

[표 7] 음양 분류표

陽	男, 動, 上, 開, 大, 天, 日, 晝, 左, 喜, 春, 夏, 長, 高
陰	女, 靜, 下, 閉, 小, 地, 月, 夜, 右, 悲, 秋, 冬, 短, 低

---

[60] 『훈민정음』 제자해에서, 초성은 천지사(天之事)이고, 종성은 지지사(地之事)이고, 중성은 인지사(人之事)라고 했다.

[61] 形而上者謂之道, 形而下者謂之器(태극을 도(道)라 하고, 음양을 기(器)라고 한다.) (『繫辭上傳』 제12장)

『황극경세서』에 음양(陰陽)의 성질을 아래와 같이 표현하고 있다.

自下而上謂之升 自上而下謂之降 升者生也降者消也故陽生於下而
陰生於上 是以萬物皆反生 陰生陽 陽生陰 陰復生陽 陽復生陰 是以循
環而無窮也 陽不能獨立 必得陰而後立 故 陽以陰爲基 陰不能自見 必
待陽而後見 故 陰以陽爲唱 陽知其始而享其成 陰效其法而終其勞 陽
能知而陰不能知 陽能見而陰不能見也 能知能見者爲有 故陽性有而陰
性無也 陽有所不徧而陰無所不徧也 陽有去而陰常居也 無不徧而常
居者爲實故陽體虛而陰體實也 (『皇極經世書』 권14)

아래에서 위로 움직이는 것을 '승(升)'이라 하고, 위에서 아래로 내려오는
것을 '강(降)'이라 한다. '승(升)'은 '생(生)'이고, '강(降)'은 '소(消)'이다. 그러
므로 양은 아래에서 생하고, 음은 위에서 생겨난다. 이 때문에 만물이 모두
반대로 생겨나는데 음(陰)이 양(陽)을 낳고 양이 음을 낳으며, 음은 다시 양을
낳고 양이 다시 음을 낳는다. 그러므로 순환이 끝이 없다. 양(陽)은 홀로 서지
못하고 반드시 음(陰)을 얻은 후에 설 수 있다. 그러므로 양은 음을 바탕으로
삼는다. 음(陰)은 스스로 나타나지 못하고 반드시 양(陽)을 기다린 뒤에 나타
난다. 그러므로 음은 양(陽)을 창(唱)으로 삼는다. 양이 그 시작을 알면 그 이
루어짐이 형통하고 음이 그 법을 본받으면 그 수고로움이 끝난다. 양은 알 수
있으나 음은 알지 못하며, 양은 볼 수 있으나 음은 보지 못한다. 알 수 있다고
볼 수 있는 것은 '있음'이 된다. 그러므로 양의 성(性)은 있으나 음의 성은 없
다. 양은 두루 미치지 못하는 바가 있지만 음은 미치지 못하는 곳이 없다. 양
은 없을 수 있으나 음은 항상 있다. 두루 미치지 못함이 없고 늘 있는 것은
실(實)이 된다. 그러므로 양의 체(體)는 허하고 음의 체는 실하다.[62]

이는 음양(陰陽)의 정동(靜動)을 말하는 것으로 일반화된 음양(陰陽)의 성질을 보다 상세화한 개념이다. 이것은 정이천이 『역전』에서 말한 '太極者道也 兩儀者陰陽也 陰陽一道也 太極無極也'[63)의 개념과도 통한다. 또한 노자의 『도덕경』 42장에서 표현한 '道生一 一生二 二生三 三生萬物 萬物負陰而抱陽 沖氣以爲和[64)'의 음양과 그 뜻이 같다고 본다.

『계사상전』에 아래와 같은 구절이 있다.

> 天尊地卑 乾坤定矣 卑高以陣 貴賤位矣 動靜有常 剛柔斷矣 方以類聚 物以羣分 吉凶生矣 在天成象 在地成形 變化見矣 是故 剛柔相摩 八卦相盪[65)(『繫辭上傳』 1.)

위 예문을 보면 음과 양의 내용 대비가 잘 되어 있다. 이를 '음양'의 개념으로 정리하면 아래와 같다.

```
天  - 乾  - 高  - 貴  - 動  - 剛  -
·················陽
地  - 坤  - 卑  - 賤  - 靜  - 柔  -
·················陰
```

---

62) 노영균(2009:226)의 해석을 참고하였다.
63) 태극은 도이고, 양의는 음과 양이니, 음양은 한 도이며 태극은 무극이다.(周易序文)
64) 도는 하나를 낳고, 하나는 둘을 낳고, 둘은 셋을 낳고, 셋은 만물을 낳는다. 만물은 음을 지고 양을 안으며, 기가 혼연히 섞여 변화를 만든다.
65) 이를 번역하면 '하늘은 높고 땅은 낮아, 하늘과 땅의 구별이 정해졌다. 낮은 것과 높은 것이 벌여 있어서 귀한 것과 천한 것이 각기 자리를 얻게 된다. 움직임과 고요함에 일정함이 있어 강한 것과 유순한 것이 결정된다. 삼라만상은 같은 종류끼리 모이고, 만물은 무리를 지어 나누어지니, 이로부터 길함과 흉함이 생긴다. 하늘에 있어서는 상을 이루고 땅에 있어서는 형체를 이루니 변화가 나타난다. 이런 까닭에 강과 유가 서로 비벼대고 8괘가 서로 흔들어대다.'는 뜻이다.

이처럼 대립적인 개념으로서 음양의 개념이 각각 차별화된 형태로 드러나는데, 이는 '효(爻)'를 표현하는 방식으로도 활용된다. 예를 들어 양의 강효 '⚊'과 음의 유효 '⚋'가 서로 대립하고 있을 뿐만 아니라 서로 상대를 가까이 하여 새로운 것을 생산하는 활동으로 볼 수 있다. 이러한 과정은 괘의 변화에서도 찾을 수 있다. 팔괘의 순서는 건천(乾天)으로 시작해서 곤지(坤地)로 끝이 난다. 즉, '乾☰, 兌☱, 離☲, 震☳, 巽☴, 坎☵, 艮☶, 坤☷' 등이다.

『훈민정음』 제자해에 보이는 강유의 개념은 '지도(地道)'이다. 제자해에서는 이 '지도'를 '지지공'이라고 했다.[66) 이는 오행지질[67)의 성질이 있으며, 음양과 대립적이며, 동시에 상보적이다. 이는 제자해의 음양과 오행 그리고 강유를 뒷받침하는 의미를 지닌다.

그리고『성리대전』권 8에도 '음양'과 '강유'에 대한 내용이 나온다.

邵伯溫曰 乾之數一 兌之數二……(중략)……陰陽相錯 天文也 剛柔相交 地理也 (하략)

邵伯溫素述曰 至大之謂皇……(중략)……太極生兩儀 兩儀形之判也 兩儀生四象 四象生而後 天地之道 備焉 立天之道 曰 陰與陽 立地之道 曰 柔與剛 陰陽變於上而 日月星辰生焉 剛柔化於下而水火土石 成焉 日月星辰成象於天 水火土石體於地(『性理大全書』권8)

---

66) 以初聲對中聲而言之, 陰陽天道也, 剛柔地道也. 中聲者 一深一淺一闔一闢, 是則陰陽分而五行之氣具焉, 天之用也. 初聲者, 或虛或實或颺或滯或重若輕, 是則剛柔著而五行之質成焉, 地之功也(制字解)

67)『性理大全』의 태극도설 주(註)에 따르면 '오행의 질(質)은 땅에 갖추어진 것'이라 할 수 있고, 음양(陰陽)으로 보면 질(質)은 음(陰)에 해당된다. 오행지질(五行之質) 질성언지지공(質成焉地之功)은 오행(五行)의 질(質)이 이루어진 것이므로 땅의 공(功)이라는 뜻이다.

위 예문에 나오는 소백온68)은『황극경세서』의 저자인 소강절의 아들이다. 위 인용문의 내용을 정리하면 '음양상착(陰陽相錯)'은 '천문(天文)'이다. 그리고 '강유상교(剛柔相交)'는 '지리(地理)'라고 했다. 또한 '지지도'는 '강유(剛柔)'와 더불어 설 수 있다고 했다. 또한 '음양'은 위에서 보듯이 변화해서 '일월성신'이 되며 '강유'는 아래에서 변화해서 '수화토석'이 된다고 보았다. 이는 제자해에 나오는 '음양천도'와 '강유지도'를 통해서 중성자의 '오행지기'와 초성자의 '오행지질'의 바탕을 이루게 된다는 내용과 통한다.

소강절의『황극경세서』를 주석한 채원정69)도 '음양'과 '강유'에 대하여 아래와 같이 논하였다.

西山蔡氏曰 一動一靜之間者 易之所謂太極也. 動靜者 易所謂兩儀
也. 陰陽剛柔者 所謂四象. 太陽太陰少陽少陰少剛少柔太剛太柔者
易所謂八卦也(『性理大全書』권8)

채원정은 '음양'과 '강유'에 대한 발원과 그것이 팔괘로 이어지는 과정을 사상(四象)으로 보는 학문적 체계를 세우게 된다. 즉, 음양에서 사상으로, 사상에서 팔괘로 이어진다고 보았다.

이상 음양에 대한 개념은『황극경세서』에서 그림으로 제시되어 있는데 아래와 같다.

---

68) 소백온(1057-1134)은 북송 범양(范陽) 사람으로 자는 자문(子文)이고, 소옹(邵雍)의 아들이다. 사마광(司馬光)을 사사했고, 정이(程頤), 정호(程顥), 여공저(呂公著) 등과 교류했고, 역학(易學)에 뛰어났는데, 특히 부친의 상수학(象數學)을 계승해 발전시켰다. 저서에『역학변혹(易學辨惑)』과『황극계술(皇極系述)』,『황극경세서(皇極經世序)』,『관물내외편해(觀物內外篇解)』,『하남소씨견문록(河南邵氏見聞錄)』,『하남집(河南集)』등이 있다.『중국역대인명사전』의 기술 내용을 참고하였다.

69) 채원정(1135-1198)은 남송 건주 건양 사람으로 자는 계통(季通)이고, 호는 서산(西山)이며, 시호는 문절(文節)이다.

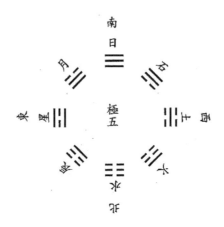

太陽		太陰		小陽		小陰		小剛		小柔		太剛		太柔	
日	目	月	耳	星	鼻	辰	九	右	色	土	聲	火	氣	水	味
暑	元	寒	會	晝	運	夜	世	雷	歲	露	月	風	日	雨	辰
性	皇	情	帝	形	王	體	伯	木	易	草	書	飛	詩	走	春
															秋

[그림 1] 『황극경세서』의 천지사상도(天地四象圖)

2.1.4. 오행론과 간지론

『훈민정음』의 제자해에서 오행은 여러 차례 등장한다. 이를 정리하면 아래와 같다.

(5) ㄱ. 天地之道 一陰陽五行耳已.[70]

ㄴ. 夫人之有聲 本於五行. 故合諸四時而不悖 叶之五音而不戾

---

[70] 곽신환(2016:25)에서 '一陰陽五行耳已'에서 '一'의 해석은 부사로 '오직' 혹은 '하나'에 가깝다고 하였다.

ㄷ. 春則初聲之中 自有陰陽五行方位之數也

ㄹ. 是則陰陽分而五行之氣具焉

ㅁ. 是則剛柔著而五行之質成焉

ㅂ. 盖五行在天則神之運也

ㅅ. 故五行之中 水火爲大

(5ㄱ)에서 천지의 도(道)는 '일음양오행'이라 하듯이 세상의 이치는 음양과 오행으로 이루어져 있다. 『역경』의 계사(繫辭)에서는 '일음(一陰)'과 '일양(一陽)'을 도(道)라 하였다. 강신항(1994:18)에서는 정주(程朱)의 학파에 속하는 사람들은 일음과 일양이 도(道)가 아니라, 일음과 일양이 되는 것을 도(道)라고 하였다. (5ㄴ)에서 "무릇 사람이 음성을 가지고 있는 것은 오행에 근본하기 때문에 사시에 합하여도 거슬리지 않고, 오음에 맞추어도 틀리지 않는다."고 하였다. 즉 사람의 소리도 오행에서 벗어날 수 없다는 뜻이다. 이렇듯이 제자원리에서 오행은 중요한 의미를 갖는다. (5ㄷ)은 초성 가운데 자연이 음양(陰陽)과 오행(五行)과 방위(方位)의 수(數)가 있다는 뜻이다. 이처럼 초성에는 음양은 물론 오행과 방위와 관련된 수리가 있다는 뜻이다. (5ㄹ)은 제자해에서 음과 양으로 나누어지고, 오행의 기(氣)가 갖추어지니 (5ㅁ)은 강과 유가 드러나 오행의 질이 이루어진다는 의미다. (5ㅂ) 오행은 하늘에 있는 즉 신의 운행이며 (5ㅅ)에서 보듯이 오행 중, 만물이 생장하는 기본인 수기(水氣)와 만물을 성장하게 하는 화기(火氣)가 가장 중요하다. 초성자 가운데 오행과 계절, 방위를 비롯해서 오음과 관련해서 보면 수음(水音)과 화음(火音)에 해당하는 음(音)은 후음(喉音)과 설음(舌音)이다.

중성의 제자원리도 오행과 더불어 방위와 수를 통하여 설명하였다.

ㅗ初生於天. 天一生水之位也. ㅏ次之. 天三生木之位也. ㅜ初生於
地. 地二生火之位也. ㅓ次之. 地四生金. 之位也. ㅛ再生於天 天七成
火之數也. ㅑ次之 天九成金之數也. ㅠ再生於地 地六成水之數也 ㅕ
次之. 地八成木之數也. ·天五生土之位也. ㅡ地十成土之數也.
(制字解)

'ㅗ'는 天1 생수로 오행은 수, 방위는 북방을, 'ㅏ'는 天3 생수로 오행은
목, 방위는 동방이다. 'ㅜ'는 地2 생수로 오행은 화, 방위는 남방을, 'ㅓ'는
地4 생수로 오행은 금, 방위는 서방이다. 'ㅛ'는 天7 성수로 오행은 화, 방
위는 남방을, 'ㅑ'는 天9 성수로 오행은 금, 방위는 서방이다. 'ㅠ'는 地6
성수로 오행은 수, 방위는 북방을, 'ㅕ'는 地8 성수로 오행은 목, 방위는 동
방이다. 그리고 '·'는 토를 생성하는 중앙이고, 'ㅡ'는 토를 이루는 중앙에
해당한다.

중성자 11자 중에서 음양에도 오행 및 방위에도 해당되지 않는 것은 'ㅣ'이
다. 그 이유는 'ㅣ'는 무극의 진과 음양오행의 정이 묘하게 합하여 엉긴 것
이므로, 자리와 수를 논할 수 없기 때문이다.[71]
이밖에 제자해에는 간지(干支)와 관련된 내용이 나온다. 하지만 간지와
관련된 것은 아래 구절이 전부이다.

·舌縮而聲深. 天開於子也. 形之圓. 象乎天也. ㅡ舌小縮而聲不深
不淺. 地闢於丑也. 形之平. 象乎地也. ㅣ舌不縮而聲淺. 人生於寅也
(制字解).

---

[71] ㅣ獨無位數者. 盖以人則無極之眞. 二五之精. 妙合而凝. 固未可以定位成數論也.(制字解)

위에서 보이듯이 초성 기본자인 '·, ㅡ, ㅣ'를 설명하는 데 있어서 지지인 '자, 축, 인'이 사용이 되었다.

오행(五行)은 '목, 화, 토, 금, 수' 등의 기(氣)를 의미한다. 오행의 기운을 구체적으로 살펴보면, '목(木)'은 발생의 기운과 생장의 기운을 지닌다. '화(火)'는 발산의 기운과 분열의 기운이 있다. 그리고 '토(土)'는 중화의 기운과 조절의 기운을, '금(金)'은 수렴의 기운과 숙살(肅殺)[72]의 기운 등이 있다. 마지막으로 '수(水)'는 응고의 기운과 장생의 기운을 지니고 있다. 이처럼 다양한 의미를 지니고 있는 오행을 방위와 계절 및 상의 인체 등과 관련시켜 정리하면 아래 표와 같다.

[표 8] 오행표(五行表)

五行	方位	季節	五氣	五色	五常	六臟	六腑	五官	五味	五形	五情	數
木	東	春	風	靑	仁	肝	膽	目	酸	筋	怒	3,8
火	南	夏	暑	赤	禮	心 心包	小腸 三焦	舌	苦	血脈	喜	2,7
土	中	中季	濕	黃	信	脾	胃	口	甘	肌肉	思	5,10
金	西	秋	燥	白	義	肺	大腸	鼻	辛	皮毛	悲	4,9
水	北	冬	寒	黑	智	腎	膀胱	耳	鹹	骨	恐	1,6

이러한 오행의 내용이 '간지(干支)'는 황제시대에 처음 만들어진 것으로 천간(天干)과 지지(地支)로 구별이 된다. 하늘(天)을 상징하는 것을 '천간'이라 한다. 천간(天干)을 다시 음양으로 나누고, 오행을 배당하면 아래와 같다.

---

72) 가을의 쌀쌀한 기운이 풀이나 나무를 말려 죽임을 뜻한다.

[표 9] 천간(天干)과 음양 오행표(五行表)

五行	木	火	土	金	水
陽	甲	丙	戊	庚	壬
陰	乙	丁	己	辛	癸

땅(地)을 상징하는 것을 '지지'라 한다. 지지(地支)를 다시 음양으로 나누고, 오행을 배당하면 아래와 같다.

[표 10] 지지(地支)와 음양 오행표(五行表)

五行	水	木	火	土	金
陽	子	寅	午	辰, 戌	申
陰	亥	卯	巳	丑, 未	酉

간지(干支)는 소강절의 『황극경세서』에 나오는 12벽괘와 관련하여 이해할 수 있다. 12벽괘는 한대(漢代) 때부터 내려온 이론이지만 소강절이 비교적 명료하게 정리하였으므로 그의 설명을 주로 참고하였다.[73] 필자가 원도에 간지와 12벽괘를 배정하여 [그림 2]와 같이 만들고, '12벽괘 원도'라고 명명한다.

---

[73] 이에 대하여는 『성리대전』에서 주희의 대화 부분에 나온다.
　'問 天開於子 地闢於丑 人生於寅 其說是如何, 日 此是邵子 皇極經世中說'
　위의 인용 글에서 보면, '天開於子 地闢於丑 人生於寅'의 학설이 어떠한 것인지 주희에게 물으니, 주희가 "소강절의 『황극경세서』의 학설이다."라고 대답한다.

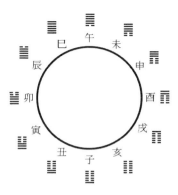

[그림 2] 12벽괘 원도

십이지(十二支)의 시작인 '子'는 12벽괘에서 복괘(復卦)에 대응이 된다.[74] 복괘(復卦)는 순환론적 사고와 관련이 있다. 소강절의 '경세일원소장지수도'에서도 세상은 복괘(☷☳)에서 시작하여 태괘(☷☰)에서 개물(開物)이 되며, 건괘(☰)에서 문화의 전성기가 되고, 박괘(☶☷)에서 폐물(廢物)이 된다. 이러한 과정을 거쳐서 곤괘(☷☷)로 마무리가 된다. 이처럼 12벽괘는 소강절의 순환론적 태극관의 연장선상에서 이해할 수 있다.

제자해에 중성 기본자 '•, ㅡ, ㅣ'에 대한 설명에서 소강절의 12벽괘의 내용인 '天開於子 地闢於丑 人生於寅'의 구절이 그대로 인용이 되었다. 이를 근거로 훈민정음 중성자의 제자원리에 12벽괘의 원리가 반영되었음을 알 수 있다.

---

74) 一月(子)-復(☷☳), 二月(丑)-臨(☷☱), 三月(寅)-泰(☷☰), 四月(卯)-大壯(☳☰), 五月(辰)-夬(☱☰), 六月(巳)-乾(☰☰), 七月(午)-姤(☰☴), 八月(未)-遯(☰☶), 九月(申)-否(☰☷), 十月(酉)-觀(☴☷), 十一月(戌)-剝(☶☷), 十二月(亥)-坤(☷☷).

2.1.5. 삼재론

삼재론은 우주와 인간 세계의 기본적인 구성 요소이면서 그 변화의 동인(動因)으로 작용하는 천(天)·지(地)·인(人)을 일컫는 말이다. 삼재는『주역』에 나오는 말이며,[75] 훈민정음 제자해에서 초성자와 중성자의 제자 과정에 내재된 원리이다.

아래 구문은『훈민정음』의 제자해에 나오는 것으로 삼재와 관련된다.

> ㄱ. 天開於子也, 地闢於丑也, 人生於寅也
> ㄴ. 動者天也 靜者地也 兼互動靜者人也(制字解)

(ㄱ)은 십이지(十二支)에서 '子·丑·寅'을 '天·地·人'에 대비시켜서 설명한 것이다. 중성 11자 중에서 기본자 석자에 대한 원리를 설명한 것으로 음양학에서 차례나 시간을 의미하는 십이지 가운데 서두에 나오는 셋이다. (ㄴ)은 '天·地·人' 삼재 중에서 사람은 '동(動)'과 '정(靜)'을 겸하고 있어, '천'과 '지'의 작용을 이어준다고 했다. 초·중·종성 중에서 사람에 해당하는 것은 중성이다. 세상 만물에서 사람이 중요하듯이 글자 하나를 형성하는 데도 중성자의 역할이 그만큼 중요하다는 의미이다. 이 내용에 대한 표현적 근거로는 채원정의 '人則兼備乎陰陽剛柔(사람은 음양강유를 겸비하고 있으므로)'라고 한 구절에서 찾을 수 있다.

제자해에서 음절삼분법과 중성 기본자 '·, ㅡ, ㅣ'의 제자와 소리를 초성

---

75) 『繫辭下傳』 10에 다음과 같은 내용이 나온다.
　　有天道焉 有人道焉 有地道焉 兼三才而兩之 故六 六者非他也 三才之道也
　　(하늘의 도가 있으며 사람의 도가 있으며 땅의 도가 있다. 삼재를 겸해서 두 배로 했다. 그래서 여섯 효이다. 여섯 효는 다른 것이 아니라 삼재의 도이다.)

·중성·종성으로 나누는 데에도 삼재론이 반영되었다. 초성은 '천지사'이고, 종성은 '지지사'이고 중성은 '인지사'이다. 즉 초성은 하늘에, 종성은 땅에 그리고 중성은 사람에 관련시켰다. 제자해에서 초성·중성·종성이 합하여 완전한 하나의 글자를 이루는 것에 대해서 삼재인 '천·지·인'에 관련지어 설명하고 있다. 천(天)과 지(地)는 존재론적인 의미이며, 여기에 생성의 의미인 인(人)이 합해져서 소리가 완성이 된다는 의미이다. 즉 삼재를 존재론적인 입장에서 논하기보다는 생성원리로 보아야 한다. 초성자 오음에 각각 세 개의 글자씩 들어 있는 것도 삼재론과 관련이 있다.

송재국(2010:139)에서 삼재를 우주의 존재상을 공간적 관점에서 규정한 것으로 공간적 물상을 표현하였다.

삼재는 천도, 인도, 지도의 세 가지 모습으로 존재한다. '삼재론'은 하늘(天), 땅(地), 사람(人)으로 이해하고 있다. 이처럼 삼재는 기본적으로 같은 의미로 본다. 하지만 '삼재'에 대한 확대 해석은 학자마다 차이가 있다. 이정호(1975)는 삼재의 의미를 종(縱)과 횡(橫)의 착종(錯綜) 즉 경위원리(經緯原理)[76]의 작용으로, 이성구(1985:85)에서 삼재는 '천·지·인'으로 만물의 근간을 이루는 요소로 보고 있다.[77] 이 세 글자(•, ㅡ, ㅣ)가 기본이 되는 이유는 삼재(三才)가 만물지선(萬物之先)이고, '•'가 세 글자 가운데 으뜸이 되는 이유는 천(天)이 삼재지시(三才之始)이기 때문이라고 했다. 백두현(2013:86-87)에서 제자 단위를 초성, 중성, 종성으로 나눈 음절삼분법, 중성 기본자 '•, ㅡ, ㅣ'를 각각 '천지인'의 형상과 결합하는 것, 합자법에서 초성·중성·종성을 모아 쓰도록 규정한 것도 삼재론을 이론적 바탕으로 삼

---

76) 직물(織物)의 날과 씨를 아울러 이르는 말이다.
77) 천(天)은 만물을 생(生)하고, 지(地)는 기르고(養), 인(人)은 완성(完成)시킨다.

고 있다고 하였다. 곽신환(2016:33)에서는 삼재는 삼극(三極)이라 했다. 삼재는 인간이 천지와 합일하는 것이고, 자연과 화해는 정신이라고 했다.

훈민정음에서 삼재론은 하늘(초성), 사람(중성), 땅(종성)으로 실현된다. 이 가운데 하늘과 땅을 연결해 주는 인(人)의 역할이 중요하다. 인(人)은 하늘과 땅을 연결해 주는 생성의 원리로 이해할 수 있으며, 훈민정음 제자원리에 바탕이 되고 있다.

2.2. 역리이론이 반영된 훈민정음 제자원리

『훈민정음』 제자해에는 성리학적 사상이 담겨 있다. 태극, 음양론, 오행론, 삼재론과 사상 및 팔괘론을 비롯하여 십간, 십이지, 하도와 낙서 등 역사상이 융합과 복합으로 『훈민정음』 제자해에 반영되어 있다. 강규선(1985:12)에서도 초성자나 중성자나 모두 음양, 오행의 성리학적 근본사상을 벗어나지 못한다고 했다. 삼극(三極)은 천, 지, 인 삼재(三才)의 이(理)를 말하는 것이고, 이기(二氣)는 음과 양을 말함이라 했다. 초성은 사시(四時)의 이(理)를 취하고 중성은 삼재(三才)의 이(理)를 취하고 있으니 그러므로 제자해는 역리적 원리를 취한다고 했다.

이 절에서는 문헌적 근거를 들어 훈민정음 제자원리에 적용된 역리이론을 구체적으로 고찰하고자 한다. 이는 훈민정음 제자원리를 폭넓게 이해하는 데 도움이 될 것이다.

2.2.1. 태극과 관련된 제자원리

『훈민정음』제자해에 "坤復之間爲太極(制字解)"이라고 하였다. 이는 소옹(1011-1077)의 말로 태극과 관련된 구절이다. 곤괘(坤卦)와 복괘(復卦) 사이가 태극(太極)이라는 의미이다. 곤괘(坤卦 ䷁)는 모두 음효(陰爻)이며, 열두 달 중 10월에 해당되고, 복괘(復卦 ䷗)는 초효(初爻)만 양효(陽爻)이고 나머지는 모두 음효(陰爻)로 열두 달 중 11월에 해당된다. 제자해의 이 구절을 통해 훈민정음의 제자원리가 주역에 기초함을 알 수 있다.

앞서 2.1.에서 훈민정음의 제자원리와 태극의 상관성에 대하여 살핀 바 있다. 이 장에서는 태극을 논한 대표적인 인물인 주돈이, 소강절, 주희 등의 태극관을 구체적으로 살펴, 훈민정음 제자원리에 사용된 '태극'의 의미를 심도 있게 고찰할 것이다.

2.2.1.1. 주돈이의 태극관

주돈이[78]의 역사상은 우리나라 역의 주류를 이루고 있다. 그의 중요한 업적은 태극과 오행의 관계를 설명한 '태극도'이다. 아래 [그림 3]은 주돈이가 정리한 '태극도'이다.

주돈이의 태극관은 『태극도설』에 잘 나타나 있다.[79] 주돈이의 태극 이론

---

[78] 주돈이(1017-1073)의 자(字)는 무숙(茂叔)이고 호(號)는 염계(濂溪)이다. 『주자전서(周子全書)』로 전해지는데, 그 가운데 『태극도설(太極圖說)』과 『통서(通書)』가 가장 대표적인 저작으로 꼽는다.

[79] 無極而太極. 太極動而生陽, 動極而靜, 靜而生陰. 靜極而復動, 一動一靜, 互爲其根. 分陰分陽, 兩儀立焉. 陽變陰合, 而生水火木金土, 五氣順布, 四時行焉. 五行一陰陽也, 陰陽一太極也, 太極本無極也. 五行之生也, 各一其性. 無極之眞, 二五之精, 妙合而凝. 乾道成男, 坤道成女, 二氣交感, 化生萬物, 萬物生生而變化無窮焉. 惟人也得其秀而最靈. 形旣生矣, 神發知

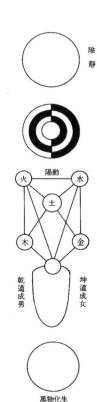

[그림 3] 주돈이의
'태극도'

에 대한 내용을 간략하게 정리하면, '무극이 태극
이라 함은 태극이 동하여 양을 낳고, 양이 극에 이
르게 되면 정하게 되며, 정하면 음을 낳게 되고, 정
이 극에 이르면 다시 양을 낳게 된다.'는 원리이다.
'이러한 원리로 음과 양으로 나누어져서 양의가 서
게 된다. 양이 변하고 음이 합하여 '수·화·목·
금·토'를 낳아 5기(五氣)가 펴지고 4시(四時)가
행(行)한다.'는 내용이다. 그리고 '오행은 하나의
음양이요, 음양은 하나의 태극이니, 태극은 본디
무극이다. 오행(五行)이 생겨남에 각각 그 성을 하
나씩 지니게 된다'.는 말은 그의 우주 생성론을 개
괄한 것이다.

그는 『태극도설』에서 독특한 '음양동정관'을 내
놓았다. 즉 태극이 능히 동하고 정할 수 있어서 동
하면 양을 낳고, 정하면 음을 낳는다고 하였다. 태
극(太極)이 어떻게 양의(兩儀)를 낳는가 하는 문
제에 주돈이가 이렇게 답한 것은 기존의 학자들이
논하지 않았던 방식이다. 동(動)이 극(極)하면 정(靜)하고, 정(靜)이 극(極)
하면 동(動)하여서 동(動)과 정(靜)이 서로 뿌리가 된다는 논법에는 변증법
의 색채가 농후하다.

주돈이는 태극(太極)에다가 능히 동(動)할 수 있는 성격을 부여하여 설명

矣, 五性感動而善惡分 萬事出矣 聖人定之以中正仁義(自注: 聖人之道, 仁義中正已矣)而主
靜(自注:無欲故靜), 立人極焉. 故聖人與天地合其德, 日月合其明, 四時合其序, 鬼神合其吉
凶. 君子修之吉, 小人悖之凶. 故曰, "立天之道曰陰與陽, 立地之道曰柔與剛, 立人之道曰仁
與義"又曰. "原始反終. 故知死生,"大哉易也! 斯其至矣!(『太極圖說』)

하였다. 그렇지만 그는 단지 태극(太極) 위에 무극(無極)을 덧붙여 더 높은 범주로 삼았을 뿐이다. 이렇게 하여 태극(太極)의 동(動)은 일시적이고, 상대적인 것이 되었다. 그래서 그의 태극(太極)에 대한 관점은 다음과 같이 정리할 수 있다.

주돈이의 태극은 본디 무극이고, 무극의 본성은 정태적이다. 그래서 정(靜)의 무극과 동(動)의 태극이 상호의존적이며, 상호보완적인 관계를 통해 음양오행과 만물 화생과의 관계를 보여주는 것이 주돈이의 태극관이다. 이 책에서는 주돈이의 태극관을 **'발생적 태극관'**이라 명명한다.

한편 황종염[80]은 주돈이의 『태극도설』이 공자가 전한 역학(易學)과 동떨어져 있다고 지적하고 있다. 그는 주돈이의 『태극도설』은 태극의 앞에 무극을 내세워 설명했지만 그것은 수양의 방법에서 주정을 강조하는 도가적인 관념을 반영한 것이라고 말한다. 그래서 그는 주돈이의 태극관은 도가적인 관념을 유가의 역(易)해석 계보에 끌어들였다고 비평을 하였다. 이러한 관점에서 보면 주돈이의 '태극도'의 기본은 도교의 '선천태극도'와 진단[81]의 '무극도'에서 찾아볼 수 있다.

---

80) 황종염(1616-1686)은 명말 청초 때 절강(浙江) 여요(餘姚) 사람으로 숭정(崇禎) 연간에 공생(貢生)이 되었다. 형 황종희, 동생 황종회(黃宗會)와 함께 유종주(劉宗周)에게 수학했으며, '삼황(三黃)'이라 불렸다. 『역(易)』을 연구했고, 육서(六書)에 정통했다. 저서로 『주역상사(周易象辭)』, 『심문여론(尋門餘論)』, 『육서회통(六書會通)』, 『이회집(二晦集)』, 『산서집(山棲集)』 등이 있다.

81) 진단(871-989)은 호주(亳州) 진원(真源), 혹은 보주(普州) 숭감(崇龕) 사람으로 자는 도남(圖南)이고, 호는 부요자(扶搖子), 백운선생(白雲先生), 희이선생(希夷先生)이다. 북송(北宋) 시기의 역학자(易學者)이자 도사(道士)이다. '무극도(無極圖)'로부터 "무극·태극—음양오행—만물화생"의 우주론으로 수련 원리를 해석하고, 이 '무극도'를 거꾸로 역행하여 수련함으로써 "만물—음양오행—태극·무극"에 이르는 원리를 창안하였다.

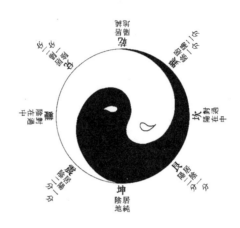

[그림 4] 진단의 천지자연지도

　　[그림 4]는 '선천태극도' 혹은 '천지자연지도'로서, '건상곤하'의 형상이다. 사람의 몸에서 머리가 '건(乾)'이고, 배가 '곤(坤)'이다. 몸속에는 '水'와 '火'의 두 기가 있어서 불의 기는 위로 올라가고, 물의 기는 아래로 적셔 내려감과 같다. 이러한 형상은 인간이 태어난 그대로의 자연 상태를 표현한 것이다. 그래서 '선천도' 혹은 '천지자연지도'라고 칭한다. 이 도식은 『계사전』에서 말하는 "역에 태극이 있어 이것이 양의를 낳는다(易有太極生兩儀)"는 말을 해석하여 보여준 것이다.

　　요컨대, 그림에서 흑과 백의 고기 모양은 음양(陰陽) 2기(氣)가 서로 싸안고 있는 형상이다. 음기(陰氣)가 정남(正南)에서 발생해서 북방(北方)에서 성해져 순음(純陰)이 되고 곤괘(坤卦)에 자리한다. 그리고 양기(陽氣)는 정북(正北)에서 발생해서 남방(南方)에서 성해져 순양(純陽)이 되고 건괘(乾卦)에 위치한다.

　　'음기(陰氣)'는 북(北)에서 극하여 좌측 진괘(震卦)의 위치에서부터 1양

(陽)이 처음 생겨나되 양기(陽氣)는 아직 약하다. 그리고 정동(正東)의 위치에는 이괘(離卦)가 위치한다. 그 다음 태괘(兌卦)의 위치를 거쳐 정남(正南)의 위치에는 건괘(乾卦)의 자리에 도달하여 '순양(純陽)'으로 성장하게 된다.

또한 동(動)이 극하면 정(靜)이 되고, 양기(陽氣)가 남(南)에서 극하면 동시에 음(陰)이 처음 생겨난다. 손괘(損卦)의 위치에서 1음(陰) 2양(陽)으로 있을 때는 음기(陰氣)는 아직 약하다. 그러다가 정서(正西)의 감괘(坎卦)의 위치에서 그 다음 간괘(艮卦)의 위치를 거쳐서 정북(正北)에 해당하는 곤괘(坤卦)의 자리에 도달하여 '순음(純陰)'으로 성장하게 된다.

정(靜)이 극하면 다시 동(動)으로 돌아가 음양(陰陽)과 동정(動靜)이 서로 뿌리가 되어, 이것이 성하면 저것이 쇠하고, 저것이 성하면 이것이 소멸하는 것처럼 순환운동을 하는 원리를 의미한다.

[그림 4]에서 좌측의 흰 부분은 동방에 위치한다. 우측의 흰 부분과 서로 호응하며, 둘러싼 검은 부분은 2양(☰)이 1음(--)을 안고 있으니 이(離, ☲)의 괘상(卦象)이다. 이와 반대로 둘러싼 흰 부분은 2음(陰, ☷)이 1양(陽, 一)을 안고 있으니 감(坎, ☵)의 괘상으로 음속에 양이 있고, 양속에 음이 있다는 것이다.

심경호(2009:382)에서 유염[82]은 『주역참동계발휘』에서 다음과 같이 설명하였다. 건곤(乾坤)은 사람 몸의 상징으로 특히 건(乾)은 머리를, 곤(坤)은 배를 의미한다고 했다. 그리고 감리(坎離)는 몸속의 약물, 즉 물과 불 혹은 음양 2기라고 하였다. 이 논법에 따르면 진단의 '천지자연지도'는 '내단제련'의 과정을 표시하는 것이 된다. 그래서 '천지자연지도'는 음양 2기의 소

---

82) 유염(1258-1327)은 송말원초 때 오군(吳郡) 장주(長洲) 사람으로 『주역집설(周易集說)』을 비롯 『주역참동계발휘(周易參同契發揮)』와 『독역거요(讀易擧要)』, 『주역찬요(周易纂要)』, 『주역합벽연주(周易合璧連珠)』, 『역외별전(易外別傳)』 등을 저술했다.

장(消長)[83]을 강론한 것으로 그 속에 음양동정(陰陽動靜), 부단한 운동, 피차소장(彼此消長)의 관념을 반영하여 변증법적인 사상을 보이고 있다. 이는 주돈이의 '태극도'에도 영향을 주었지만, 소강절의 우주변화 소장의 원리를 파악하는 원회운세(元會運世)[84]에 깊이 영향을 주었다.

[그림 5]는 진단의 '무극도'이다. 이 '무극도'의 도식은 방사의 연단술을 논한 것이다. 황종염은 이것을 '거꾸로 설명하면 바로 단약을 만드는 법이다.'라고 지적하였다. '거꾸로'가 단약을 만드는 법이란 말은 『설괘전』에서 설명한 '역(易)은 역수(逆數)이다.'에서 뜻을 취한 말이다.

주돈이는 이러한 진단의 '무극사상'을 흡수하였다. 그는 도가의 장생비결을 강론하기 위해 이용하였던 이 진단의 '무극도'를 개조하여 천지 만물의 생성과정을 도해하는 '태극도'를 만들게 되었다. 그리고 그는 태극이 무극이라 하여 '무극'의 개념을 만들게 된다. 이 '무극'을 자기 철학의 최고 범주로 삼게 된다. 주희에 이르러서는 '무극'과 '태극'을 하나로 보아 '무극'을 무형무상의 '理'라고 하게 된다.

주희는 '태극도'를 두고 주돈이의 창작이라고 하였으나, 황종염은 주희의 설이 사실에 부합하지 않는다면서 "주돈이의 '태극도'는 하상공(노자)에게서 만들어져 나왔다."라고 지적하였다. 그리고 황종염은 '무극도'를 단락별로 분해하여 도교의 설과 대비함으로써, 주돈이가 방사 연단술의 '태극선천도'를 고쳐서 천지와 인물 등을 생성하는 '태극도'를 만들게 되었다고 한다.

---

83) 음양의 소장(消長)은 정지 상태에 놓여 있지 않고 계속해서 감소하고 증가하며 운동하고 변화 한다는 의미이다.

84) 소옹(邵雍)(1011~1077)은 중국 송나라 학자로, 『황극경세서(皇極經世書)』를 편찬하였다. 이 문헌에서 천지자연의 변화의 모습을 수리를 통해서 밝히고 있다.

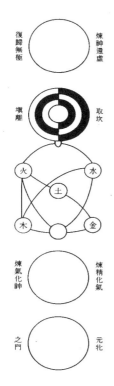

復歸無極 煉神還虛

取離 取坎
火　水
土
木　金

煉氣化神 煉精化氣

之門 元牝

[그림 5] 진단의 무극도

방사의 비결은 거꾸로 연단을 이룸에 있으니 아래에서 위로 올라가지만, 주돈이의 뜻은 차례로 사람을 낳는 과정에 있어, 위에서 아래로 내려온다. 가장 최상의 동그라미인 '연신환허·복귀무극'의 이름을 바꾸어 '무극'이 '태극'이라 하였다.

따라서 황종염은 주돈이의 '태극도'는 그 근본을 따져보면 노장의 사상과 접해 있다(周子之圖, 窮其本 而返之老莊). 이것은 기와(瓦) 조각을 주워 그 가운데서 정수를 얻은 격이라고 할 수 있다. 하지만 종내 그것을 '역'의 태극이라 할 수는 없다(可謂拾瓦礫而得精蘊者矣, 但遂以爲易之太極, 則不可也)고 비판하고 있다(심경호(2009:658-659)). 이러한 황종염의 견해는 설득력이 있다.

주돈이의 태극관은 '무극'과 '태극'의 상호 관계성 및 태극과 음양 그리고 오행의 관련성을 고려해 볼 때, '발생론적'인 면이 두드러짐을 알 수 있다. 이러한 주돈이의 태극관은 훈민정음의 중성 'ㅣ'의 제자원리에 영향을 주었다.

ㅣ獨無位數者. 盖以人則無極之眞 二五之精 妙合而凝 固未可以定位成數論也.(制字解)

위 예문은 모음 'ㅣ'의 제자원리를 설명하는 부분이다. 이는『성리대전』의 사상을 그대로 인용한 것으로 볼 수 있다.『성리대전』卷一 에서 "無極之眞

二五之精 妙合而凝 乾道成男 坤道成女 二氣交感 化生萬物 萬物生生
而變化無窮焉[85])"이라 하였다. 이것은 '태극도'에 대한 설명으로, '무극지진'
은 태극을 의미하며, '이오지정(二五之精)'은 음양과 오행을 의미한다. '무극
지진'과 '이오지정'이 서로 합해지고 엉기어 '건도성남'과 '곤도성녀'를 만들고
여기서 만물이 생겨난다는 설명이다. 이러한 의미가 모음 'ㅣ'의 자질에 반영
이 되었다. 제자해의 모음에 대하여 하도 오행 방위와 관련하여 뒤에 논하겠
지만 'ㅣ'가 생위(生位), 성수(成數)의 배정이 배제된 것은 사람은 무극의 정
수로 음양오행의 정기가 신묘하게 어울려 엉킨 것으로 본래 자리나 수가 없
기 때문이라는 원리에 따른 것이다.

이를 토대로 필자는 그의 태극관을 발생론적인 의미를 지니고 있기 때문
에 **'발생론적 태극관'**으로 명명하고자 한다. 또한 발생론적 태극관의 뿌리는
앞서 고찰해 보았듯이 그 기저가 도학에 있기 때문에 **'도학적 태극관'**으로 명
명한다.[86])

2.2.1.2. 소강절의 태극관

심경호(2009:406)에서는 소강절의 역학은 사실 공자의 『역전』[87])에 전하

---

85) 이는 "무극의 진(眞)과 이(二), 오(五)의 정(精)이 묘하게 합하여 응결되면, 건도(乾道)는
    남성을 이루고, 곤도(坤道)는 여성을 이룬다. 두 가지 기(二氣)가 서로 감응하여 만물을
    낳고, 만물이 계속 생성함으로써 변화가 무궁하게 된다."는 뜻이다.

86) 필자가 주돈이의 태극관을 '발생론적 태극관'과 '도학적 태극관'으로 명명한 것은 태극에서
    양의로 양의에서 사상으로 사상에서 팔괘 그리고 팔괘에서 64괘, 384효 및 4096동효로
    확산을 하는 것과 더불어 주돈이의 '태극도'는 진단의 '무극도'의 영향을 받았기 때문이다.

87) 『역전(易傳)』은 주역을 해설한 해설서이다. 역사 안에서 여러 역전들이 전해지면서 어떤
    역전은 아무런 영향을 주지 못하고 사라지기도 했는데 한 대(漢代)까지 계속 전해져 온
    것으로서 중요한 영향을 끼친 역전으로는 열 가지가 있다. 『단사상전(彖辭上傳)』, 『단사하
    전(彖辭下傳)』, 『상사상전(象辭上傳)』, 『상사하전(象辭下傳)』, 『문언전(文言傳)』, 『계사
    상전(繫辭上傳)』, 『계사하전(繫辭下傳)』, 『설괘전(說卦傳)』, 『서괘전(序卦傳)』, 『잡괘

는 역학과는 거리가 멀다고 했다. 소강절의 역학은 '선천역학'이라고도 하는데, 선천역은 복희가 획괘한 역(易)이며, 후천역은 문왕역을 말한다. 문왕역이 오늘날의 주역으로서, 공자가 전(傳)을 붙인 바로 그 역(易)이다. 소강절역학의 관심은 선천역학, 이른바 복희씨가 획괘한 도식에 있으니 만큼, 주역의 경문에 대해서는 그다지 해설하지 않았다.

선천역학은 소강절의 팔괘(八卦) 차서(次序)와 관련이 있다. 이를 그림으로 보면 아래와 같다.

[그림 6] 소강절의 팔괘 차서도

소강절의 『황극경세서』에 포함되어 있는 '성음도'[88]는 역리적 입장에서 성음체계의 수리를 밝혀보려고 한 것이다. 여기에서는 사람의 성음을 천성(天聲)과 지음(地音)이 결합하여 이루어지는 것으로 보았다.

이는 훈민정음 제자원리에 그대로 적용되었다.

以初聲對中聲而言之, 陰陽. 天道也, 剛柔 .地道也. 中聲者 一深一淺

(雜卦傳)』 등이다. 이것을 '십익'이라고 부르는데 익(翼)이란 우익(羽翼)즉 새의 날개를 의미하므로 역경의 날개가 되어주듯 이해하는 데 도움을 주는 책이라는 뜻이다. 그래서 한대 이후의 역은 원본인 역경은 물론 한대까지 전해져 온 『역전』으로서의 십익(十翼)까지를 모두 포함한다(김학권 2008:17).

88) '성음도'는 『훈민정음』의 이론 및 언어 철학에 많은 영향을 끼친 책으로 『성리대전(性理大全)』 권7-13에 실려 있다.

一闔一闢. 是則陰陽分而五行之氣具焉, 天之用也. 初聲者, 或虛或實或颺或滯或重若輕, 是則剛柔著而五行之質成焉, 地之功也[89](制字解)

위에서 보듯이 중성을 '천지용(天之用)'이라고 하고, 초성을 '지지공(地之功)'이라고 한 것도 소강절과 관련이 있다고 본다. 백두현(2012:115-156)에서도 중성의 기술에 나오는 '합벽(闔闢)'[90]은 성운학의 운모 기술 용어를 빌려 온 것이라고 하였다.

특히 소강절의 역리에서는 성리학 이론과 음운학 이론을 엿볼 수 있다. 그의 『황극경세서』가 『성리대전』 속에 실려 세종 원년에 들어와서 우리나라 운학 연구에 영향을 주었다. 강신항(1963:183)에서 『황극경세서』의 이론이 『훈민정음』 제자해의 서두와 정인지 서문 및 『동국정운』의 서문에 그대로 담긴 예를 보면 소강절 이론의 영향을 짐작할 수 있다고 했다.

• 皇極經世書: "天有陰陽, 地有剛柔, 律有闢翕, 呂有唱和, 一陰一陽交而日月星辰備焉, 一柔一剛交而金木水火備焉, 一闢一闔交而平上去入備焉, 一唱一和交而開發收閉備焉, 日月星辰備而萬情生焉, 金木水火備而萬形生焉, 平上去入備而萬聲生焉, 開發收閉備而萬音生焉"[91]

---

89) 초성(初聲)을 가지고 중성(中聲)에 대비하여 말 할 것도 같으면 음양은 천(天)의 도(道)이며, 강유(剛柔)는 지(地)의 도(道)이다. 중성은 하나가 심(深)이면, 하나는 천(淺)이요, 하나가 합(闔)이면 하나는 벽(闢)이다. 이는 곧 음양이 나뉘어져서 오행의 기운이 갖추어 짐이니, 천(天)의 부림이다.

90) 합벽(闔闢)은 닫히고 열린다는 뜻이다. 합(闔)은 조음(調音)할 때 입을 오므리는 것으로 훈민정음 중성(中聲)의 'ㅗㅜㅛㅠ'이고, 벽(闢)은 입을 벌리는 것으로 훈민정음 중성의 'ㅏㅓㅑㅕ'가 해당된다. 합(闔)은 원순모음(圓脣母音)에 속하고, 벽(闢)은 개모음(開母音) 또는 평순모음(平脣母音)에 속한다.

91) 하늘에는 음양이 있고 땅에는 강유가 있으며, 율(律)에는 벽흡(闢翕)이 있고 려(呂)에는

- 訓民正音 解例의 制字解 序頭: "天地之道, 一陰陽五行而已, 坤復之間爲太極, 而動靜之後爲陰陽. 凡有生類在天地之間者, 捨陰陽而何之. 故人之聲音, 皆有陰陽之理, 顧人不察耳."[92]
- 訓民正音의 鄭麟趾序: "有天地自然之聲, 則必有天地自然之文. 所以古人因聲制字, 以通萬物之情, 以載三才之道, 而後世不能易也."[93]
- 東國正韻序: "天地絪縕, 大化流行, 而人生焉. 陰陽相軋, 氣機交激, 而聲生焉. 聲旣生, 而七音自具, 七音具, 而四聲亦備, 七音四聲經緯相交, 而淸濁輕重深淺疾徐生於自然矣."[94]

『훈민정음』의 제자해에서, '今正音之作, 初非智營而力索, 但因其聲音而極其理, 理旣不二, 則何得不與天地鬼神同其用也.[95](制字解)'라고 한 것도 훈민정음 제자원리가 소강절의 역리는 물론 성음이론과 관련해서 이루

창화(唱和)가 있다. 일음과 일양이 교합하면 '금·목·수·화'가 갖추어진다. 그리하여 온갖 형체가 이루어진다. 평·상·거·입이 갖추어지면 온갖 성(聲)이 생겨나고, 개(開)·발(發)·수(收)·폐(閉)가 갖추어지면 온갖 음이 생겨난다.

92) 천지의 도는 한 음양과 오행일 뿐이다. 곤(坤)과 복(復)의 사이가 태극이고 동(動)과 정(靜)의 뒤가 음양이 되는 것이다. 무릇 천지간에 있는 생류가 음양을 버리고 어디로 갈 것인가? 그러므로 사람의 성음도 다 음양의 이치가 있는 것이지마는 사람이 돌아보고 살피지 못할 뿐이다.

93) 천지자연의 소리가 있으면 반드시 천지자연의 글이 있어서 옛 사람들은 소리로써 문자를 만들어서 만물의 정을 통하고 삼재의 도를 실으니 후세에도 바뀔 수 없는 것이다.

94) 하늘과 땅이 화합하여 조화(造化)가 유통하매 사람이 생기고, 음(陰)과 양(陽)이 서로 만나 기운이 맞닿음에 소리가 생기나니, 소리가 생김에 칠음(七音)이 스스로 갖추고, 칠음이 갖추매 사성(四聲)이 또한 구비된지라, 칠음과 사성이 경위(經緯)로 서로 사귀면서, 맑고 흐리고 가볍고 무거움과 깊고 얕고 빠르고 느림이 자연으로 생겨난다.

95) 이제 정음의 제작도 처음부터 슬기로써 마련하고 힘씀으로써 찾은 것이 아니라, 다만 그 성음(聲音)을 인연으로 해서, 그 이치(理致)를 다한데 지나지 않는 것이다. 이치는 이미 둘이 아니니, 어찌 천지귀신과 더불어 그 쓰임을 함께 한다고 하지 않겠는가?

어진 것을 말하고 있다(이성구 1984:36). 이러한 사실은 중성 기본자의 제
자원리는 소강절의 역리와 밀접한 관련이 있다는 의미이다.

　　• 舌縮而聲深 天開於子也. 形之圓. 象乎天也.
　　ㅡ 舌小縮而聲不深不淺. 地闢於丑也. 形之平. 象乎地也.
　　ㅣ 舌不縮而聲淺. 人生於寅也.(制字解)

『훈민정음』 제자해의 이 설명은 소강절이 "하늘이 자(子)에 열리고, 땅이
축(丑)에서 개벽하며, 사람이 인(寅)에서 태어난다."[96]고 한 것을 그대로 활
용한 것이다. 『논어집주』에서도 이와 관련된 내용이 나온다.[97] "먼저 하늘
이 있고, 이어 땅이 있는데 천지가 교감한 다음 인물이 출생하였다는 뜻을
밝혔는데, 자(子)에 이르러 하늘이 생겨 천정(天正)이라 했고, 축(丑)에 이
르러 땅이 있어 지정(地正)이라 하고, 인(寅)에 이르러 사람이 있어 인정(人
正)이라고 했다(곽신환 2016:33-34).
　　소강절 역리의 최대 특징은 수리를 잘 활용하였다는 것이다. 이는 진단역
학의 체계가 수리적으로 발전된 것이다. 그의 저서 『황극경세서』가 바로 상
수학의 체계로서 우주의 일체를 개괄하고, 아울러 미래를 예측하고자 한 것
이다. 미래에 대한 예측은 변화를 살피는 것이고, 그 변화의 과정을 '64괘
차서도'를 통해서 제시하고 있다.

---

96) 天開於子 地闢於丑 人生於寅 故斗柄建此三辰之月 皆可以爲歲首. 而三代迭用之. 夏以寅爲
　　人正 商以丑爲地正 周以子爲天正也. 然時以作事 則歲月自當以人爲紀.(『논어집주』위령공
　　편)
97) 성백효(2011).

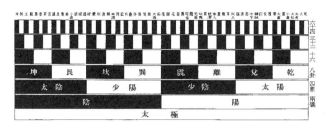

[그림 7] 소강절의 64괘 차서도

소강절은 64괘 차서도에 대한 설명을 아래와 같이 언급했다.

太極旣分兩儀立矣 陽下交于陰陰上交于陽 四象生矣 陽交于陰 陰
交于陽而 生天之四象 剛交于柔 柔交于剛 而生地之四象 于是八卦成
矣 八卦相錯然後萬物生焉 是故一分爲二 二分爲四 四分爲八 八分爲
十六 十六分爲三十二 三十二分爲六十四 故曰分陰分陽, 迭用柔剛易
六位而成章也(觀物外篇)

태극(太極)이 나뉘면 양의(兩儀)가 세워진다. 양이 아래로 음과 사귀고
음은 위로 양과 사귀어 사상(四象)이 생겨난다. 양은 음과 사귀고 음은 양과
사귀어 하늘의 사상이 생겨나고, 강(剛)은 유(柔)와 사귀고 유는 강과 사귀
어 땅의 사상이 생겨난다. 이러하여 팔괘(八卦)가 이루어진다. 팔괘가 서로
뒤섞이어 만물이 생겨난다. 그러므로 1이 나뉘어 2가 되고 2가 나뉘어 4가
되고 4가 나뉘어 8이 되고 8이 나뉘어 16이 되고 16이 나뉘어 32가 되고
32가 나뉘어 64가 된다. 그래서 말하기를 음으로서 나뉘고 양으로 나뉘며,
강과 유를 번갈아 사용하여 역(易)의 6위(位)가 나타나게 된다.[98]

---

98) 노영균(2009), 『황극경세서』 221쪽의 기술 내용을 참고하였다.

요컨대 팔괘 및 64괘 형성 이론의 기본 법칙은 1이 나뉘어 2가 되고, 2가 나뉘어 4가 되며, 4가 나뉘어 8이 되는 법칙이다. 이 법칙에 의거하면 64괘는 무한히 연역해 나갈 수 있다.

정호(程顥)는 소강절의 이 법칙을 '가일배법(加一倍法)'으로 '한 곱절씩 더하는 법'이라고 하였다. 그리고 주희는 '일분위이법(一分爲二法)'으로 '1이 나뉘어 2가 되는 법'이라 했다. 이를 '4분법'이라고 한다. 소강절은 이 방법으로 64괘 괘수 및 괘상의 형성을 해석하였다.

사상(四象)은 또 '태양·소양·태음·소음·태강·소강·태유·소유'로 나뉘어 팔괘를 이룬다고 했다. 그 중에서 '태양·소양·태음·소음'은 하늘에서 상을 이루어 '일월성신'이 된다. 그리고 태강·소강·태유(太柔)·소유(少柔)는 땅에서 형체를 형성하여 '수화토석'이 된다. 이 여덟 가지가 갖추어진 뒤에 천지의 형체가 갖추어진다고 했다.

심경호(2009:411-412)에서 음양과 강유는 태(太)와 소(少)로 나뉘어 팔이 된다. 이러한 분할법은 설괘전의 "하늘의 도를 세워 음과 양이라 하고, 땅의 도를 세워 유와 강이라고 한다.(立天之道曰陰與陽, 立地之道曰柔與剛)"는 것과 관련이 있다.

그리고 뒤에 논하게 될 '64괘 방원도'는 주로 팔괘 및 64괘 방위를 역법과 결합하여 계절 변화와 '음양소장'의 과정을 설명한다.

소강절은 수(數)와 상(象)의 근원을 태극으로 정리하였다. 그는 『관물외편』에서 "태극은 1이다. 동하지 않고 2를 낳으니 2는 신(神)이다. 신(神)이 수를 낳고 수(數)가 상(象)을 낳으며 상(象)이 기(器)를 낳는다."고 하였다.[99] 태극은 1이고, 2는 태극으로부터 생겨나는데, 2는 변화불측의 성능을

---

99) "神生數. 數生象. 象生器".(『皇極經世書』 觀物外篇)

지니고 있으니, 2가 있으면 수의 변화가 있게 되고, 일련의 수(數)가 있으면 음양강유(陰陽剛柔) 등의 효상(爻象) 및 괘상(卦象)이 생산되며, 효상 및 괘상이 있으면 유형의 개별 사물이 있게 된다.

그래서 소강절은 태극에 관해서 "하늘은 도로 말미암아 생겨나고, 땅은 도로 말미암아 이루어진다."고 하면서 도가 태극이라고 하였다. 또한 "마음이 태극이다."라고 하여, "선천의 학은 심법이다. 그러므로 도는 모두 속에서부터 일어나고, 온갖 변화와 온갖 일이 마음에서 생겨난다."[100]라고 하였다.

이처럼 소강절은 마음을 매우 중요하게 생각했다. 마음은 바로 자연의 이치를 순종하는 도심(道心)이라고 보았던 것이다. 역학에서 보면 도는 논리적 법칙이고, 마음은 법칙을 순종하고 추리하는 것이다. 그래서 '선천역학'을 심법(心法)이라고 한다.

지금까지 논의를 종합해 보면 소강절의 역은 수학적 도식을 통한 무한 순환적 논리를 강조하고 있다. 필자는 이러한 순환적 인식의 역을 '**순환론적 태극관**'으로 명명하고자 한다. 또한 '심즉태극(心卽太極)'의 관점에서 '심학적 태극관'이라 칭하고자 한다.[101]

2.2.1.3. 주희의 태극관

주희의 역학에서는 태극관과 이기(理氣) 관계론을 중요하게 보았다. 주희는 '역에 태극이 있다.'를 해석하여 『주역본의』권3에서 "역이란 음양의 변화이고, 태극이란 그 '理'이다.(易者, 陰陽之變, 太極者, 其理也)"라고 하였다. 또 『초사집주』[102] 권3에서는 "이른바 태극이란 '이'를 두고 말할 따름이

---

100) "先天之學 心法也, 故圖個自中起, 萬化萬事, 生乎心也"(『皇極經世書』觀物外篇).
101) 소강절의 태극관이 순환론과 더불어 '심즉태극'이라는 의미에서 보듯 마음을 중시하는 것으로 보아 필자가 '순환론적 태극관'과 '심학적 태극관'으로 명명하였다.

다.(所謂太極, 亦日理而已矣)"라고 하였고, 『주자어류』103) 권94의 기록에
서는 "음양은 음양일 따름이지만 도는 태극이다. 정이(程頤)가 말한 일음일
양하는 소이가 곧 도이다.(陰陽只是陰陽 道是太極, 程子況 所以一陰一
陽者 道也)"라고 하였다. 이러한 관점에서 '태극'은 주희의 역학과 철학에서
최고의 범주에 있다. 주희는 이 '태극(太極)'을 '이(理)'로 보고, '일음일양(一
陰一陽)'하는 것이 '도(道)'라고 하였다.

서법(筮法)으로 말하면 '태극'은 괘획의 근원이다. 그래서 주희는 『주문공
문집』의 '답곽충회(答郭沖晦)'에서 "괘획을 두고 말하면, 태극이란 것은 상
수가 아직 형을 갖추지 않은 전체이다.(以卦劃言之, 太極者象數未形之全
體也)"라고 하였다. 그리고 『주자어류』 권75에서는 "괘획하기 이전에는 '태
극'은 다만 하나의 혼돈된 도리로서, 그 이면에는 '음양'과 '강유' 그리고 '기
우(奇偶)'를 모두 갖추고 있다. 그러다가 기수획과 우수획을 긋게 되면 양의
를 낳는다.(當未畫卦前, 太極只是一個渾淪底道理, 裡面包含陰陽·剛柔·
奇偶, 無所不有, 乃各畫一奇偶, 便是生兩儀)"고 하였다.

또한 『주자어류』 권75에서는 이렇게 말하였다.

> 易有太極, 是生兩儀, 則先從實理處說. 若論其生則俱生, 太極依舊
> 在陰陽裡. 但言其次序, 須有這實理, 方始有陰陽也, 其理則一, 雖然,
> 自見在事物勿觀之, 則陰陽函太極, 推其本, 則太極生陰陽.(『朱子語
> 類』75)

역에 태극이 있어 이것이 양의를 낳는다고 하는 말은, 먼저 실리의 처(處)

---

102) 주자(1130-1200)의 『초사』에 대한 연구서로 『초사』 텍스트에 대한 주자의 해석학적인
체계로서의 '집주', '초사경문' 등 주자의 총체적인 세계인식과 사고관이 나타나 있다.
103) 『주자어류』는 주자와 그 문인의 문답 내용을 기록한 책이다.

에서 하는 말이다. 양의의 생겨남을 설명하자면, 양의는 태극과 동시에 함께 생겨나고 태극은 음양 속에 이전 그대로인 채로 있다. 단 그 순서를 말하면 먼저 이 실리가 있은 뒤에 음양이 있다. 그 이(理)는 하나이다. 그렇지만 현존하는 사물로부터 살피면 음양이 태극을 함유하고, 그 근본을 추구하면 태극이 음양을 낳는다.

위에서 보듯이 주희의 역(易)은 실리(實理)를 그만큼 중요하게 보았다. 그리고 태극과 음양 등의 관계를 이기(理氣)의 관계로 파악하고 있다. 이러한 주희의 견해는 태극을 '이(理)'로 보는 관점이다. 그래서 주희의 이러한 태극관을 필자는 **'이기론적 태극관(理氣論的 太極觀)'** 혹은 **'이학적 태극관 (理學的 太極觀)'**으로 명명한다.[104]

지금까지 역리의 대표적인 인물인 주돈이와 소강절 그리고 주희 등의 학자들의 태극관에 대해 고찰해 보았다. 각각의 태극관을 정리하면 다음과 같다.

[표 11] 학자에 따른 태극관(太極觀)

학 자	사상관	유형 분류	태극관	제자원리
주돈이	도학적 태극관 (道學的 太極觀)	발생론적 태극관	태극은 무극	중성 제자원리(삼재)
소강절	심학적 태극관 (心學的 太極觀)	순환론적 태극관	태극은 마음 태극은 상수의 근원	곤복지간위태극 성음론 초성, 중성의 제자원리 (삼재, 수리) 종성부용초성
주희	이학적 태극관 (理學的 太極觀)	이기론적 태극관	태극은 이(理)	중성의 제자원리

---

104) 주희의 태극관은 이(理)와 기(氣)를 중시한 것으로 고려해서 필자가 '이기론적 태극관', 혹은 '이학적 태극관'으로 명명한다.

위에서 고찰한 세 학자들의 역리 사상들은 상호 영향을 미치고 있다. 주돈이의 도학적 태극관 즉, 발생론적 태극관은 낙서와 깊은 관련이 있으며, 이는 후천팔괘인 문왕팔괘로 표상이 된다. 이러한 태극관은 하상공(노자)을 거쳐서 진단의 연단술과 관련된 도학적 뿌리가 된다.

『훈민정음』 제자해에는 '발생론적 태극관', '순환론적 태극관' 그리고 '이기론적 태극관' 등이 모두 관련되어 있다. 이 태극관 중에서 소강절의 순환론적 태극관이 훈민정음의 제자원리와 가장 깊은 관련이 있다.

이 책에서는 '坤復之間爲太極'의 표현적 의미를 추론하기 위해서 소강절의 **'순환론적 태극관'**에 주목하여 『훈민정음』 제자해를 고찰할 것이다. 순환론적 태극관에 나타난 태극의 개념은 곤(坤)에서 복(復)으로 소장생성(消長生成)되는 것이다. 이 순환론적 태극관은 소강절의 『황극경세서』 '64괘수도(六十四卦數圖)'에 잘 정리되어 있는데, '64괘수도'의 그림은 아래와 같다.

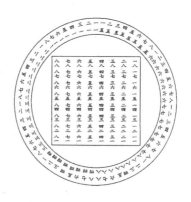

[그림 8] 64괘 수도(數圖)

[그림 8]의 하단부 '八八'은 '坤' 즉, 곤괘를 의미하고, 그 옆에 보이는 '八四'는 복괘를 의미한다. 이렇게 계속해서 순환 즉, 소장(消長)의 의미를 지닌다. 이는 복희가 획괘한 '64괘 방원도'와도 일치하는 것이다. 이러한 논거로 볼 때 『훈민정음』의 제자해의 '坤復之間爲太極'에 반영된 태극사상의 근원에는 복희역과 소강절의 순환적 태극관 혹은 심학적 태극관이 활용되었음을 재삼 확인할 수 있다.

2.2.2. 음양과 관련된 제자원리

음양의 개념은 『훈민정음』의 제자해에서 여러 차례 등장한다. 제자해에 등장하는 음양 관련 표현을 정리하면 다음과 같다.

(6) ㄱ. 天地之道. 一**陰陽**五行耳已. 坤復之間爲太極. 而動靜之後爲
　　　陰陽. 凡有生 在天地之間者. 捨**陰陽**而何之. 故人之聲音. 皆
　　　有**陰陽**之理. 顧人不察耳.

　　ㄴ. 是則初聲之中. 自有**陰陽**五行方位之數也. 又以聲音淸濁而
　　　言之

　　ㄷ. 水火未離乎氣. **陰陽**交合之初. 故闔. 木金陰陽之定質. 故闢.

　　ㄹ. 蓋以人則無極之眞. 二五之精. 妙合而凝. 固未可以定位成
　　　數論也.

　　ㅁ. 是則中聲之中. 亦自有**陰陽**五行方位之數也. 以初中終合成之字言之

　　ㅂ. **陰陽**. 天道也. 剛柔. 地道也. 中聲者. 一深一淺一闔一闢. 是
　　　則**陰陽**分而五行之氣具焉. 天之用也. 初聲者. 或虛或實或颺
　　　或滯或重若輕. 是則**剛柔**著而五行之質成焉. **地之功也**.

　　ㅅ. 亦有動靜互根陰陽交變之義焉. 動者. **天也**. 靜者. **地也**. 兼互

動靜者. 人也.

ㅇ. 終聲之. 復用初聲者. 以其動而陽者乾也.靜而陰者亦乾也. 乾實分**陰陽**而無不君宰也.

ㅈ. 初聲有發動之義 **天之事**也. 終聲有止定之義 **地之事**也. 中聲 承初之生 接終之成 人之事也.

(6ㄱ)은 제자해의 첫머리에 나오는 구절로, 천지지도가 음양오행에 있다는 설명이다. 곽신환(2016:27)에서는 '주희는 이(理)를 형이상자이고, 생물지본(生物之本)으로, 기(氣)를 형이하자이며, 생물지구(生物之具)로 규정했다. 천지의 사이는 만물이 존재하는 시공간이라 했다. 그 만물이 이(理)와 기(氣)라고 한다. 그래서 천지 사이에는 오직 음과 양이 있다거나 동정이 있다거나 합벽(闔闢)이 있다거나 승강(昇降)이 있다거나 감응(感應)이 있다.'고 했다. 그리고 '捨陰陽而何之'는 일종의 관용어화 되어 사용을 하였다고 한다. 이처럼 음양에 의해서 만물을 구분할 수 있다. 양(陽)은 이(理), 승(昇)으로, 음(陰)은 기(氣), 강(降), 감(感)으로 나눌 수 있다.

'動靜之後爲陰陽'에 나오는 '동정'과 '음양'은 『성리대전』에서 근거한 것이다.

『성리대전』 권 1에 보면 다음과 같은 내용이 있다.

'無極而太極 太極動而生陽 動極而靜 靜而生陰 靜極復動 一動一靜 互爲其根 分陰分陽 兩儀立焉'

무극이면서 태극이니, 태극이 동하여 양이 생기고, 동(動)이 극(極)하여 정(靜)이 되고, 정에서 음이 생기고, 정(靜)이 극(極)하여 다시 동이 된다. 동과 정은 서로 뿌리가 되며, 음양이 나뉘어 양의가 된다.

이를 근거로 보면 제자해의 '動靜之後爲陰陽'은 음이 극에 달하면 양이 생기고, 양이 극에 달하면 음이 생긴다는 원리를 표현한 것이다. 즉, 움직임과 정함이 동시에 일어나면서 음양의 조화가 생기는데 사람의 소리도 이와 같다는 것을 설명하고 있다.

(6ㄴ)은 초성에서 음양오행 방위가 있다는 내용이며, (6ㄷ)은 음양 교합에 대한 설명이다. (6ㄹ)은 중성의 제자해에 나오는 부분으로 '무극지진, 이오지정'으로 음양을 설명한다. (6ㅁ) 역시 중성에 오행과 방위가 있다는 것을 설명한다.

(6ㅂ)은 『훈민정음』의 제자해에서 초성과 중성의 관계를 음양의 관계로 설명하는 부분이다. 여기서 나오는 '천지용'은 중성을 말하며 양이라 할 수 있고, '지지공'은 초성을 말하며 음이라 할 수 있다. 다시 말해 천(天)에 해당하는 중성은 양이고, 지(地)에 해당하는 초성은 음인 것이다.

(6ㅅ)의 '動者天也'는 초성에 해당되고, '靜者地也'는 종성에 해당된다. 그리고 '兼互動靜者人也'는 중성을 가리킨다. 여기서 초성과 중성과 종성의 음양 관계를 살펴보면 '動者天也'인 초성은 양이 되고, '靜者地也'인 종성은 음이 된다.

(6ㅈ)은 초성과 중성과 종성이 합하여 음절을 이루는 원리를 설명하는 부분으로, 음양에 대한 직접적인 표현은 없지만 '天之事'인 초성은 양이며, '地之事'인 종성은 음이 된다. 이들을 근거로 제자해에서 초성과 종성의 음양 관계를 보면, 초성은 양에 해당되고 종성은 음에 해당됨을 알 수 있다.

중성의 음양 관계를 보면 'ㆍ'는 '舌縮而聲深. 天開於子也. 形之圓. 象乎天也.'로 '天'과 관련이 있기 때문에 양으로 볼 수 있으며 'ㅡ'는 '舌小縮而聲不深不淺. 地闢於丑也. 形之平. 象乎地也.'로 '地'와 관련이 있기 때문에 음으로 볼 수 있다. 하지만 'ㅣ'은 제자해에 나타난 설명만으로는 음양을 구별할 수 없다. 제자해에서 'ㅣ'는 '無位數者'로, 자리도 수도 없기 때문이다. 초출자의 경우 숫자 '1, 3'이 있는 'ㅗ, ㅏ'는 음양에서 양이 되고, 숫자 '2, 4'에 해당하는 'ㅜ, ㅓ'는 음양에서 음에 해당한다. 우주의 원리를 수로 나타낼 때, 홀수는 양의 수가 되고, 짝수는 음의 수다. 재출자의 경우도 같은 원리로 음양의 관계를 설명할 수 있다. 숫자 '7, 9'에 해당하는 'ㅛ, ㅑ'는 음양에서 양이 되고, 숫자 '6, 8'에 해당하는 'ㅠ, ㅕ'는 음양에서 음에 해당한다.

제자해의 결에서는 음양, 강유로서 중성과 초성의 관계를 더 상세하게 설명하고 있다.

且就三聲究至理　自有剛柔與陰陽　中是天用陰陽分　初迺地功剛柔
彰　中聲唱之初聲和　天先乎地理自然　和者爲初亦爲終　物生復歸皆於
坤　陰變爲陽陽變陰　一動一靜互爲根　初聲復有發生義　爲陽之動主於
天　終聲比地陰之靜　字音於此止定焉

또 삼성(초, 중, 종)에 나아가 깊은 이치를 살피면 스스로 강유와 음양이 있다. 중성은 곧 하늘(天)의 용(用)이라 음양으로 나뉘고 초성은 곧 땅(地)의 공(功)이라 강유가 드러난다. 중성이 부르고 초성이 화답함은 하늘이 땅보다 앞서서 이치가 스스로 그러하다. (중성에 대해) 화답한 것이 초성이 되고 또한 종성이 되니 (이것은) 만물이 생겨나 모두 땅으로 되돌아간다(는 의미이다). 음이 변해 양이 되고, 양이 변해 음이 되니 한번 동하고 한번 정한 것이 서로 뿌리가 된다. 초성은 또 다시 발생의 뜻이 있어서 양의 동이 되어 하늘을 주관한다. 종성은 땅에 비기어 음의 정(靜)이니 자음(글자의 음)은 여기서 그치어 정해진다.

지금까지의 논거에서 보듯이 『훈민정음』의 제자해에 나타난 '음양 강유'의
성질과 개념은 복희의 역을 바탕으로 하고, 소강절의 제설(諸說)이 기저에
깔려 있음을 확인하였다.

2.2.3. 순환론과 관련된 제자원리

『훈민정음』 제자해의 첫머리에 순환론과 관련된 구절이 나온다.

　　終聲之復用初聲者 以其動而陽者乾也 靜而陰者亦乾也 乾實分陰陽

　　而無不君宰也[105] (制字解)

　　종성에 다시 초성을 쓴다는 이른바 '종성부용초성'에 대한 역리적 설명이
다.[106] 원문 그대로 해석하면 '동(動)'이 '양(陽)'인 것도 '건(乾)'이고, '정
(靜)'이 '음(陰)'인 것도 '건(乾)'이므로 '건(乾)'은 실재로 음양으로 나뉘어져
서 주재한다는 뜻이다. 이 말은 '건'이 순환의 의미를 갖는다는 것이다. 즉
'건'은 하늘을 의미하며, 음이 되기도 하고 양이 되기도 하는 것이다. 여기서
'양'은 초성을 말하고, '음'은 종성을 의미한다. 그래서 '양(초성)'인 것도 '건
(자음)'이고, '음(종성)'인 것도 '건(자음)'이란 의미이다.
　　예를 들면, '법'을 단독으로 발음할 때와 달리 이 낱말에 주격 '-이'를 붙여

---

105) 종성에 다시 초성을 쓰는 것은 동(動)에서 양(陽)인 것도 건(乾)이고, 정(靜)에서 음(陰)인
　　것도 건(乾)이니, 건(乾)은 실로 음양으로 나누어져도 주재하지 않은 게 없기 때문이다.(制
　　字解).

106) 蓋字韻之要 在於中聲 初終合而成音 亦猶天地生成萬物 而其財成輔相則必賴乎人也 終聲之
　　復用初聲者 以其動而陽者乾也 靜而陰者亦乾也 乾實分陰陽而無不君宰也 一元之氣 周流不
　　窮 四時之運 循環無端 故貞而復元 冬而復春 初聲之復爲終 終聲之復爲初 亦此義也 吁 正音
　　作而天地萬物之理咸備 其神矣哉 是殆天啓聖心而假手焉者乎(制字解)

[버비]라고 발음하면 음절말 자음 'ㅂ'이 뒤 음절의 초성으로 소리가 난다. 달리 말해 '법'의 발음에서는 종성 'ㅂ'이 음절 말에서 발음이 되지만, '법이'에서는 음절말 'ㅂ'이 뒤 음절의 초성으로 옮겨 가 [버비]라고 발음이 된다. 이것이 바로 '양(초성, ㅂ)'인 것도 '건(자음)'이고, '음(종성, ㅂ)'인 것도 '건(자음)'이라는 경우에 해당한다.

이를 음양으로 정리하면 아래와 같다.

動 ―― 陽―― '乾' 始
靜 ―― 陰―― '乾' 復

음양과 동정의 연관 관계를 역리로 설명하고자 할 때, 위의 방식으로 풀어 나가는 것이 합리적으로 보인다. 제자해에서 시작을 모두 '건'에 두고 있다. '건'에 중점을 두는 이유는 역이 순환하기 때문이다. 이는 복희역의 순역과 관계한, 우주변화의 원리에 관한 순환론이 훈민정음 제자원리 가운데 종성의 원리에 사용된 것이다. 이처럼 훈민정음 제자원리를 설명하기 위해서는 역리적 사고가 필요하다. 그 역리적 사고의 기반에는 '순환론적 태극관'을 상정해야만 명확하게 설명이 가능하게 된다.

『성리대전』 권8에 '西山蔡氏 日 動者爲天 天有陰陽' 이라 하여, 음양에 대해서 '陽者動之始 陰者動之極(양이 동의 시작이고, 음이 움직이면 극이 된다.)'이라고 부연한 내용이 나온다. 이것은 소강절의 『황극경세서』를 주해한 채원정의 견해로, 『훈민정음』 해례본의 제자해의 내용과 비교하면 아래와 같다.

[표 12] 『훈민정음』과 『황극경세서』 비교

『훈민정음』	動而陽者	乾	靜而陰者	乾
『황극경세서』 (채원정 주해)	陽者動	始	陰者動	極

『훈민정음』에서는 '양(陽)'이 '동(動)'한 시발점은 '건(乾)'이며, '음(陰)'이 '동(動)'한 종착점도 '건(乾)'이 된다. 이는 태극도에서 상술한 음양을 품은 '태극'과 관련이 있다. 말을 달리하면 '순환론적 태극'을 말하고 있는 것이다. 이 '순환론적 태극'은 '팔괘 방위도' 및 '64괘 방원도'로의 확장을 뜻하기도 한다.

『성리대전』 권7을 보면 이를 잘 알 수 있다.

是故由用而之體則自一而二, 自二而四, 自四而八, 自八而十六, 自十六而三十二, 自三十二而六十四, 卽體而之用則 自六十四而三十二, 自三十二而十六, 自十六而八, 自八而四, 自四而二, 自二而一, 一者太極也, 所謂一動一靜之間者也[107](『性理大全 書』7권).

그러므로 용(用)에서 체(體)로 가면 1에서 2로, 2에서 4로, 4에서 8로, 8에서 16으로, 16에서 32로, 32에서 64로 간다. 체(體)에서 용(用)으로 가면 64에서 32로, 32에서 16으로, 16에서 8로, 8에서 4로, 4에서 2로, 2에서 1로 가는데 1은 태극(太極)이다. 즉 일동(一動)과 일정(一靜)의 사이이다.

---

[107] 그러므로 용에서 체로 가면 1에서 2로, 2에서 4로, 4에서 8로, 8에서 16으로, 16에서 32로, 32에서 64로 간다. 체에서 용으로 가면 64에서 32로, 32에서 16으로, 16에서 8로, 8에서 4로, 4에서 2로, 2에서 1로 가는데 1은 태극이다. 즉, 일동과 일정의 사이이다.

채원정은 위와 같이 '일동일정지간자(一動一靜之間者)'가 곧 태극임을 설명하고 있다. 이처럼 태극이 64괘로 확장되는 과정은 '순환론적 태극관'을 의미한다. 다시 말해 『훈민정음』 제자해의 기저에는 '순환론적 태극관'이 깔려 있다.

2.2.3.1. 종성부용초성(終聲復用初聲)

『훈민정음』 제자해의 종성해에 '순환론적 태극관'의 원리가 담겨있다. 종성은 이미 만들어진 초성을 다시 쓰면 되기 때문이다. 제자해에 '終聲復用初聲'이 이를 말해 준다.

終聲復用初聲者, 以其動而陽者乾也, 靜而陰也亦乾也, 乾實分陰陽而無不君宰也, 一元之氣, 周流不窮, 四時之運, 循環無端, 故貞而復元, 冬而復春, 初聲之復爲終, 終聲之復爲初, 亦此義也.(終聲解)

종성에 다시 초성을 쓴 것은 동(動)에서 양(陽)인 것도 건(乾)이요, 정(靜)에서 음(陰)인 것도 건(乾)이니, 건은 실로 음양으로 나뉘어져도 주재(主宰)하지 안함이 없다. 일원(一元)의 기운이 두루 흘러서 막힘이 없고, 사시(四時)의 운행(運行)이 돌고 돌아 끝이 없는 까닭에 정(貞)이 다시 원(元)이 되고, 겨울이 다시 봄이 되는 것이다. 초성이 다시 종성됨도 역시 이러한 뜻인 것이다.

위의 내용을 정리하면 다음과 같다. 종성해의 내용을 보면 종성에 초성 글자를 다시 쓰는 것은, 동(動)하여 陽(초성)인 것도 乾(자음)이고, 정(靜)하

여 陰(종성)인 것도 또한 乾(자음)이니, 乾이 실(實)로 음과 양으로 나누어
져서 주재하지 않음이 없다고 한다[108]. 초성 글자가 초성에 사용되면 양(陽)
이 되고, 종성에 사용되면 음(陰)이 되는 것은 건괘(乾卦)의 역리를 활용한
것이다.

하나의 으뜸이 되는 기운이 끊임없이 두루 흐르고, 사계절의 운행이 끊임
없이 순환하므로, 끝(貞)에서 다시 시작(元)이 되고, 겨울(冬)에서 다시 봄
(春)이 되는 것이니, 초성이 다시 종성이 되고 종성이 다시 초성이 되는 것도
또한 이러한 뜻을 지니고 있다. 종성해의 "循環無端"이 보이듯이 끊임없이
순환한다는 뜻으로 순환론적 태극관이 잘 활용됨을 볼 수 있다.

제자해의 "正音作而天地萬物之理咸備[109]"에서 보듯이 역(易)의 괘(卦)
가 우주 만물의 이치가 다 갖추어져 있듯이 『훈민정음』의 제자 원리에 우주
만물의 이치가 다 갖추어져 있다.[110)

이처럼 순환의 원리를 통하여 종성은 하늘(天)에 속하고, 초성은 땅(地)에
속한다. 땅(초성)에서 난 것이 다시 땅(초성)으로 돌아가는 것이 종성부용초
성의 원리이다. 이처럼 천지만물의 순환 원리가 초성과 종성에 적용된 것이
다. 백두현(2013:121)은 종성은 따로 만들지 않고 초성을 다시 쓴다는 것이
종성 제자의 방법론이면서 결론이라고 했다.

2.2.3.2 일원지기(一元之氣)

『훈민정음』 제자해의 "一元之氣 周流不窮 四時之運 循環無端 故貞而

---

108) 動而陽者乾也, 靜而陰者亦乾也, 乾實分陰陽而無不君宰也.『性理大全書』卷十五, 二十
　　五,(『易學啟』二)

109) 정음에 만들어짐에 천지만물의 이치가 모두 갖추어진 것이다.

110) 易之爲書卦爻象象之義備, 而天地萬物之情見.(『周易』)

復元 冬而復春[111]"(制字解) 구절은 '원형이정(元亨利貞)'과 관련이 있다.

'원형이정'이란 천도(天道)로서 늘 변화하는 것임을 보여주는 것이다[112]. 이것은 곧 천도의 순환론을 말하는 것이다. 주역의 건위천(☰)괘의 괘사는 '원형이정'으로 시작한다. 이를 근거로 하여 필자가 계절과 함께 괘상으로 아래와 같이 정리하였다.

[표 13] 원형이정(元亨利貞)의 변화

元	亨	利	貞
ǀ	ǀ	ǀ	ǀ
春	夏	秋	冬
ǀ	ǀ	ǀ	ǀ
乾	離	坎	坤

[표 13]에서 보듯이 '원형이정'은 사계로 보면, 춘하추동에 대응된다. 그리고 복희팔괘에 따라 '건이감곤'에 대응하기도 한다. 채원정은 '一元之數卽一歲之數也'라며, '一元消長之數'라 했다. 즉 원회운세(元會運世)의 변화에서 해회(亥會)가 끝이 나면 혼암(昏暗)이 극에 이르니 천지의 일종(一種)이 된다. 그리고 '貞' 아래에서 '元'이 일어나니 이를 태시(太始)라 했다. 이를 『훈민정음』 제자해에서는 '정이부원동이부춘(貞而復元冬而復春)'이라 밝히고 있다. 이러한 표현을 통해서 『훈민정음』 제자해에 순환론적 태극관이 반영되었음을 확인할 수 있다.

---

111) 일원(一元)의 기운이 두루 흘러서 막힘이 없고, 사시(四時)의 운행(運行)이 돌고 돌아 끝이 없는 까닭에 정(貞)이 다시 원(元)이 되고, 겨울이 다시 봄이 되는 것이다.

112) 元亨利貞, 變易不常, 天道之變也, 吉凶悔吝變易不定, 人道之應也.(『皇極經世書』 觀物外篇 下)

『훈민정음』의 제자해에서 말한 '일원지기(一元之氣)'는 '원형이정(元亨利貞)'에서 '원(元)'의 의미이다. 모든 기원은 '원'에서 시작한다는 뜻이다. '원형이정'은 우주의 사계절로, 원(元)은 봄을 의미하며, 형(亨)은 여름, 이(利)는 가을, 정(貞)은 겨울을 의미한다. 이 사계절이 무궁무진하게 돌아서 겨울이 다시 봄으로 돌아온다는 의미이다. 오행으로 보면, '목, 화, 토, 금, 수'에 해당한다. '원형이정'은『훈민정음』해례본의 제자해가 순환론과 관련이 있음을 보여준다.

또한 이는 '初聲之復爲終 終聲之復爲初'에 대한 역리적 근거이다. 여기서 '일원지기'는 단순히 '태초의 기운'이나 '하나의 큰 운동'으로 해석될 성질의 것이 아니다. 이는『황극경세서』의 '일원소장지수도(一元消長之數圖)'에 근거한 역리이다.

이에 대하여 소백온은 다음과 같이 서술하고 있다.

> 日爲元, 元之數一, 月爲會, 會之數十二, 星爲運, 運之數三百六十, 辰爲世, 世之數四千三百二十[113]……(중략)……經世一元之運數, 擧成數焉, 消息盈虚之法, 在其間矣(『性理大全書』권8)

일은 원이 되고, 원의 수는 1이다. 월은 회가 되고 회의 수는 12이다. 성(星)은 운(運)이 되고 운의 수는 360이다. 신(辰)은 세(世)가 되고 세(世)의 수는 4,320 이다. (중략)『황극경세서(皇極經世書)』는 일원의 운수(運數)로 수(數)를 전부 논술하였는데 소식영휴(消息盈虛)의 법칙은 그 속에 들어 있다.

---

113) 일(日)은 원(元)이 되고 원(元)의 수(數)는 1이고, 월(月)은 회(會)가 되고 회(會)의 수(數)는 12이다. 성(星)은 운(運)이 되고 운(運)의 수(數)는 360이다. 신(辰)은 세(世)가 되고 세(世)의 수(數)는 4,320이다.

위 내용은 '일원소장(一元消長)'에 따라 '일월성신(日月星辰)'의 '원회
운세(元會運世)'로 대응하는 수의 이치를 설명한다. 원(元)에서 진(辰)에
이르면 수가 끝난다. 끝나면 변하고 변하면 다시 생기니 끝이 없다는 의미
다. 즉 궁(窮)하면 변하고 변하면 생겨나는데, 생겨나고 생겨나면 다함이
없게 된다.

『황극경세서』에서는 '일원(一元)'의 운수로 '數'를 전부 논술해서 '소식영
휴(消息盈虧)'의[114] 법칙을 설명하기도 했다.

이 외에 『훈민정음』의 제자해에 "初非智營而力索"(制字解) 구절에서도
제자원리를 확인할 수 있다[115]. 앞부분에 '今正音之作' 다음에 따라 나오는
문구이다. 대략적인 뜻은 훈민정음을 만드는 이치가 역리에 바탕을 두고 있
으므로 '일부러 그 원리를 머리를 짜서 만들거나 애써 찾은 것이 아니다'는
것이다. 이와 관련된 내용은 채원정의 글 가운데 '智營而力索'이란 문구에
서 확인할 수 있다.

> 西山蔡氏曰⋯⋯(中略)⋯⋯實則太極判而爲陰陽　陰陽之中又有陰陽
> 出於自然　不待智營而力索也(『性理大全書』 권 7)

실은 태극이 갈라져 음양이 되고 음양 속에 또 음양이 있어 자연히 나오게
되는 것이며, 지혜로써 알게 되고 힘으로 찾아지는 것을 기다려 되는 것이
아니다. 그 순서는 건괘(乾卦)를 첫머리로 하고 곤괘(坤卦)가 끝머리가 되

---

114) 소(消)는 양(陽)이 줄어드는 것이고, 식(息)은 양이 자라는 것을 의미한다.
115) 天地之道 一 陰陽五行而已 坤復之間爲太極 而動靜之後爲陰陽 凡有生類在天地之間者 捨
陰陽而何之 故人之聲音 皆有陰陽之理 顧人不察耳 今正音之作 初非智營而力索 但因其聲音
而極其理而已 理旣不二則何得 不與天地鬼神同其用也(制字解)

느데 음양의 선후(先後)를 수(數)로 삼았기 때문이다.

위의 내용을 정리하면, 태극에서 음양이 갈라져 나오고, 음양 속에 또 음양이 있으니 저절로 그러함에서 나온 것으로 '지혜로서 알고 애써 찾아지는 것을 기다려 되는 것이 아니다.'라는 부분이다. **'智營而力索'**이란 문구를『훈민정음』의 제자해에서 그대로 인용한 것이다.

아래는『성리대전』에서 '원회운세'를 부연 설명한 부분이다.

> 西山蔡氏曰 一元之數……(中略)……皆天地自然, 非假智營力索, 而天地之運,(『性理大全書』권8)

이 글의 말미 부분에 역시 같은 문구로 역리의 자연스러움을 말하고 있다. 이러한 구절로 보아 **'智營而力索'**이라는 문구가 전문 용어나 고유한 표현으로 보기 어렵다. 그렇지만 이러한 문구가 당시에 숙어적 구성으로 사용되었다 하더라도『훈민정음』의 제자해에서 '순환론적 태극관'을 가진 소강절 역학파의 여러 학자와 같은 표현을 사용했다는 것은 의미하는 바가 크다.『황극경세서』를 중심으로 한 주역의 이론이『훈민정음』제자해의 기저에 사상적 바탕을 이룬다고 할 수 있다.

2.2.4. 간지, 율려, 성음과 관련된 제자원리

『훈민정음』의 제자해를 이해하기 위해 역학의 중요한 개념 및 요소들과 역리적 해석에 대한 이해가 선행되어야 한다. 이를 위해 역학의 주요 요소인 태극과 음양 그리고 강유와 하도 및 낙서, 팔괘와 64괘 384효 등에 대한 개념을 정확히 파악하기 위해 여러 문헌에 등장하는 표현을 토대로 살펴보았다. 이 장에서는 훈민정음 제자원리에 대한 논의에서 소홀히 다루어지거나 다루어지지 않은 간지(干支), 성음(聲音), 율려(律呂) 등의 용어를 살펴보고 이들의 상관관계를 파악하고자 한다.

간지(干支)는 십간(十干)과 십이지(十二支)를 의미한다. 간지에 대한 설명 가운데 『황극경세서』의 기록을 보면 '十干, 天也, 十二支, 地也, 支干配天地之用也(『황극경세서』 6)'에 십간을 천간이라 하며 십이지를 지지라고 설명하고 있다. 이 천간(天干)과 지지(地支)는 천지간에 쓰임이 배당되어 있고, 이것은 세상만물 즉, 삼라만상에 대응되는 것으로 이해할 수 있다.

『성리대전』에 '聲'과 '音'이 생기는 원리를 '음양'으로 설명하며, '율려'를 12간지와 관련하여 설명하고 있다.

> 鐘氏過日, 伊川丈人云, 音非有異同, 人有異同, 人非有異同, 方有
> 異同, 謂風土殊而呼吸異故也…(中略)……天有陰陽 地有剛柔 律有闢
> 翕 呂有唱和……(中略)……平上去入備 而萬聲生焉, 開發收閉 備而萬
> 音生焉(『性理大全書』 권8)

종씨가 가로되, 정이천 선생의 제자가 이르기를 음(音)에 다름이 있는 것이 아니고 사람에게 다름이 있으며, 사람에게 다름이 있는 것이 아니고 지방에 다름이 있다. 풍토(風土)가 다르고 호흡이 다른 까닭이다. (중략) 하늘에는 음양이 있고, 땅에는 강유가 있으니, 율(律)에는 벽흡(闢翕)이 있고, 려(呂)에는 창화(唱和)가 있다. (중략) 평상거입이 갖추어져 있으면 온갖 성(聲)이 생겨나고, 개(開), 발(發), 수(收), 폐(閉)가 갖추어지면 온갖 음(音)이 생겨난다.

위 내용을 정리하면, '音'에 다름이 있지 않고, 사람에 다름이 있다. 그리고 사람에 다름이 있지 않고, 지방에 다름이 있다. 풍토가 다르고 호흡이 다른 까닭에 음이 달리 들리는 것이라 했다. '律'에는 '벽흡(闢翕)'이 있고, '呂'에는 '창화(唱和)'가 있는 것은 천지(天地)에 비유된다. 그래서 율(律)은 양이요, 려(呂)는 음(陰)이 된다. 또한 '평상거입'이 완비되면 성(聲)이 생기고, 개발수폐(開發收閉)[116]가 완비되면 음(音)이 생기는 것이다.

아래는 오음이 음양으로 나뉘면 십성이 되고, 율려가 십이음이 된다는 내용이다.

祝氏曰, 宮商角徵羽 分太小爲十聲 管以十干, 六律六呂合爲十二 音, 管以十二支……(中略)……所以括切字母 脣舌牙齒喉而開發收閉 (『性理大全書』 권8)

축씨가 가로되, 궁상각치우(宮商角徵羽)는 태소(太小)로 나뉘어 십성(十聲)이 된다. 십간(十干)을 주관하고, 육율(六律)과 육려(六呂)가 합하여 12음이 되어 십이지(十二支)를 주관한다. (중략) 반절(反切)의 자모를 포괄하고 순, 설, 아, 치, 후가 나뉘어 개(開), 발(發), 수(收), 폐(閉)가 된다.

위의 내용을 정리하면 다음과 같다. 궁상각치우를 태소(太小) 즉, 음양으로 나뉘어 십성(十聲)이 되고, 이는 천간에 속한다. 그리고 '육율육려(六律六呂)'가 십이음(十二音)이니, 이는 지지에 속한다. 조음의 위치로는 '순, 설, 아, 치, 후'임을 설명하고 있다.

---

116) 성음(聲音)에 있어서 입술이 열리고 닫히는 음양 동작을 말한다.

彭氏曰 鄭夾漆云, 四聲爲經, 七音爲緯, 江左之儒爲韻書, 知縱有四聲而不和, 衡有七音……(중략)……今考經世書 聲爲律, 音爲呂……(중략)……聲有十, 音有十二者, 如甲至癸十 子至亥十二也(『性理大全書』 권8)

팽장경이 가로되, 정협제가 이르길 사성(四聲)은 경(經)이 되고 칠음(七音)은 위(緯)가 된다. 강좌(江左) 선비들의 운서(韻書)에는 세로로 사성(四聲)이 있는 것은 알지만, 가로로 칠음(七音)이 있는 것은 모른다. (중략) 지금 『황극경세서』를 살펴보면 성(聲)은 율(律)이 되고 음(音)은 려(呂)가 되며, (중략) 성(聲)은 10이고 음(音)은 12이다. 이는 갑(甲)에서 계(癸)까지가 10이고, 자(子)에서 해(亥)까지가 12인 것과 같다.

위의 내용을 정리하면, 팽장경이 정협제의 말을 인용해서 사성(四聲)은 경(經)이 되고, 칠음(七音)은 위(緯)가 된다고 했다. 또 선비들의 운서(韻書)에는 세로로 사성(四聲)이 있는 것을 알지만 가로로 칠음(七音)이 있는 것을 모른다고 하였다.

『황극경세서』에서도 성(聲)은 율(律)이라 하고, 음(音)은 여(呂)가 되며 성(聲)은 십(十)이니 천간은 갑(甲)부터 계(癸)까지를 의미한다고 한다. 그리고 음(音)은 십이지니, 지지인 자(子)부터 해(亥)까지로 정리되어 있다.

『성리대전』과 『황극경세서』의 간지와 율려의 내용을 정리하면 아래 표와 같다.

[표 14] 성음과 간지와의 관계표

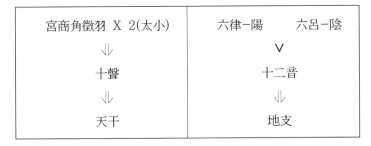

宮商角徵羽 X 2(太小)	六律-陽　　六呂-陰
⇓	V
十聲	十二音
⇓	⇓
天干	地支

　음운의 체계는 사성 칠음의 체계이고, 조음의 위치는 '아, 설, 순, 치, 후'이다. 이러한 조음위치 체계는 『훈민정음』의 제자해에서 확인할 수 있다.

　『훈민정음』의 제자해에서 사람의 '성음'에 음양의 '理'가 있다고[117] 하였으며, 성음은 본래 오행에 근본한 것이라고 하였다.[118] 이성구(1985:49)에서는 제자해에서 인간의 성음(聲音)을 생리적·물리적인 소리로만 보지 않고, 성리학적 우주론과 관련을 시키고 있다. 그는 제자해에서 새 문자를 만드는데, 가장 중요한 이론과 방법론으로 '聲音', '聲', '音'에 대한 올바른 이해가 선행되어야 하며, 그 의미를 파악하는 데 역리이론이 중요하다고 하였다. 이러한 관점에서 보면 제자해의 자형형성원리에 성리학적 우주론이 적용이 되어 있음을 확인할 수 있다.

2.2.5. 괘, 상수와 관련된 제자원리

　훈민정음 제자에 복희의 선천팔괘와 소강절의 상수학을 핵심적으로 활용하였다. 소강절의 역은 복희괘도에 그 근본을 두고 있다. 엄밀히 말하면 소

---

117) '人之聲音, 皆有陰陽之理'(制字解)
118) '夫人之有聲本於五行'(制字解)

강절의 역은 복희역과 작용은 같지 않지만 복희의 '卦'의 그림에서 기원한다.[119)

복희는 용마 그림 즉 하도의 원리로 팔괘를 그렸다. 그 팔괘를 거듭하여 64괘를 만들었다. 『성리대전』에 이에 대한 내용이 나온다.

西山蔡氏曰 龍馬負圖 伏羲因之以畫八卦, 重之爲六十四卦 初未有文字 但陽奇陰偶卦畫次序而已 今世所傳伏羲八卦圖 以圓函方者是也 (『性理大全書』 권7)

채원정이 말하기를, 용마(龍馬)가 그림을 지고 나와 복희(伏羲)가 이를 보고 팔괘(八卦)를 그렸으니 거듭하여 64괘가 되었다. 처음에 문자가 없어 다만 양(陽)을 홀수로 삼고 음(陰)을 짝수로 삼아 순서대로 괘(卦)를 그렸을 뿐이다. 지금 세상에 전하는 복희팔괘도는 원(圓)으로 방(方)을 포함하고 있는 것이 이것이다.

위 글을 정리하면 다음과 같다. 용마 그림 즉 하도를 지고 나와 복희가 팔괘를 그으며 거듭하여 64괘가 된다. 처음에는 문자가 없었으므로 양은 홀수, 음은 짝수로 삼아 괘를 그렸다. 지금 전하고 있는 복희팔괘도는 원방을 포함하고 있는 것이다.

소강절은 '상고시대'에 3가지 역이 있었다고 했다. 하지만 모두가 '복희팔괘도'에 그 근원을 두고 있으며, 그 이름과 '수괘(首卦)'만이 다를 뿐이라고 술회한다.

『성리대전』에 소강절이 세 가지 역에 대하여 언급한 내용이 나온다.

---

119) 西山蔡氏曰, 皇極經世之書, 康節先生以爲 先天之學 其道一本於伏羲卦圖
····(中略)·····康節之學雖作用不同, 而其實則伏羲所劃之卦也(『性理大全書』권7)

康節曰, 上古聖人皆有易, 但作用不同, 今之易, 文王之易也, 故謂
之周易, 若然則所謂三易者, 皆本於伏羲之圖, 而取象繫辭以定吉凶
者, 名不同耳, 連山首艮, 歸藏首坤 周易首乾, 連山歸藏雖不傳, 意其
作用必與周易大異(『성리대전서』 권7)

소강절이 말하기를 상고시대의 성인에겐 모두 역이 있었다. 그러나 작용
이 같지 않았다. 지금의 역은 문왕이 만든 역으로, 『주역』이라고 한다. 그
렇지만 세 가지 역은 모두 복희팔괘도에 근본을 두고 있다고 말할 수 있다.
그리고 상을 취하고 계사로 길흉을 정하였으니 이름은 같지 않다. 연산역
(連山易)은 간괘(艮卦)를 첫머리로 하고 귀장역(歸藏易)은 곤괘(坤卦)를
첫머리로 하였으며 주역(周易)은 건괘(乾卦)를 첫머리로 하였다. 연산역
과 귀장역은 비록 그 뜻이 전하지 않지만, 그 작용은 주역과 다르다.

위의 내용을 요약하면, 주역에는 세 가지 역이 있었고, 그 작용은 다르다
고 했다. 현재 남아 있는 주역은 건괘(乾卦)를 첫머리로 하고 있다. 이를 바
탕으로 팔괘 정위도(正位圖)를 그려보면 아래와 같다.

[그림 9] 乾을 수괘(首卦)로 한 팔괘 정위도(正位圖)

[그림 9]는 건괘(乾卦)를 수괘(首卦)로 한 '팔괘정위'이다. 이 '팔괘 정위도'의 생성에 대해 채원정은 아래와 같이 언급하고 있다.

西山蔡氏曰, 大傳曰, 易有太極是生兩儀, 兩儀生四象, 四象生八卦, 八卦定吉凶, 吉凶生大業, 其法自一而二, 自二而四, 自四而八, 實則太極判而陰陽, 陰陽之重又有陰陽 出於自然(『性理大全書』권7)

채원정이 가로되, 역대전(易大傳)에 이르길 역(易)에 태극(太極)이 있어 이것이 양의(兩儀)를 낳는바, 이 양의(兩儀)가 사상(四象)을 낳고, 사상(四象)이 팔괘(八卦)를 낳는데, 팔괘(八卦)에서 길흉(吉凶)을 정하게 된다. 이 길흉(吉凶)이 대업(大業)을 생기게 하는바 그 법은 1에서 2로, 2에서 4로, 4에서 8로 나아가는 것이다. 실은 태극(太極)이 갈라져 음양(陰陽)이 되고, 음양(陰陽) 속에 또 음양(陰陽)이 있어 자연히 나오게 되는 것이다.

위의 내용을 정리하면 다음과 같다. 채원정이 말하기를 『역대전』에 이르길 역에 태극이 있어 이것이 양의를 낳는다. 이 양의가 사상을 낳고, 사상이 팔괘를 낳는데 이 팔괘에서 길흉을 정하게 된다. 이 길흉이 대업을 생기게 하는데, 그 법은 1에서 2로, 2에서 4로, 4에서 8로 나아가는 것이다. 태극이 갈라져 음양이 되고, 이 음양 속에 또 음양이 있어 자연히 나오게 되는 것이다.

채원정은 『역대전』을 인용해서 '복희팔괘'의 음양과 동정에 대한 원리를 아래와 같이 설명하였다.

西山蔡氏曰, 大傳曰, 天地定位, 山澤通氣, 雷風相薄, 水火不相射,

八卦相錯, 水往者順, 知來者逆, 是故易逆數也, 其法自子中至午中爲
陽, 初四爻皆陽, 中前二爻皆陰, 候二爻皆陽, 上一爻爲陰, 二爻爲陽,
三爻爲陰, 四爻爲陽, 自午中至子中爲陰, 初四爻皆陰, 中, 前二爻爲
陽, 後二爻爲陰, 上一爻爲陽, 二爻爲陰, 三爻爲陽, 四爻爲陰, 在陽
中上二爻, 則先陰而後陽, 陽生於陰也, 在陰中上二爻, 則先陽而後
陰, 陰生於陽也, 其敍始震終坤者, 以陰陽消息爲數也(『性理大全書』
권7)

채원정이 가로되, 역대전(易大全)에 이르기를 하늘과 땅이 위치를 확정하
고 산과 못이 기(氣)가 통하며, 우레와 바람이 서로 마주 때리고 물과 불이
서로 쏘지 못하며, 팔괘가 착종(錯綜)하는 바 수(水)가 가는 것은 순(順)이
고 오는 것을 미리 아는 것은 역(逆)이다. 그러므로 역(易)은 역수(逆數)이
다. 그 법칙은 자중(子中)에서 오중(午中)까지 양(陽)이 되는데 맨 처음의
4효는 모두 양이고 가운데 앞의 2효는 양이며, 3효는 음(陰)이고 4효는 양
이다. 오중(午中)에서 자중(子中)까지는 음(陰)이 되는데 맨 처음의 4효는
모두 음이고 가운데 앞의 2효는 양이고 뒤의 2효는 음이다. 상(上)의 1효는
양이고 2효는 음이며, 3효는 양이고 4효는 음이다. 양(陽)에서 맨 위의 2효
는 먼저 음이 된 뒤에 양이 되므로 양이 음에서 생겨난다. 음에서 맨 위의
2효는 먼저 양이 된 뒤에 음이 되므로 음이 양에서 생겨난다. 그 순서는 진
괘(震卦)에서 시작하여 곤괘(坤卦)에서 끝나는데, 음양(陰陽)의 소식(消息)
을 수(數)로 하기 때문이다.

위의 내용을 정리하면 다음과 같다. '천지정위(天地定位)'는 건곤(乾坤)
이 마주하여 천지가 자리 잡힘을 뜻한다. 이 자리에 해당하는 역은 태괘(泰

卦)와 비괘(否卦)가 된다. '산택통기(山澤通氣)'는 간산(艮山)과 태택(兌澤)이 마주하여 기가 통함을 뜻하고 함괘(咸卦)와 손괘(損卦)가 여기에 속한다. 그리고 '뇌풍상박(雷風相薄)'은 진(雷)과 손(巽)이 마주하여 서로의 기가 부딪침을 뜻하며 항괘(恒卦)와 익괘(益卦)가 된다. '수화불상사(水火不相射)'는 감(坎)과 이(離)가 마주하여 기제괘(旣濟卦)와 미제괘(未濟卦)가 형성되는 것을 말한다. '수왕자순(數往者順)'이란 양(陽)인 건(乾)에서 시작하여 1, 2, 3, 4 즉, '乾, 兌, 離, 震'으로 가는 것을 순이라 했다. '지래자역(知來者逆)'이란 음(陰)이 곤(坤)에서 시작해서 '坤, 艮, 坎, 巽'으로 가지 않고, 건(乾)에서 우선하여 '巽, 坎, 艮, 坤'으로 가니 역(逆)이라 했다.

또한 자(子)에서 오(午)는 양(陽) 즉 '乾, 兌, 離, 震'을 말함이고, 오(午)에서 자(子)는 음 즉 '巽, 坎, 艮, 坤'을 말하는 것이다. 이는 음양이 자라나고 줄어드는 수로써 진(震)에서 시작하여 곤(坤)에서 마무리 되는 것을 말한다. 이것은 복희팔괘를 음양의 동정하는 모습으로 파악한 것이다. 다시 말하면 자(子) 중에서 양이 음에서 나와 동하면 순(順)이 되고, 오(午)중에서 음이 양에서 나오면 역(逆)이 된다는 것이다. 이는 '음양소식'으로 오(午)에서 역(逆)이 일어난다는 것으로 우주변화의 원리를 설명하고 있는 것이다. 이러한 상황을 그림으로 표현하면 아래와 같다.

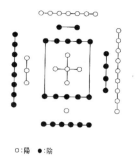

○:陽　●:陰

[그림 10] 하도

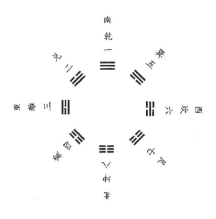

[그림 11] 복희팔괘도

　　[그림 11]의 '복희팔괘도'에서 보듯이 하늘(☰)은 위에 있고, 땅(☷)은 아래에 있다. 이는 '天地 則 乾坤'의 형상을 보여주고 있다. 그런데 이러한 위치는 고정된 것이 아니다. 순환하여 천지의 생성의 모습을 보여준다. 이처럼 순환의 의미에서 64괘 방원도를 보면 아래 그림과 같다.[120]

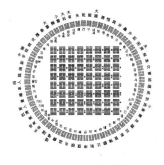

[그림 12] 64괘 방원도

---

[120] 곽신환(2015:45)에서 채원정의 『찬도지요』와 주희의 『역학개몽』에 '64괘 방원도'가 있다고 하였다. 그리고 '64괘 방원도'는 원도와 방도 두 개의 그림이 합쳐진 것이라고 한다.

『주역본의』에 나오는 64괘 방원도는 복희팔괘도를 기본으로 하여 64괘로 확장된 모습을 보여준 것이다. 이에 대해 채원정은 아래와 같이 설명하였다.

西山蔡氏曰, 六十四卦圓布者, 乾盡午中, 坤盡子中, 離盡卯中, 坎
盡酉中, 陽生於子中, 極於午中, 陰生於午中, 極於子中, 其陽在南,
其陰在北 方布者, 乾始於西北, 坤盡於東南, 此二者, 陰陽對待之數,
圓於外者爲陽, 方於中者爲陰, 圓者動而爲天, 方者靜而爲地者也(『性
理大全書』권8)

채원정이 말하기를, 64괘 방원도에서 둥글게 배열되어 있는 것을 보면 건괘(乾卦)는 오중(午中)에서 다하고 곤괘(坤卦)는 자중(子中)에서 다하며, 이괘(離卦)는 묘중(卯中)에서 다하고 감괘(坎卦)는 유중(酉中)에서 다한다. 양(陽)은 자중(子中)에서 생겨나 오중(午中)에서 극(極)에 이르고 음(陰)은 오중(午中)에서 생겨나 자중(子中)에서 극(極)에 이른다. 양(陽)은 남쪽에 있고 음(陰)은 북쪽에 있다. 64괘 방원도에서 네모나게 배열되어 있는 것을 보면 건괘(乾卦)가 서북쪽에서 시작하고 곤괘(坤卦)가 동남쪽에서 마치며, 양(陽)은 북쪽에 있고 음(陰)은 남쪽에 있다. 이 둘은 음양(陰陽) 대대(對待)의 수(數)다. 원(圓)은 바깥에 있기에 양(陽)이고 방(方)은 안에 있기에 음(陰)이다. 원(圓)은 동(動)하기 때문에 하늘(天)이고 방(方)은 정(靜)하여 땅(地)이 되는 것이다.

위의 내용을 정리하면 다음과 같다. '64괘 방원도'를 살펴보면 외부원의 위쪽(子中)에 '乾'을, 아래쪽 (午中)에 '坤'을, 왼쪽(卯中)에 '離'를, 오른쪽(酉中)에 '坎'을, 왼쪽 위에 '兌'를 왼쪽 아래에 '震'을, 오른쪽 위에 '巽'을, 오른쪽 아래에 '艮'괘가 겹쳐져 있다. 이들은 '중괘(重卦)'의 모습으로 되어 있는 것을 볼 수 있다. 외부의 원은 양을, 내부의 방형은 음을 나타낸다. 동시에 방형의 오른쪽 아래 모서리에 '乾'과 왼쪽 위 모서리에 '坤'은 '乾'이 서북에서 시작하여 '坤'이 동남에서 '종(終)'함을 나타내는 우주변화의 순환원리를 상술한 것이다. 이러한 우주변화의 순환원리는 소강절 역학파의 '순환적 역사상'을 근간으로 하고 있으며, 이는 복희의 '선천역'과 '하도' 등이 그 기저를 형성하고 있다. 복희팔괘도는 수리와 관련이 있는데, 그 시원(始原)이 되는 용마하도의 수(數) 배치를 보면 아래와 같다.[121]

[표 15] 하도(河圖)의 수(數)

區分	水	火	木	金	土
生數	1	2	3	4	5
成數	6	7	8	9	10

이처럼 하도(河圖)의 수리(數理)는 음양과 오행을 통한 생수(生數)와 성수(成數)로 구분이 된다. 이 원리는 『훈민정음』 제자해의 중성자 생성원리에 적용되어 있다.

    ㅗ 初生於天 天一生水之位也

    ㅏ 次之 天三生木之位也

    ㅜ 初生於地 地二生火之位也

    ㅓ 次之 地四生金之位也중략……

    ㆍ 天五生 土之位也

    ㅡ 地十成 土之數也

---

121) 오행에 생수와 성수를 배당한 것은 하도의 수(數)를 활용한 것이다.

중성자는 'ㅣ'를 제외하고 각각 수와 자리가 제시되어 있다. 제자해에서 제시한 중성자의 수와 자리는 하도의 수리와 동일하다. 예를 들어, 'ㅗ'의 경우 수로는 생수(生數)로 천 1이고, 오행으로는 수기(水氣)에 해당한다. 'ㅡ'는 수로는 성수(成數) 지 10이고, 오행으로는 토기(土氣)에 해당한다.

이러한 사실은 『훈민정음』 제자해의 수리 원리는 복희역과 연관성이 있음을 의미한다. 그리고 앞장에서 전술한 소강절의 '일원소장지수도(一元消長之數圖)'를 통해 괘의 소장(消長)을 보여주는데, 이 부분을 원도 상에 표기하면 아래와 같다.

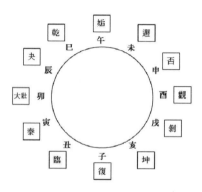

[그림 13] 소장괘(消長卦)와 12 지지 방위도(方位圖)

소강절의 '일원소장지수도'는 원회운세의 사변(四變)에 따른 우주 생성 변화 소멸의 순환적 운동에 대한 가장 기초적인 근거가 된다. 12벽괘는 사람이 태어나고 죽는 것을 변증한 말이다. 12벽괘는 즉 12개월을 각각 괘에 붙인 명칭이다. 정월은 태괘(泰卦), 2월은 대장괘(大將卦), 3월은 쾌괘(夬卦), 4월은 건괘(乾卦) 5월은 구괘(姤卦), 6월은 돈괘(遯卦), 7월을 비괘(否卦), 8월은 관괘(觀卦), 9월은 박괘(剝卦), 10월은 곤괘(坤卦), 11월은 복괘(復

卦), 12월은 임괘(臨卦)에 해당한다. 이처럼 벽괘(闢卦)는 복희의 64괘 방원도(六十四卦 方圓圖)에서 각각의 위치를 확인할 수 있고 12지지 '방위도'에 따른 배치가 정확히 일치함을 확인할 수 있다.

이러한 관점에서 복희의 선천팔괘와 소강절의 상수학과 『훈민정음』 제자해에 담긴 제자원리 등 이 삼자는 불가분리의 관계에 있음을 알 수 있다. 또한 훈민정음 제자에 복희의 선천팔괘와 소강절의 상수학을 핵심적으로 활용하였음을 알 수 있다.

『훈민정음』의 제자해에 담긴 제자원리는 인위적인 노력이 아닌 만상과 만물의 기저가 되는 '순환론적 역사상'을 바탕으로 해서 공ㆍ통시적 제역리사상이 복합이 되어 있다. 그러므로 훈민정음은 고도의 역철학에 기반을 둔 문자체계로 볼 수 있다. 또한 역리적 원리를 응용하여 '초성ㆍ중성ㆍ종성'의 운용 원리를 삼고 자형을 형성한 것은 매우 독창적이다. 앞으로 이어질 역리와 음운론적 연관성은 역철학의 관점에서 고찰할 것이다.

이러한 기본 명제를 도식화 하여 『훈민정음』 제자해의 주도적 역사상 및 자형형성의 과정을 정립하면 아래와 같다.

[표 16] 『훈민정음』 제자해와 역리 관계표

訓民正音 解例 易理	
⇧	
邵康節 易	
⇧	

伏羲易	黃帝
ㆍ 8卦 方位圖	ㆍ 五行
ㆍ 64卦 方圓圖	ㆍ 十干, 十二支

제 3 부

훈민정음의 초성자 제자원리에 적용된 역리

초성자 기본음은 중국의 성운학에 따라 '아, 설, 순, 치, 후' 오음체계를 따랐으며, 방원도에 의해 기본자를 만들고 이에 소리의 세기에 따라 가획을 하여 초성 17자를 만들었다.

초성자의 자형(字形) 형성원리에는 소리가 만들어지는 원리와 함께 태극론과 오행론 및 천지인 삼재론 등 역사상이 융합과 복합으로 작용하였다. 반설음과 반치음을 제외한 아음, 설음, 순음, 치음, 후음의 오음분류는 오행사상과 관련이 있고, 오음에 각각 세 개씩 들어 있는 것은 삼재사상과 관련이 있다. 초성자의 제자 원리는 이러한 역사상의 바탕 위에서 바라보아야 한다.

초성 기본자 '牙音 ㄱ象·舌根閉喉形'에 대한 일반적인 해석은 '牙音 ㄱ은 舌根이 喉를 閉한 形을 본뜬 것'으로 한다. 이러한 해석은 상형을 그저 조음기관을 본뜬 것으로 보는, 즉 상(象)을 형이하학적인 면에서 고찰한 것이다. 이와 다르게 'ㄱ'을 구상화 과정을 통해 만든 상으로 해석할 수 있다. 'ㄱ'은 舌根을 閉한 모양을 그대로 본뜬 것이 아니라 'ㄱ'이라는 상이 발음기관 중에서 설근을 폐한 형(形)으로 나타난 것이다. 이는 상(象)을 형이상학적인 관점에서 본 것이다.

이 장에서는 상을 형이상학적인 관점에서 보고 초성자의 오음체계와 오행의 상관성을 살펴본 후 초성자 제자해를 바탕으로 초성자에 적용된 역리를 고찰하여 자형 형성의 원리를 밝히고자 한다.

3.1. 초성자의 오음체계와 음성학적 분류

3.1.1. 초성자의 오음체계

『훈민정음』제자해에서 초성자 창제의 이론적 기반은 역학이론과 중국에서 유입된 성운학과 한자 분석으로부터 나온 문자학 등으로 제자가 시작되었다고 했다(백두현 2013:83). 『훈민정음』제자해에서 초성자의 오음 분류는 '후음—아음—설음—순음—치음'의 순으로 기술하고 있다. 이는 오행의 '수—목—화—토—금'과 대응하며 역리의 상생 원리가 적용이 되었다.

오행의 순서는 분류 기준에 따라 세 가지 유형이 있다. 첫째, 기(氣)의 운행에 있어서 상생하는 순서, 둘째, 질(質)에 있어서 생하는 순서이고 마지막으로 처음 생하는 시행지서(始行之序)가 그것이다. 이러한 기준은 오행이라는 큰 틀에서 보면 오행의 작용으로 볼 수 있다.

우선 기(氣)의 운행에 있어서 오행의 순서는 '목—화—토—금—수'의 상생의 순서이다. 둘째 질(質)에 있어서 오행의 순서는 '수—화—목—금—토'의 순이다.[122] 그리고 시행지서(始行之序)의 원리에 따라서는 '수—목—화—금—토'의 배열이다.

---

[122] 장현광(1554—1637)이 저술한 『역학도설』에 '기생지서(氣生之序)'로서는 오행의 순서가 '목—화—토—금—수'이고, '질생지서(質生之序)'로서는 오행의 순서가 '수—화—목—금—토'라고 하였다.

『태극도설』에서 오행의 순서는 '수—목—화—금—토'이다. 오행의 흐름에 있어서 '水'는 만물의 근원이며, 동시에 처음을 의미하기도 한다. 오행 가운데 '水'와 '火'가 가장 크다고 했다.[123] 이는 『훈민정음』의 제자해의 초성자의 배정 순서와 일치한다.

하지만 『훈민정음』 제자해의 초성자 배정 순서와 중국의 『절운지장도』 '변오음차제례'의 초성자 배정과 비교해 보면 차이가 보인다. 우선, 『절운지장도』 '변오음차제례'에서는 오음의 배정이 '아·설·순·치·후(牙舌脣齒喉: 목·화·토·금·수)'이나 제자해에서는 '후·아·설·치·순(喉牙舌齒脣: 수·목·화·금·토)'으로 되어 있다. 즉 『훈민정음』 제자해의 초성자는 오행 '수·목·화·금·토'에 '후음, 아음, 설음, 치음, 순음' 순으로 배정이 되어 있다. 제자해의 초성자 17자는 위에서 논한 '오음, 오행, 오시, 오성, 오방'에 맞추어서 배정이 되어 있다. 그러나 『절운지장도』 '변오음차제례'에서는 초성자에 '오음, 오시, 오성, 오행' 등 네 개의 항목을 배정하였다. 『절운지장도』 '변오음차제례'에 비해 『훈민정음』 제자해에서는 '오음, 오행, 오시, 오성, 오방' 등으로 다섯 개의 항목으로 배정하여 안정감을 주고 있다. 여기서 안정감의 의미는 그 당시 유행한 사상이 오행사상이라는 관점에서 안정감을 의미한다.

초성자 '아—설—순—치—후'의 배열은 십간(十干)[124]과 관련된다. 그리고 제자해의 오행의 순서를 '후음—아음—설음—치음—순음'으로 한 것은 발음기관의 심천(深淺)에 따른 배열이다.[125] 발음기관의 심천에 따라 후음에서 순

---

123) 五行之中, 水火爲大(制字解)

124) 십간(天干): 甲, 乙, 丙, 丁, 戊, 己, 庚, 辛, 壬, 癸.

125) 김양진(2015:57–102)에서는 십간을 이용해서 『훈민정음』해례 초성해에서의 '아, 설, 순, 치, 후'와 오행의 '목—화—토—금—수'의 배열을 '甲(木—陽)—乙(木—陰), 丙(火—陽)—丁(火—陰), 戊(土—陽)—己(土—陰), 庚(金—陽)—辛(金—陰), 壬(水—陽)—癸(水—陰)'로 확장 추상

음의 순서로 배열한 것은 소강절의 순환론적 태극관과 관련이 있다.

그런데 『훈민정음』 제자해에서 '토기(土氣)'와 '수기(水氣)'에 해당하는 오성(五聲)과 오음의 배합에 대해서 학자들은 의견에 차이를 보이고 있다.126) 훈민정음 제자해에서 오행 배정에 논란이 되는 초성자의 오성 및 오음을 정리하면 아래 표와 같다.

[표 17] 『훈민정음』 제자해의 오성-오음 관계표

오행	土	水
기본자	ㅁ	ㅇ
오성	脣	喉
오음	宮	羽

『훈민정음』 제자해에서 '토기'와 '수기'에 해당하는 오음과 오성의 관계는 [궁―순]과 [우―후]로 되어 있다.127) 하지만 최세진의 『사성통해』와 신경준의 『훈민정음 운해』에서는 순음을 '수기'로, 후음을 '토기'로 본다. 이 때문에 순음과 후음의 오행, 오음, 오성 배정에 대한 문제가 제기되었다.

성원경(1970:28-38)에서는 『절운지장도』 중, '변오음례'에서 오음과 오성의 관계를 [궁―후]와 [우―순]으로, 『절운지장도』 중, '변자모차제례'에서는 [궁―순]과 [우―후]로 설명하는128) 역사적 근거를 제시하여 [궁―후]와 [우―순]의 관계를 설명하고 있다. 김주원(2015:51)은 『훈민정음』(상주본)에서 오행과 오음 및 오성의 초성자 분류는 [순―궁]과 [후―우]로 제시되었는

화된 오행으로 보고 있다.

126) 성원경(1970), 이돈주(1992), 김주원(2015)에서도 논하였다.

127) 唯喉爲水冬與羽 脣於位數本無定 土而季夏爲宮音(制字解)

128) 성원경(1970:28-29)은 '사성등자', '몽계필담', '고금운회거요' 등은 [궁―순], [우―후] 배합이며, '절운지장도', '변오음례' 등은 [궁―후], [우―순] 배합이라고 하였다.

데, 그 여백에 기록된 묵서자[129]의 글을 근거로 들어서 [순-우]와 [후-궁]의 배합을 설명하고 있다[130]. 이를 토대로 오성과 오음에 대한 표를 만들면 아래와 같다.

[표 18] 『훈민정음 해례본』(상주본) 묵서자의 오음·오성 체계

오행	木	火	土	金	水
기본자	ㄱ	ㄴ	ㅇ	ㅅ	ㅁ
오성	牙	舌	喉	齒	脣
오음	角	徵	宮	商	羽

『훈민정음』 해례본의 오성과 오음의 배합이 다른 책과는 달리 되어 있다는 사실이 몇 차례 지적된 바 있다[131]. 『훈민정음』 해례본에는 순음과 후음의 배정이 [순음]–[궁성], [후음]–[우성]으로 되어 있다. 최석정의 『경세정운』에서도 [순음]–[궁성], [후음]–[우성]으로 설명하고 있다. 하지만 『경세정운』과 더불어 조선시대 대표적인 운도인 최세진(1468–1542)의 『사성통해』와 신경준(1712–1781)의 『훈민정음운해』에서는 [후음]–[궁성], [순음]–[우성]으로 설명하고 있다. 이들은 『훈민정음』 제자해와 관련하여 초성자 오음, 오성, 오행 등의 배정에 있어서 다른 견해를 보인다.

---

129) 『훈민정음』 해례본(상주본)에서 이 책의 소장자가 책의 내용을 보고 나서 자신의 견해를 다섯 쪽에 걸쳐서 정리해 놓았다.

130) 『훈민정음』 해례본(상주본)의 하단 제3행에 元和韻譜及神珙(원화운보급신공) 喉音爲宮土(후음위궁토), 하단 제7행에 韻譜及沈約神珙(운보급심약신공) 皆以脣爲羽音(개이순위우음)의 묵서가 있다. 이를 근거로 [후-궁]과 [순-우]의 배합을 제시하였다.

131) 최현배(1941:332–394)에는 다음과 같이 더 구체적으로 기술되어 있다. "여기에 宮, 土에 脣音을 配하고, 羽, 水에 喉音을 配함은 『洪武正韻』의 그것과 상반되는 것이요, 『韻會』의 그것과 일치한 것이니, 보기에 서투르다. 그러나 나는 아직 어느 것이 옳은지 똑똑히 알지 못하겠다.

이처럼『훈민정음』해례본과 신경준의『훈민정음운해』가 오음, 오성, 오행의 해석이 다른 것을 최현배(1982:300)는 신경준이『훈민정음운해』를 집필할 때『훈민정음』제자해를 참고하지 못한 상태였다고 설명하였다. 그로 인해 훈민정음 제자원리의 철학적 배경에 대해서는 체계적으로 설명하지 못하였다. 이후 제자해의 설명을 신경준의『훈민정음운해』를 인용한 경우는『훈민정음』해례의 설명과 차이를 보이게 되었다.

오음, 오성, 오행의 배정 차이는 중국 운서에서도 나타난다.[132] 초성자 [순음]과 [후음]의 분류에 관한 문헌들을 정리해 보면 아래와 같다.[133]

[표 19] 오음-오성의 분류 문헌표

오음-오성	중국	조선
순음-궁성(土) 후음-우성(水)	『절운지장도』중 오음오성 변자모 차제례 『사성등자』 『몽계필담』 『고금운회거요』	『훈민정음』해례본 『경세정운』
순음-우성(水) 후음-궁성(土)	『절운지장도』 중 변오음례 『광운지남』 『홍무정운』 『칠음략』 『홍무정운』 『오해정기』	『동국정운』 『훈민정음운해』 『홍문정운역훈』 『사성통해』 『화동정음통석운고』

---

132) 김만태(2012)에 이에 대한 내용이 나온다.
133) [표 19]는 김주원(2015:163)에서 분류한 것을 참고하여 재정리하였다.

[표 19]를 보면, 우리나라는 물론 중국에서도 오음과 오성에 대한 관점의 차이를 보이고 있음을 알 수 있다. 오음과 오성에서 순음과 후음의 이러한 위치 배속이 다르게 된 것에 대한 심도 깊은 연구는 앞으로 연구 과제로 남긴다.

이 책에서는 『훈민정음』 제자해의 초성자 제자원리에서 밝힌 '오음'과 '오성'의 원리를 따른다. 이러한 제자해의 원리를 기본으로 따랐을 때, 초성 'ㅁ'자의 제자 원리를 논리적으로 설명할 수 있다.

'ㅁ'자의 제자원리는 방원도 중, '방도'에 의해서 제자(制字)가 되었다.[134] 오행에서 '목·화·토·금·수' 가운데 '토(土)'의 기운은 중앙에 위치한다. 제자해에서 '토기'에 해당하는 '오성'은 [순음]이고, '오음'은 [궁성]이다. 그러므로 초성 기본자 'ㅁ'은 '오행' 중에서 가운데 위치하는 것은 자연스럽다.

제자해에서 '오음'과 '오성'의 연관 관계는 '오행'의 범위를 벗어나지 못한다. 그래서 자연히 [오성]이나 [오음]의 관계는 '오행'의 범위 안에서 고찰해야 한다. 오행 '목·화·토·금·수' 중에서 '토'는 가운데 배정이 되어 있다. '오행' 가운데 '토기'에 배정이 되는 '오음'은 [궁성]이다. [궁성]에 해당하는 '토기'에는 땅을 의미하는 'ㅁ'자가 배정되는 것은 극히 당연한 이치다.

'오행'에서 [오성]은 '아음─설음─순음─치음─후음'이다. 이 가운데 '토기'에 해당하는 것은 '순음'이고 '수기'에 해당하는 것은 '후음'이다. [오성]의 관점에서 초성 'ㅁ'자는 '토기'인 '후음'에 배정이 되고, '수기'인 'ㅇ'은 '후음'에 배정이 되는 것 또한 당연한 이치다.

이러한 관점에서 『훈민정음』 제자해의 '오성'과 '오음'의 관계에서 [궁성─순음]의 원리는 바르게 제자가 되었다고 본다. 그러면 자연적으로 '오음'의

---

134) 방원도 가운데 '원도'에 의해서 'ㅇ'자가 제자가 되고, '방도'에 의해 'ㅁ'자 제자가 되었다고 본다. 이에 대한 설명은 뒤에서 다룬다.

[우성]은 '오성'의 [후음]이 된다.

이를 정리하면 아래 표와 같다.

[표 20] 훈민정음 오음과 오성 체계

오행	木	火	土	金	水
기본자	ㄱ	ㄴ	ㅁ	ㅅ	ㅇ
오성	牙	舌	脣	齒	喉
오음	角	徵	宮	商	羽

3.1.2. 청탁에 따른 분류

성운학의 자모는 '청탁'에 따라 분류가 되며, 이것은 전청, 차청, 전탁, 불청불탁에 따른다. 임용기(2010:75-105)[135]에서는 이러한 청탁 자질은 중국 성운학의 영향에 의한 기술이며, 조음 방법에 관한 자질이라는 점을 보여주고 있다. 전청, 차청, 불청불탁은 중국 성운학에서 보는 바와 같이 무성 평음, 무성 무기음, 유성음으로, 전탁음은 경음으로 나타난다고 보았다. 이는 중국 성운학의 전탁음을 국어의 경음과 유사하게 인식한 것이다.

제자해에는 초성·종성 체계의 분류 자질로 청탁, 려, 성심, 성천, 응, 완급이 제시되어 있다.[136] '려(厲)'자질의 경우는 초성 체계의 기술, 특히, 제

---

135) 임용기(2010:75-105)는 『훈민정음』 해례본의 초성 자질을 중국 성운학에 뿌리를 두고 '오음', '청탁', '경중'을 '세기(厲)'의 정도의 차이와 '엉김(凝)'의 있고 없음 등으로 재해석하였다. 그리고 나머지 자질들 예를 들면, 상형, 가획, 병서, 연서 등이 제자 과정에 반영되었다고 한다.

136) 김무식(1993:245)에 따르면 초성 체계의 원리를 첫째 중국 성운학의 5음 분류법, 둘째 조음생리학적 기술 방법, 셋째 청취음성학적 기술 방법, 넷째 중국 성운학의 음절 이론 등을 방법론으로 제시하여 밝히고 있다.

자의 근거를 설명할 수 있는 자질로 '세기'에 따라서 초성자의 분류 기준이 되기도 한다. 김무식(1993:245)에서는 '려(厲)'는 청취 음성학적 자질로 보고 있다. 성심, 성천 자질의 경우는 초성과 종성에 공히 사용된 청취음성학적 자질로, 초성 체계에서는 후음의 서열 기술에만 사용되고 있으며, '응' 자질과 상관관계를 맺고 있다. '응' 자질은 기능적으로 볼 때, 청탁, 성심과 성천과 관련된 의존적 형태의 자질이며, 구체적인 용도는 음(音)을 경음화시키는 현상을 나타낼 때 사용된다. '완급' 자질은 다른 자질과 달리 종성 체계의 기술에만 이용되는 것이므로 이 책에서는 논외로 한다.

성운학에서 '오음자질'과 함께 소리를 분류하는 기준으로 삼은 것이 '청탁자질'이다. 『훈민정음』 제자해에서는 '전청, 차청, 전탁, 불청불탁'의 소리를, '세기[厲]'의 정도에 따라 '최불여(最不厲)'한 소리, '불여(不厲)'한 소리, '여(厲)'한 소리로 나눈다. '불청불탁'은 가장 여(厲)하지 않기 때문에 가장 약한 소리이고, '전청'은 조금 센 소리이고, '차청'은 그보다 더 '여(厲)'하기 때문에 더 센 소리이다. 전청에는 'ㄱ, ㄷ, ㅂ, ㅅ, ㅈ, ㆆ', 차청에는 'ㅋ, ㅌ, ㅊ, ㅍ, ㅎ', 전탁에는 'ㄲ, ㄸ, ㅃ, ㅉ, ㅆ, ㆅ', 불청불탁에는 'ㆁ, ㄴ, ㅁ, ㅇ, ㄹ, ㅿ' 등이 배열되어 있다. 불청불탁음 'ㄴ,ㅁ, ㅇ'은 그 소리가 가장 약하여 순서로는 비록 뒤에 있지만 상형제자에서는 그것을 처음으로 삼는다고 하였다. 그리고 'ㅅ'과 'ㅈ'이 동일하게 전청이지만 'ㅈ'에 비해 'ㅅ'이 약하기 때문에 기본음으로 삼는다고 하였다.

(7) ㅋ比ㄱ. 聲出稍厲. 故加劃. ㄴ而ㄷ. ㄷ而ㅌ. ㅁ而ㅂ. ㅂ而ㅍ. ㅅ而ㅈ. ㅈ而ㅊ. ㅇ而ㆆ. ㆆ而ㅎ. 其因聲加劃之義皆同. 而唯ㆁ爲異. 半舌音ㄹ. 半齒音ㅿ.

(8) 又以聲音淸濁而言之. ㄱㄷㅂㅈㅅㆆ. 爲全淸. ㅋㅌㅍㅊㅎ. 爲次

淸. ㄱㄷㅃㅉㅆㆅ. 爲全濁. ㆁㄴㅁㅇㄹㅿ. 爲不淸不濁. ㄴㅁㅇ. 其
聲最不厲. 故次序雖在於後. 而**象形制字則爲之始.** ㅅㅈ雖皆爲全
淸. 而ㅅ比ㅈ. 聲不厲. 故亦爲制字之始.

위 제자해의 내용 중 '인성가획(因聲加劃)'의 '인성(因聲)'은 '려(厲)'의 정
도를 말한다. '려(厲)'의 자질을 가진 음에 가획을 한다는 것이다. 역리적 관
점에서 보면 전청인 'ㄱ, ㄷ, ㅅ, ㆆ'에서 획을 더하여 생성이 된 'ㅋ, ㅌ, ㅈ,
ㅎ'의 자형들은 오행의 기가 심화되거나 더해진 의미를 지니고 있다. 즉, 세
기(厲)의 측면에서 강한 느낌이다. 이들 가획에 의해 만들어진 초성자는 역
리적인 관점에서 오행과 오성 및 12지지와 관련해서 그 자리가 배정된다. 소
리의 세기가 가장 센 것은 방도인 'ㅁ'의 상(象)에서 오행상 각 방위에서 기운
이 가장 강한 자리인 중앙에 둔다. 이를 통해 성운학에서 청탁을 나누는 자
질인 '려(厲)'가 역리적인 관점에서도 동일하게 작용함을 알 수 있다.

이상으로『훈민정음』제자해의 초성자에 대한 음성학적 분석과 자질을 통
한 제자원리를 고찰해 보았다. 초성자 제자원리에는『훈민정음』제자해와
신경준의『훈민정음운해』등과 중국의 성운학에서의 '오행'을 통한 [오음]과
[오성]의 배정상의 차이를 보이고 있음을 확인하였다.

'오행'을 기준으로 '토기'는 가운데 있기 때문에 [오음] 중에서 '궁성'을 가
운데 두면 자연히 '우성'은 '수기'에 배정이 된다. 땅을 표상하는 초성 'ㅁ'자는
'오행' 가운데 중앙에 위치하기 때문에 '토기'에 해당된다. 자연스럽게 [오음]
은 '궁성'이 됨을 확인하였다. '오행'에서 [오성]은 '아음—설음—순음—치음—
후음'이다. 이 가운데 '토기(土氣)'에 해당하는 것은 '순음(脣音)'이고, '수기
(水氣)'에 해당하는 것은 '후음(喉音)'이다. 따라서 [오성]의 관점에서 초성
'ㅁ'자는 '토기(土氣)'인 '순음'에 배정이 되고, '수기(水氣)'인 'ㅇ'은 '후음'에

배정이 되어야 한다.

그리고 『훈민정음』 제자해의 제자원리에 '청탁' 등의 자질을 통해서 초성자 제자의 근거로 삼았음을 확인하였다.

[표 21] 청탁에 따른 초성자 분류

구분	아	설	순	치	후
불청불탁	ㆁ	ㄴ, ㄹ	ㅁ	ㅿ	ㅇ
전청	ㄱ	ㄷ	ㅂ	ㅅ, ㅈ	ㆆ
차청	ㅋ	ㅌ	ㅍ	ㅊ	ㅎ
전탁	ㄲ	ㄸ	ㅃ	ㅆ, ㅉ	ㆅ

3.2. 초성자 자형형성과 역리의 상관성

『훈민정음』 해례본에 '正音二十八字. 各象其形而制之'라고 하여 훈민정음의 제자원리가 '상형(象形)'임을 밝히고 있다. 뒤이어 초성 17자 가운데 기본자는 발음기관을 상형(象形)하였고 나머지 글자는 기본자에 가획(加劃)하였다고 하였다.

牙音ㄱ. 象舌根閉喉之形.
舌音ㄴ. 象舌附上月咢之形.
脣音ㅁ. 象口形.
齒音ㅅ. 象齒形.
喉音ㅇ. 象喉形.

ㅋ比ㄱ. 聲出稍厲. 故加劃. ㄴ而ㄷ. ㄷ而ㅌ. ㅁ而ㅂ. ㅂ而ㅍ. ㅅ而

ㅈ. ㅈ而ㅊ. ㅇ而ㆆ. ㆆ而ㅎ. 其因聲加劃之義皆同. 而唯ㆁ爲異. 半舌
音ㄹ. 半齒音ㅿ. 亦象舌齒之形而異其體無加劃之義焉.

　제자해에서 말한 '상형'을 어떻게 해석하느냐에 따라 자형(字形) 형성원
리를 달리 볼 수 있다. 기존의 대부분 연구에서 '상형'은 '모양을 본뜨다'로
해석한다. 하지만 형이상학적인 의미로 본다면 '상(象)'은 구상화된 것으로
'나타내다'의 의미로 볼 수 있다. 구상화된 '상'으로 본다면 초성 기본자는
발음기관의 모양을 그대로 본뜬 것이 아니라 발음기관의 형(形)으로 나타난
것이다.
　훈민정음의 제자원리에는 '상형' 외에 태극과 음양오행 및 삼재 등 역사상
이 복합적으로 작용하였다. 이 가운데 복희의 선천팔괘와 소강절의 상수학
등을 활용하였다. 복희팔괘는 대자연의 천문과 지리를 그림으로 표현한 일
종의 방위도라 할 수 있다. 복희팔괘에는 태극이 내포되어 있으며, 팔괘는
'乾·兌·離·震·巽·坎·艮·坤' 등으로 수리와 방위를 동시에 나타낼 수 있다. 아래
그림은 **복희팔괘 방위도**이다.

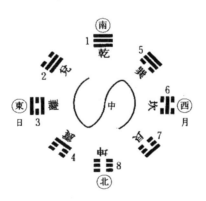

[그림 14] 복희팔괘 방위도

[그림 14]의 '복희팔괘(선천팔괘) 방위도'를 보면 상응하고 있는 소성괘(小成卦)[137]가 음양 배합괘로 되어 있음을 알 수 있다. 음양 배합괘라는 것은 서로 반대가 되는 모습을 의미한다. 음양 배합괘를 보면 남쪽에는 건위천(☰)으로 하늘이, 북쪽에는 곤위지(☷)로 땅이 배정되어 있다. 그리고 동쪽의 이화(離, ☲)로 불(火, 해)이, 서쪽의 감수(坎, ☵)로 물(水, 달)이 배정되어 있다. 네 방위에 사물과 의미를 부여하여 설명하고 있다.

복희팔괘(선천팔괘) 방위도의 정연한 모습을 보면, 하늘의 위치에 하늘이, 땅의 위치에 땅이 제 위치에 있음을 볼 수 있다. 이처럼 제 위치에 있어야 할 대상이 그 자리에 자리를 잡고 있는 현상을 '**천지정위(天地定位)**'라고 한다. 이 천지정위에 대하여 『설괘전』[138]에 다음과 같이 설명하고 있다.

　　天地定位 山澤通氣 震風相薄 水火不相射
　　八卦相錯 數往者順 知來者逆 是故易逆數也 (『說卦傳』 3장)

위의 내용을 정리하면, 하늘과 땅의 위치가 정하여져 산(山, ☶)과 못(澤, ☱)이 기운으로서 서로 통하며, 동시에 우레(震, ☳)와 바람(風, ☴)이 서로 부딪쳐 조화를 이루게 된다는 내용이다. 그리고 물(水, ☵)과 불(火, ☲)이 서로 쏘지 아니하며, 이 상호작용과 특성으로 팔괘가 서로 위치를 바꾸게 된다. 그래서 지나간 것을 헤아려 보는 자는 순서로써 걸어온 것을 말하고, 미래를 알려고 하는 자는 순을 거슬러 올라가 보면 알 수 있다. 이러한 이유로

---

137) 『계사전』에서는 "괘는 만물을 표상하는 것이며, 표상한다는 것은 본받는 것이다."고 하여 괘는 세계의 전 존재를 표현하고 본받는 상징체로 규정하고 있다. 사상이 음양으로 나누어지면 8괘가 되는데, 이 8괘가 소성괘로 건(☰), 태(☱), 이(☲), 진(☳), 손(☴), 감(☵), 간(☶), 곤(☷) 등이다.
138) 『주역(周易)』을 해석한 '십익(十翼)'의 내용 중 괘를 개괄적으로 설명한 이론이다.

역은 거슬러 셈하는 것이라고 설명하고 있다. 여기서 중요한 용어가 **'천지정위(天地正位)'**이다. 즉 '천(天)'과 '지(地)'가 제 위치에 자리함을 뜻한다. 이 **'天地定位'**의 변동은 뒤에서 논할 『훈민정음』 제자해의 '제자원리'와 '자형형성'의 원리를 설명하는 중요한 단서가 된다.

이 장에서는 복희의 선천 방원도를 통해서 역리가 초성자 자형형성에 어떻게 작용하였는지 구체적으로 살펴보고자 한다.

3.2.1. 선천 원도(先天圓圖)를 통한 자형형성

이 절에서는 훈민정음의 자형형성을 선천방원도로 설명하고자 한다. 『훈민정음』 제자해에는 '방원도'를 언급하지 않았다. 하지만 제자해에 '坤復之間爲太極'을 제일 앞에 제시한 점과 세종이 슬기로써 마련하고 힘써 찾은 것이 아니라고 한 점(初非智營而力索)을 근거로 훈민정음의 자형이 자연의 원리를 이용해서 만들어졌다는 점을 유추할 수 있다. 또한 훈민정음의 제자원리에 태극과 음양, 삼재 등 역리이론이 주요한 역할을 하는 것으로 볼 때 복희방원도에서 글꼴을 만들었다고 보는 것이 무리는 아니라고 본다. 자연의 원리인 복희방원도에 소강절의 순환론과 상수학 등의 제역리가 활용되어 훈민정음 초성과 중성의 체계를 만들었다고 본다.

훈민정음의 자형을 방(方)과 원(圓)으로 설명한 예는 오래 전에도 있었다. 조선시대 성리학자인 이사질(1705~1776)의 『훈음종편(訓音宗編)』[139]에서 훈민정음의 모든 글자의 기원을 '천원지방(天圓地方)'에 두고 원(圓)과 방

---

[139] 『훈음종편』은 훈민정음을 연구한 것으로, 이사질의 문집인 『흡재고(翕齋稿)』에 들어 있다. 서론에서는 훈민정음의 기원을 설명하였고, 본론에서는 훈민정음의 원리와 특징을, 부론에서는 성운학에 관한 일반적 원리를 약술하고 있다.

(方)에 의해서 이루어진 것이라고 보았다. 권정선(1848-?)의『음경(音經)』에서도 훈민정음의 자형원리(字形原理)를 원방반절상형설(圓方反切象形說)로 설명하였다. 훈민정음의 자형은 천지의 기본인 원과 방에서 생겨났다고 하였다.

선천팔괘도는 가운데 청색 대각선을 기준으로 왼쪽의 붉은색 화살표가 양의 의미를 지닌다. 이 왼쪽의 붉은색 화살표는 양으로서, '왼쪽'에서 '오른쪽'으로 기가 흐름을 알 수 있다. 같은 원리로 청색 대각선을 기준으로 오른쪽의 붉은 화살표는 음의 의미를 지닌다. 이 오른쪽 붉은색 화살표는 음으로서, '오른쪽'에서 '왼쪽'으로 기가 흐르는 것을 볼 수 있다. 아래 그림은 필자가 복희 방원도를 기본으로 기(氣)의 흐름을 볼 수 있게 작성한 것이다.

[그림 15] 선천팔괘도(先天八卦圖)

[그림 15]의 선천팔괘도에서 '☰, ☱, ☲, ☳' 등의 초효(初爻)는 모두 양효(陽爻)이다. 양효는 화살표가 왼쪽에서 오른쪽으로 우선(右旋, ○)을 하고 있다. 이에 비해서 '☴, ☵, ☶, ☷' 등의 초효(初爻)는 모두 음효(陰爻)이다. 음효는 화살표가 오른쪽에서 왼쪽으로 좌선(左旋, ○)을 하고 있음을

보여주고 있다. 선천팔괘는 이러한 변화와 확장을 통해서 '선천 64괘 원도'를 만들게 된다. 이 64괘 원도를 그림으로 보이면 다음과 같다. 이 그림은 복희 방원도에서 방도를 제하고 남은 원도만을 취한 것이다.

곽신환(2015:45-46)에서 원도와 방도는 떨어져 있다가 합쳐진 것이라고 했다. '선천원도'에 대한 설명을 '원도의 내괘는 팔괘의 방위에 따라 양(陽)에 속하는 '건(乾), 태(兌), 이(離), 진(震)'이 좌측에 있고, 음(陰)에 속하는 '손(巽), 감(坎), 간(艮), 곤(坤)'이 우측에 자리하게 된다.140)고 하였다. 이 64괘 원도를 그림으로 보이면 다음과 같다.

[그림16] 선천 64괘 원도

[그림 16]은 '선천원도'이다. 이 '선천원도'에서 원은 '시작'이라는 의미를 지닌다. 원 자체는 시작도 끝도 없을 수 있지만 역리적인 관점에서 보면 결국 태초라는 것, 시작이라는 것은 '원형이정(元亨利貞)'에서 그 해답을 얻을 수 있다. '원형이정'에서 시작이란 의미는 '元'을 의미한다. 이 '元'이란

---

140) 곽신환(2015:48)에서 이와 관련된 내용은 『송원학안』에 '사분사층도'라는 이름으로 수록되어 있다고 한다.

것은 둥근 것, 최초의 기운을 의미하기도 하고, 하늘(天)의 기운을 나타내기도 한다. 그리고 이것은 음양의 관점에서 보면, 양기 중의 양기를 의미하기도 한다.

[그림 16]의 원도 64괘 중, 태초 혹은 하늘을 의미하는 괘는 '건괘(☰ 乾卦)'이다. '건괘'는 '건위천'괘라고도 한다. 이 '乾爲天(重天乾)'괘를 보면, 초효부터 육효까지 모두 '양(陽)'의 괘로 이루어져 있다.

각 괘(卦)에서 중요한 역할을 하는 괘는 5효와 2효이다.[141] '건괘'에서도 5효와 2효가 중요한 의미를 지닌다. '건괘(☰ 乾卦)' 5효의 효사에는 '天'의 개념과 관련되어 있다. '天'의 의미는 선천팔괘와 64괘를 통해서「元一天一陽」의 관계로 이해할 수 있다. '건위천'의 괘에서 가장 중심이 되는 5효 즉, '九五'의 효사를 살펴보면 아래와 같다.

· 乾爲天(☰), 九五, 爻辭 : 飛龍在天 利見大人

위에서 보듯이 '건위천(☰)'괘는 내괘(內卦)와 외괘(外卦)가 모두 '양(☰)'의 괘(卦)로 이루어져 있다.[142] 건괘(☰ 乾卦)는 '양(☰)'으로만 이루어져 있기 때문에 태극의 원기(元氣)를 나타낸다. 건괘를 이루는 효 가운데 특히 5효는 양(陽) 중의 양(陽)으로 '건괘' 전체적으로 보아도 가장 중요한 효(爻)가 된다.

'건위천' 5효의 효사(爻辭)에 '飛龍在天'이라 하여 '天'이 등장한다. 건위

---

[141] 괘는 초효에서 6효까지 있다. 괘를 해석함에 있어서 중요한 것은 각 효의 상관관계인데 이것이 중(中), 정(正), 응(應), 비(比)이다. 중(中)은 하괘(下卦)와 상괘(上卦)의 중효(中爻)를 말한다. 2효와 5효가 이 자리를 얻음을 득중(得中)이라고 한다.

[142] 괘(卦)에서 6효(爻) 중, 아래에 위치한 3효를 내괘(內卦)라고 하고, 위에 위치한 3효를 외괘(外卦)라고 한다.

천(☰)괘의 효사에서 보이는 용(龍)의 의미는 크게 움직이는 기운이다. 크게 움직이는 '기'의 중심에는 하늘의 기운 즉, '天'이 있다. 이 말은 양(陽)의 기운이 '天'에 있다는 것을 말해 준다. '天'이 '건(乾)'의 '상(象)'이고, '건(乾)'은 하늘을 의미한다. 하늘의 의미는 '원(圓)'을 의미하게 되고, 하늘과 '원(圓)'의 형상에서 'O'이라는 '상(象)'을 도출하게 된다. 이는 곧 '원(圓)'이 '天'이라는 의미다. '天'은 'O'으로 '시작'이라는 의미를 지닌다.

제자해에서 소리(聲)와 오행과의 관계를 보면, 오행의 시작을 '수-목-화-금-토'의 순으로 설명을 하였다. 오행의 시작은 '水'부터이다. 발음기관에서 소리가 처음 발음 되는 곳은 목구멍(喉音)이다. 이와 같이 오행의 시작이 '水'에서 하듯이 소리의 시작도 목구멍에서 시작이 된다. 따라서 소리는 오행의 원리에 따라 '水'에서 시작이 된다. '水-木-火-土-金'은 물질의 생성단계이기도 하다. 이 생성 단계는 '하도(河圖)'의 원리를 통해 이해할 수 있다. '하도'의 구성을 보면 '水'가 먼저 나오고 '木'이 그 다음을 잇고 있다. 그래서 소리에 있어서도 시작은 '水'에 두어야 한다. 오행으로 '水'에 해당하는 발음기관은 목구멍(喉音)이다.

오행에서 만물의 시작은 앞서 살펴보았듯이 '水'에서부터 시작한다. 우주 만물의 순행을 '원형이정(元亨利貞)'으로 볼 때, 그 시작의 의미는 '元'에 있다. '원형이정'에서의 '원(元)'의 의미는 시작의 의미를 지닌 원(圓)으로 '天'과 의미가 통한다. 그래서 이 '원(元)' 모양을 형상(形象)으로 만들면 'O'의 상(象)이 된다. 그리고 앞에서 논했듯이 소리와 연결해 보면, 목소리의 시작은 '후음'이라고 했다. 이 후음은 오행으로 '水'에 해당된다.

이를 정리하면, 후음(喉音)은 'O'의 상(象)으로, 오행은 '水'에 해당된다. 이처럼 선천원도에 의해서 초성의 기본자인 'O'의 상(象)을 얻게 되었다.

3.2.2. 선천 방도(先天方圖)를 통한 자형형성

이 장에서는 선천방도의 원리를 통해 만들어진 자형을 소개하고 그 원리를 살피고자 한다. 앞서 살핀 바와 같이 복희의 '방원도' 중, 선천원도의 원리를 이용하여 '○'자가 나왔다. 그와 같은 방법으로 선천방도의 원리를 통해서 상(象)을 이해할 수 있다. 선천방도의 상(象)을 보면 소장괘(消長卦)의 원리를 이해할 수 있다.

64괘 방원도(方圓圖)에서 원도를 제외한 부분이 방도에 해당된다. 이를 필자는 '선천 64괘 방도'로 명명한다. 곽신환(2015:47-48)에서 '선천방도'에 대해 64괘가 정방형을 이루는 것이라고 한다. 이를 그림으로 제시하면 아래와 같다.

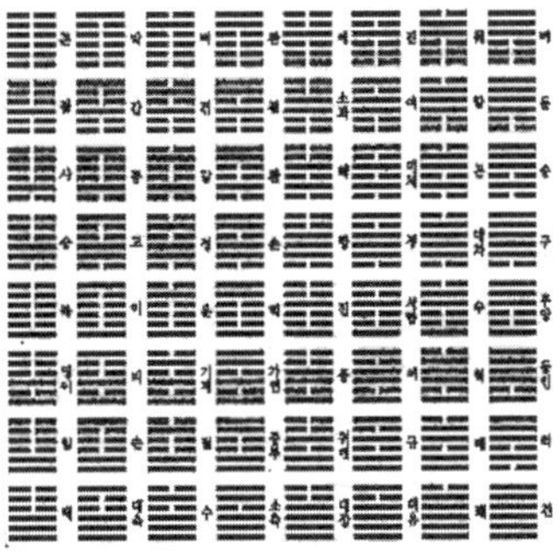

[그림 17] 선천 64괘 방도

'선천 64괘 방원도(方圓圖)'에서 원도가 하늘(天)이라면, 방도(方圖)는 땅(地)이다. 방도(方圖)는 지리와 계절과 관련시켜 볼 수 있다. 이를 구체적으로 확인하기 위해 방도에서 팔순괘[143]와 12벽괘(闢卦)[144]만을 추려보면 다음과 같은 그림이 된다.

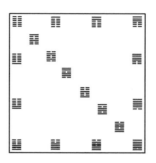

[그림 18] 팔순괘와 12벽괘

　[그림 18]을 보면 팔순괘[145]를 중심으로 곤괘(☷ 坤卦)에서 태괘(☷ 泰
卦)로 즉, 왼쪽 위에서 왼쪽 아래 방향으로 양의 기운이 성장하는 것을 볼
수 있다. 또한 태괘(☷ 泰卦)에서 건괘(☰ 乾卦)로의 이동 역시 양의 기운이
점점 성장하는 것을 확인할 수 있다. 그리고 비괘(☰ 否卦)에서 곤괘(☷ 坤
卦)로, 즉 오른쪽 위에서 왼쪽 방향으로 음의 기운이 성장하는 것을 볼 수
있다. 또한 건괘(☰ 乾卦)에서 비괘(☰ 否卦)로 즉, 오른쪽 아래에서 오른쪽
위로 갈수록 음의 기운이 점점 성장함을 확인할 수 있다.

　이러한 팔순괘를 기준으로 음양(陰陽)의 정위(正位)와 그 변화를 알 수
있다. 12벽괘(12소장괘)의 변화는 앞서 논한 순환론적 태극관과 관련이 있
다. 12벽괘는 지리는 물론 12개월 및 시간을 이해하는 데도 활용할 수 있다.
[그림 18]의 팔순괘의 각 위치에 따라 12개월을 배당하면 아래 그림과 같다.

---

143) 팔순괘는 상하가 같은 소성괘로 이루어진 대성괘를 말한다. 곤괘(☷), 간괘(☶), 감괘(☵),
　　손괘(☴), 진괘(☳), 이괘(☲), 태괘(☱), 건괘(☰)이다.
144) 12벽괘(闢卦)를 12소장괘(消長卦)라고 한다.
145) 팔순괘는 곤괘(☷), 간괘(☶), 감괘(☵), 손괘(☴), 진괘(☳), 이괘(☲), 태괘(☱), 건괘(☰)이다.

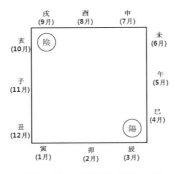

[그림 19] 12지지와 방도(方圖)

[그림 19]는 '선천방도'에서 12벽괘(闢卦)만 선택하여 그 자리에 12지지를 배당한 것이다. 이 그림을 통해서 방도와 12지지 관계를 이해할 수 있고, 이를 통해 괘(卦)의 성장과 순환을 확인할 수 있다.

이와 함께 '선천원도'에 팔괘를 배당한 것을 '선천팔괘 원도'라고 명명한다. '선천원도'의 중앙을 기준으로 가로와 세로를 나누면 사상(四象)으로 구분된 '선천팔괘원도'를 얻을 수 있다.

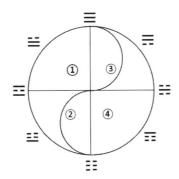

[그림 20] 선천 8괘 원도

[그림 20]은 '선천팔괘 원도'이다. 이 '선천팔괘 원도'의 중앙을 기준으로 사상(四象)을 구분해 보면, ①은 태양, ②는 소음, ③은 소양, ④는 태음이다. 여기에서 ①과 ②는 양기를, ③과 ④는 음기를 나타낸다. 이를 [그림 18] '팔순괘와 12벽괘'와 비교하면, '선천팔괘 원도'의 ①은 태양의 위치로, 선천방도에서는 곤괘(☷)로 태음에 해당된다. 또한 선천원도의 ④는 태음의 위치로, 선천방도에서는 건괘(☰)로 태양에 해당된다.

[그림 20]의 원도를 보면 양(陽)이 음(陰)을 밀고 들어가는 ③은 소양의 위치로 음양 소장괘에 따라 비괘(☶)가 된다. 이 괘(卦)는 [그림 19]의 방도 12지지로 보면, 음력 7월(申月)에 해당된다. 비괘(☶)는 내괘(內卦)인 음(陰)에 의해 양(陽)이 소멸되기 시작하는 상(象)을 의미하기도 한다.

한편 [그림 20]에서 음(陰)에 의해서 양(陽)이 소멸되기 시작하는 ②는 소음의 위치로 선천방도에서는 양(陽)이 음(陰)을 밀어내는 태괘(☱)가 됨을 알 수 있다. 이것은 이들의 각 기운이 극에 달하면 천지가 상호간에 음양 소장의 균형을 맞추는 온전한 원기로서 매우 안정적인 구조로 되어 있다.

땅(地)을 상징하는 괘는 곤위지(☷)로, 주효는 2효이다. 땅의 괘상(卦象)을 나타내는 곤위지(☷)에서 2효의 효사를 보면 다음과 같다.

· 坤爲地, 2爻, 爻辭: 直方大 不習 无不利

곤위지(☷)의 상은 그 자체가 땅의 이치를 설명하고 있는 괘이다. 곤괘의 2효의 효사인 '直方大'는 곤괘(☷)의 의미를 보여준다. 곤괘(☷)의 '직방대'는 곧고 방정하고 크다는 의미를 지닌다. 곤괘는 오행으로 '土'의 기운이고, 형태상으로는 '方'을 의미한다.

곤괘(☷)의 효사에서 '方'의 의미를 보아 알 수 있듯이 '坤爲地'는 '方'의 상(象)을 지니고 있고, 구체적인 물상으로 나타내면 '□'의 상(象)이 된다. 이는 앞에서 건위천(☰)괘에서 본 '○'의 물상을 얻은 것과 같은 원리이다. '□'은 오행으로 땅(地)의 상(象)으로서 중앙의 토(中土)를 의미한다. 앞에서 '곤위지'는 그 의미 자체가 땅을 상징한다고 하였다. 이러한 관점에서 '地=土=方'이라는 식이 성립된다.

'곤위지'에 대한 내용을 정리하면, '곤위지'의 효사에 있는 '方'은 땅을 의미하는 '□'의 상(象)이다. 이 '□'은 오행으로 '土'에 해당한다. 오성 '牙-舌-脣-齒-喉' 중에서 '토'에 해당되는 소리(聲)는 '순음(脣音)'이다. 이 '순음'은 오행으로는 '토'이고, 형태상으로 '□'의 상(象)이 된다. 이처럼 '곤위지'에서 초성 기본자의 하나인 '□'의 상(象)이 생성된다.

'제자해'에서는 '□'에 대해 '脣音口. 象口形. 脣方爲合. 土也.(순음 '□'은 입의 모양을 상형한 것으로 입술은 모나고 합하여 토(土)다.)'라고 설명하고 있다. 제자해에서 '脣方爲合 土也'라고 한 것과 같이 방원도에서 방도도 '方=土=地'의 의미를 갖는다. '方=土' 관계를 통해서 자연스럽게 자형 '□'이 연결됨을 볼 수 있다.

이와 같이 원도와 방도를 통해 초성에서 가장 기본이 되는 두 글자인 '○'의 상과 '□'의 상을 얻게 되었다. 그리고 나머지 초성들은 방도와 원도를 합한 방원도와 공·통시적 역리를 통해서 자형이 형성된다.

3.2.3. 방원도(方圓圖)를 통한 초성자 자형형성

선천원도와 선천방도를 통해서 『훈민정음』 제자해의 초성 기본자 자형 형성을 논의하였다. 이 장에서는 '방원도'를 활용하여 나머지 초성자의 자형 형성에 대하여 고찰하고자 한다.

3.2.3.1. 초성 기본자 자형형성

『훈민정음』 해례본의 제자해에서 초성 기본자의 자형형성에 대한 고찰은 매우 중요하다. 초성 기본자의 자형은 단순히 발음기관을 본떠서 만든 상형이 아니라 구상화된 상형이기 때문이다. 그러므로 초성 기본자의 자형 형성을 이해하기 위해서는 이 구상화된 상형에 반영된 역리의 원리를 이해할 필요가 있다.

앞서 선천원도와 선천방도를 통해서 초성자의 가장 기본이 되는 'ㅇ'와 'ㅁ'의 상(象)을 얻게 되었음을 보았다. 이제부터는 '방원도'를 통해 나머지 초성 기본자의 자형형성 원리를 밝히고자 한다. 아래의 그림은 필자가 복희팔괘도에 사계절을 넣어 만든 것으로, '복희팔괘 선천원도'[146]라고 명명한다. 이 '복희선천원도'는 초성 기본자 자형을 구성하는 데 중요한 역할을 하게 된다.

[그림 21] 복희팔괘도를 활용한 선천원도

---

146) 이 원도는 필자가 '복희팔괘'를 이용해서 만들었기 때문에 『주역』에서 보이는 원도와 차이가 남을 밝혀 둔다.

[그림 21]은 선천팔괘의 원도에서 팔괘와 계절과의 관계를 정리한 것이다. 복희팔괘를 기준으로 원도를 만들고 축을 형성하는 우측사선과 그에 대응되는 사선을 좌측에 그어 두 대각선이 수직으로 만나도록 하였다. 원도의 가운데를 기준으로 크게 양분하면 하루를 낮과 밤으로 구분할 수 있고, 사계절과도 연관 지을 수도 있다. 양(陽)에 해당하는 여름(☲)은 낮이 되고, 음(陰)에 해당하는 겨울(☵)은 밤이 된다. 그리고 처음을 의미하는 건(☰)은 양(陽)의 기운으로 점차 상승해서 음(陰)의 기운을 몰아내는 상(象)인 봄(☳)에 해당한다. 곤(☷)은 음(陰)의 기운이 상승해서 양(陽)의 기운을 몰고 가는 상(象)인 가을(☶)로 볼 수 있다.

[그림 21]의 원도에 방도를 합하게 되면 방원도가 만들어진다. 사상(四象)으로 따지면 왼쪽 위가 태양이 되고, 오른쪽 아래가 태음이 된다. 그리고 오른쪽 위가 소양이 되고, 왼쪽 아래가 소음이 된다. 여기에 사계절을 사방으로 정하여 그림으로 그리면 아래와 같은 선천원도와 방도를 합한 '방원도'를 얻을 수 있다. 아래 '방원도'는 필자가 복희팔괘도를 활용하여 '복희선천원도'를 만들고 난 다음 원도 안에 방도를 넣고 방도의 모서리에 사상(四象)을 배치하여 만든 것이다. 이 '방원도'를 '복희선천방원도'[147]라고 명명한다. 방원도의 오른쪽은 동(冬, ☵)이고, 오행으로는 수(水)이다. 위쪽은 춘(春, ☳)이고, 오행으로는 목(木)이다. 방원도의 왼쪽은 하(夏, ☲)이고, 오행으로는 화(火)이다. 방원도의 아래쪽은 추(秋, ☶)이고, 오행으로는 금(金)이다. 춘(春, ☳)과 하(夏, ☲) 사이에 사상(四象)의 태양(太陽)을 배치하고, 하(夏, ☲)와 추(秋, ☶) 사이에 사상의 소음(少陰)을 배치한다. 추(秋, ☶)와 동(冬, ☵) 사이에 태음(太陰)을 배치하고, 동(冬, ☵)과 춘(春, ☳) 사이에 소

---

147) 이 '방원도'는 필자가 '복희팔괘'를 이용해서 만들었다.

양(少陽)을 배치하면 아래와 같은 '복희선천방원도'[148)가 완성이 된다.

[그림 22] 복희팔괘도를 활용한 선천방원도

[그림 22] 선천방원도를 통해 본 것과 같이 겨울(冬)이 지나서 봄(春)이 오는 것은 자연의 이치에도 맞다. 역리적으로도 봄의 목기(木氣)는 겨울의 수기(水氣)로부터 생(生)의 기운을 받아 수생목(水生木)이 된다. '수─목─화─토─금'의 상생관계는 『훈민정음』 제자해에서 수근목생(水根木生) 즉 '水'를 뿌리로 해서 '木'이 생한다고 설명하고 있다.

역리적 관점에서 보면, 양의 뿌리는 음에 있고, 음의 뿌리는 다시 양에 있다. [그림 22]에서 보이는 소양이란 기운 자체가 음을 뿌리로 해서 양기를 생성하게 된다. 소양은 음을 밀어내고 양이 생성이 된다. 그래서 겨울에서 봄으로 이어지는 꼭짓점의 자리가 소양이다. 이 소양의 자리는 계절로 봄이고, 오행으로 '木'이다. 이러한 변화과정은 제자해에서도 찾을 수 있다. 『훈민정음』 제자해의 "猶木之萌芽生於水而柔軟 尙多水氣也"[149)에 보이듯이 물

---

148) '복희선천방원도'를 줄여서 '방원도'로도 사용한다.
149) 나무의 움이 물에서 나와서 유연(柔軟)하여, 상기 물 기운이 많음과 같은 것이다.(제자해)

(水)이 생해서 나무(木)에 싹(芽)을 만든다고 했다. 앞서 초성의 기본자 중의 하나인 'ㅇ'상이 오행으로 수기(水氣)에 해당이 된다는 설명을 하였다. 역리적인 관점에서 제자해의 '수근목생(水根木生)'의 원리를 적용하면 나무에 싹이 나는 상을 얻게 된다. 그것을 생아(生芽)로 보면, 'ㅇ'에 싹이 나는 형상이 목기(木氣)이다. 'ㅇ'에서 싹(芽)이 난다는 것은 'ㅇ'위로 싹이 나는 것이니까 'ㅇ'이 된다. 이러한 이치가 바로 제자해에서 말한 '수근목생'의 원리이다.

정리를 하면, [그림 22]의 선천팔괘에서 시작을 의미하는 괘는 건괘(☰)이다. 건괘(乾卦)는 계절로 봄이고, 사상(四象)으로는 '소양'에 해당되며, 오행으로 봄은 '목기'이다. 방도에서 우측 상단의 꼭짓점인 소양은 오행의 '木'에 해당된다. '木'은 그 뿌리를 '水'에 두고 생하며, 기운은 음의 기운에서 양의 기운으로 향한다. 이 소양의 꼭짓점을 기준으로 'ㄱ'이라는 상(象)을 얻을 수 있다. 'ㄱ'의 상(象)은 동(冬, ☷)과 춘(春, ☰)사이의 소양(少陽)을 꼭짓점으로 만들어지는데 아래 그림과 같다.

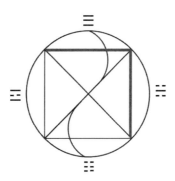

[그림 23] 방원도를 통한 'ㄱ'의 상

[그림 23]의 방원도에서 수생목(水生木)의 관계를 통해서 'ㄱ'이라는 상을 얻게 된다. 역리상 오행의 순서는 '水·木·火·土·金'이다. 수(☵)에서 목(☳)으로의 순행을 통해서 'ㄱ'이라는 상이 자연스럽게 만들어진다. 즉 [그림 23]에서 소양의 꼭짓점을 기준으로 해서 오행의 관계를 살펴보면, 아래는 수(水)의 기운이 있는 곳이고, 위로는 목(木)의 기운이 자리하게 된다. 오음으로 보아도 수기(水氣)에 후음(喉音)이 자리하고, 목기(木氣)에는 아음(牙音)이 자리하는 것은 자연스러운 현상임을 알 수 있다.

계절의 순환 구조로 볼 때, 여름에서 가을로 가는 기운은 여름의 기운인 화(火)의 양기가 가을의 기운인 금(金)의 음기로 수렴이 된다. 사상(四象)으로 보면, 소음(少陰)을 중심으로 여름의 화기(火氣)가 가을의 금기(金氣)로 변하게 된다. 팔괘로 보면, 양의 기운에 해당하는 괘인 '乾, ·兌, ·離, ·震'에서 음의 기운인 '巽, 坎, 艮, 坤'으로 변하게 된다.

천지정위(天地定位)를 기준으로 겨울에서 봄으로의 이동을 통해서 'ㄱ'의 상을 얻었듯이 여름에서 가을로의 이동을 통해서 'ㄴ'이라는 상(象)을 얻게 된다. 'ㄴ'의 상(象)은 하(夏, ☰)와 추(秋, ☱) 사이의 소음(少陰)을 꼭짓점으로 만들어지는데, 이것을 방원도상으로 표현하면 아래 [그림 24]와 같다.

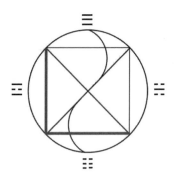

[그림 24] 방원도를 통한 'ㄴ'의 상

[그림 24]는 방원도에서 화생토(火生土)의 관계를 통해 얻게 된 'ㄴ'상이다. 역리적인 관계를 고려해 보면 '水·木·火·土·金'의 원리로 오행이 구성된다. 화(火)에서 토(土)로의 순행을 통해서 'ㄴ'이라는 상을 얻는 것은 [그림 23]에서 'ㄱ'의 상을 얻는 원리와 같다.

[그림 24]를 통해서 목생화(木生火)를 하면 'ㄷ'상이 나오게 된다. [그림 22]에서 소음(少陰)을 꼭짓점으로 하고, 화생토(火生土)의 관계가 되어야 'ㄴ'상이 나오게 된다. [그림 22]에서 보면, 'ㄴ'상의 꼭짓점인 소음(少陰)의 위치는 팔괘에는 진괘(震卦)가 와 있다. 하지만 'ㄴ'은 화기(火氣)이기 때문에 이괘(離卦)가 와야 한다. 화기(火氣)와 이괘(離卦)가 연결되려면 변화가 필요하다. 이러한 변화의 원리를 이해하기 위해서는 천지정위(天地正位)와 천변지정(天變地定) 등에 대해 이해가 선행되어야 한다. 천지정위(天地定位)는 앞서 설명했듯이 하늘은 위에 있고, 땅은 아래에 위치하는 상태를 말한다. 천지정위(天地定位)에서 원도는 변화가 없고 방도만 변화가 있는 경우를 지변천정(地變天定)[150]이라 하고, 방도는 변화가 없고 천도에만 변화가 있는 경우를 천변지정(天變地定)[151]이라고 한다. 이 원리를 이해해야 진괘(震卦)에서 이괘(離卦)로의 변화를 알 수 있다. 아래 그림은 천지정위가 된 방원도이다.

---

150) 지변천정(地變天定)은 필자가 정의한 것으로, 방원도에서 땅에 해당하는 방도(方圖)는 변화가 있고, 하늘에 해당하는 원도(圓圖)는 변화가 없는 상태를 정의한 개념이다.
151) 천변지정(天變地定)은 필자가 정의한 것으로, 방원도에서 하늘에 해당하는 원도에는 변화가 있고, 땅에 해당하는 방도(方圖)는 변화가 없는 상태를 정의한 개념이다.

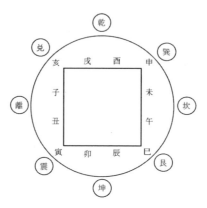

[그림 25] 천지정위가 된 방원도

[그림 25]에서 보듯이 천지정위의 상에서 'ㄴ'의 꼭짓점에 해당하는 괘는 진괘(震卦)이다. 하지만 초성자 'ㄴ'상은 방도는 그대로 있는 상태에서 원도만 변화가 있는 '천변지정(天變地定)'의 원리를 적용하면 괘의 위치가 아래와 같이 바뀌게 된다.

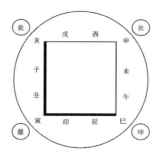

[그림 26] 방원도를 통한 천변지정도

[그림 26]은 앞서 말한 것처럼 방도에는 변화가 없고, 원도에 변화가 생긴

방원도이다. 다시 말하면, 선천팔괘도에서 방도는 변화가 없는 천지정위(天地定位) 상태로 있고, 원도에만 변화가 생긴 천변지정(天變地定)의 상태가 된 것이다. 이러한 변화는 상(象)을 평면적으로 보지 않고 입체적인 것으로 본 것이다. 팔괘인 '乾·兌·離·震·巽·坎·艮·坤'을 입체인 상태에서 천변지정(天變地定)이 된 상(象)을 그림으로 정리하면 아래와 같다.

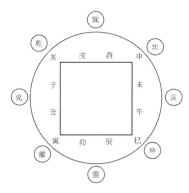

[그림 27] 팔괘를 통한 천변지정 방원도

[그림 27]은 천변지정(天變地定)을 한 방원도이다. 이렇게 원도의 변화를 통해서 팔괘가 하나씩 변화를 일으킨 것이다. 천지정위(天地定位)의 상태에서 'ㄴ'의 꼭짓점의 기준에 진괘(震卦)가 왔지만 천변지정(天變地定)을 하면 진괘(震卦)의 자리에 이괘(離卦)가 오게 된다. 이러한 변화에 따라 초성 'ㄴ' 자형은 화기에 해당하는데, 원도에서도 화기(火氣)에 이괘(離卦)가 자리하게 된다. 이처럼 방원도에서 천변지정(天變地定)을 통해 진괘가 이괘로 변화된다. 이와 같은 천변지정(天變地定)의 중심에는 '착종(錯綜)'의 원리가 작용하였다. 착종은 변화이다.

역리적으로 천변지정(天變地定)의 상(象)을 보면, 하늘과 땅의 기운은 서로 하늘로 올라갔다가 땅으로 내려옴을 반복하며 윤전(輪轉)을 하게 된다. 이런 이유로 천지정위의 상(象)은 반드시 입체도를 통해서 이해가 가능하다. 이처럼 아래에서 위로, 위에서 아래로 윤전하는 것을 『훈민정음』 제자해에 서는 '착종(錯綜)'이라고 설명하고 있다.

'制字解' 訣의 끝부분에

"正音之字只卄八 探賾錯綜窮深幾 指遠言近牖民易 天授何曾智巧

爲"(制字解)

라고 했다. 여기서 '탐색착종궁심기(探賾錯綜窮深幾)'라는 문구는 역(易)과 관련이 있는 말이다. 이 문구에 대한 해석은 학자마다 의견이 다양하다[152].

- 유 열(1947:26): "묘한 이치 두루 맞춰 깊은 기를 다하였네."
- 홍기문(1946:39): "얼킨 걸 차즈며 기픈 걸 뚤은 것"
- 김민수(1959:33): "엉킨 것을 찾으며 깊은 것을 뚫으니"
- 이정호(1973:43): "깊은 속 찾아내어 가로 세로 엮어 내어 심원하고
                    미묘한 뜻 다하였네."
- 박종국(1976:38): "얽힌 것을 찾으며 깊은 것을 뚫었네."
- 박병채(1976:79): "어려운 이치를 찾아 깊은 것을 뚫었으니."
- 유창균(1977:57): "얼킨 것을 찾고, 깊은 뜻을 뚫은 것이라."
- 강신항(1974:38): "얽힌 걸 찾으며 깊은 것을 뚫은 것."
- 서병국(1981:36): "얽힌 것을 찾으며 깊은 것을 뚫었으니."
- 이성구(1985:184): "(우주만물의) 깊은 이치를 탐색하고 착종하여 심
                    중(深重)한 뜻을 다 담았네."

---

152) 이성구(1985:40)에서 정리한 것에 필자가 선행연구를 검토해 덧붙였다.

- 김석환(1995::55): "엉킨 것을 찾으며 깊은 것을 뚫었도다."
- 강길운(2005:455): "깊이 감춰지고 얽힌 것을 찾아내고 깊이 살피기를 다하여"
- 박창원(2005:115): "깊은 이치와 복잡한 내용을 찾아낼 수 있으며, 그윽한 이치를 밝혀낼 수 있다."
- 박종국(2007:101): "엉킨 것을 헤쳐 찾고 깊은 기를 다하였느니라."
- 조규태(2010:29): "얽힌 것을 찾아 밝혀내고 깊고 미묘한 것을 궁구한 것이로다."

지금까지 나온 대부분의 번역이 홍기문(1946)의 번역[153]과 유사하다. 하지만 이들 번역에서는 '착종(錯綜)'의 의미가 정확히 표현되지 않았다.

이성구(1985:41-42)에서는 무엇이 얽히고, 뚫긴 무엇을 뚫었다는 것인지 정확하게 이해할 수 없다고 비판하면서 '探賾錯綜窮深幾'는 "묘한 이치를 두루 맞춰 깊은 기틀을 다 하겠네"라는 해석과 "깊은 속 찾아내어 가로 세로 엮어 내어 심원하고 미묘한 뜻 사뭇 다하였네."로 해석하고 있다. '착종'의 의미를 서죽(筮竹)을 서로 바꾸고 종합하는 것으로 보면 된다고 했다. 그리고 음양의 교합이며, 음양의 무상한 변화이며 주역의 문구와 관련지어서 이해해야 한다는 것이다. 이성구(1985:63)에서는 '착종'의 의미를 구체적으로 살피고 있지만 분명하게 제시하지는 못하였다.

앞서 언급했듯이 '착종'은 주역에 나오는 개념이다. 『계사전』에서 '착종'의 의미를 설명한 것으로 미루어 훈민정음 자형형성에서 '착종'의 역할을 짐작할 수 있다.

---

153) 얽힌 것을 찾으며 깊은 것을 뚫는 것

參伍以變, **錯綜**其數[154], 通其變, 遂成天地之文, 極其數, 遂定天下
之象. 非天下之至變, 其孰能與於此.(『繫辭上傳』10)

參으로 하기도 하고 伍로 하기도 하여 변화하여, 그 수(數)를 교착(交錯)
하고 종합(綜合)한다. 그 변화를 알아, 천지(天地)의 문(文)을 이루고, 그
수(數)를 궁구하여 천하의 상(象)을 정하니, 천하(天下)의 지극히 변화하는
자가 아니면 그 누가 이에 참여하겠는가.

　錯者, 交而互之 一左一右謂也, **綜**者, 總而契之 一低一昻之謂也"
(『繫辭上傳』10)

착(錯)이란 교호(交互)하는 것이니, 일좌일우(一左一右)함을 말한다. 종
(綜)이란 종합하여 셈(契之)하는 것이니 일저일앙(一低一昻)을 말한다.
착종(錯綜)에서 착(錯)은 사귀어 서로 작용함이니 한 번 왼쪽으로 하고,
한 번 오른쪽으로 작용함을 이른다. 종(綜)은 총괄하여 셈이니 한 번 낮추고,
한 번 높임을 이른다.
앞서 '탐색(探賾), 착종(錯綜), 심기(深氣)' 등의 용어가 『계사전』에 등장
한다고 논했었다. 이는 『훈민정음』 제자해의 결(訣)에 나오는 '探賾錯綜窮
深幾' 구절 속 어휘가 주역과 관련이 있음을 의미한다. 그러므로 '착종'의 의
미를 역리의 관점에서 이해하지 않고 『훈민정음』 제자해에서 제자원리나 자
형형성 원리에 그대로 적용하는 것은 어렵다.
『훈민정음』 제자해에서 말하는 '착종(錯綜)'은 역리를 바탕으로 정의를 내

---

154) 착종기수(錯綜其數)에서 착(錯)은 종횡(縱橫)이고, 종(綜)은 상하를 뜻한다. 삼오이변은
　　낙서의 원리를 말하고, 착종기수는 낙서의 변화를 의미한다.(『繫辭上傳』10) 참조.

리면 '교체(交替)'의 의미이다. 여기서 '교체'는 상하의 교체와 좌우의 교체를 말한다. 상하의 교체를 종(綜)이라 하고, 좌우의 교체를 착(錯)이라 한다. 상하의 교체는 주역의 괘상(卦象)에서 상위의 괘를 아래로, 하위의 괘를 위로 올리는 것을 말한다. 이 착종의 원리를 바탕으로 천변지정이 이루어진다. 천변지정은 방원도의 천지정위에서 방도를 그대로 두고 원도를 돌려 착종한 것이라고 앞에서 논했었다. 아래의 그림은 천변지정(天變之定)이 되기 전의 천지정위(天地定位) 방원도이다.

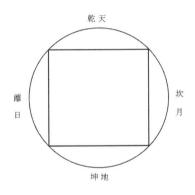

[그림 28] '乾坤坎離'를 통한 천지정위 방원도

[그림 28]은 선천팔괘를 활용하여 만든 방원도로서 '천지정위'의 상태이다. 천지정위의 관점에서 보면, 방원도의 위쪽이 건천(☰)이고, 아래쪽은 곤지(☷)이다. 이처럼 천(天)과 지(地)가 바른 위치에 자리하고 있다. 그래서 천지의 기운이 아래에서 위로 혹은 위에서 아래로 자연스럽게 운행을 하게 된다.

그리고 같은 원리로 왼쪽은 이(離 ☲)가 자리하고, 오른쪽은 감(坎 ☵)이 자리한다. 이렇게 자리한 것 또한 '천지정위'라고 말할 수 있다. 천지의 기운이 왼쪽에서 오른쪽으로 혹은 오른쪽에서 왼쪽으로 자연스럽게 운행을 하게 된다. 이처럼 '건, 곤, 감, 이'의 상태가 바르게 된 상태를 '천지정위'라고 한다. 팔괘를 사물에 비유하면 건괘(乾)는 하늘(天)을 상징하고, 곤괘(坤)는 땅(地)을 의미한다. 이괘(離)는 해(日)를 상징하고, 감괘(坎)는 달(月)을 상징한다. 그래서 '天·地·日·月'의 기운이 상하와 좌우에 배치되어 있는 것이 '천지정위'의 상(象)이다.

결국 천(天)의 기운이라는 것은 아래로 내려오고, 아래의 기운은 위로 올라가게 된다. 이러한 교체가 바로 '착종'이다. [그림 28]의 방원도의 중앙에 나사를 놓고 방도는 그대로 둔 상태에서 원도를 돌린다고 가정하자. 그렇게 하여 원(圓)이 변하게 되면, '천변지정'의 방원도가 된다. 반대로 원도는 그대로 두고 방도에 변화를 주게 되면 '지변천정'의 방원도가 된다. 즉, 중앙을 기준으로 해서 원도나 방도를 돌리면 새로운 그림이 완성이 된다. 이것이 『훈민정음』 제자해 결(訣)에서 말하는 착종(錯綜)의 의미인 것이다.

방도는 그대로 둔 상태에서 원도를 착종(錯綜)시키면 아래와 같은 '천변지정도'가 된다.

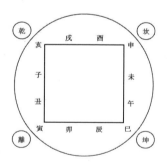

[그림 29] 착종을 통한 천변지정 방원도

[그림 29]는 착종을 통한 '천변지정'이 된 방원도이다. 땅(地)은 변함이 없고 하늘(天)만 변하게 된 것이다. 이러한 역리적 원리가 앞에서 논한『훈민정음』제자해 결에서 말하는 착종(錯綜)의 예인 것이다.

지금까지의 내용을 정리하면 다음과 같다. 소양을 꼭짓점으로 하고, 수생목(水生木)의 역리적 관계를 활용하여 'ㄱ'이라는 상을 얻었다. 'ㄱ'은 오행으로는 목기(木氣)에 해당이 되며 오성으로는 아음(牙音)이다. 그리고 착종(錯綜)을 통해서 소음(少陰)을 꼭짓점으로 하고, 화생토(火生土)의 역리적 관계를 활용하여 'ㄴ'이라는 상을 얻었다. 부연 설명을 하자면, '천지정위'의 상태에서 'ㄴ'의 꼭짓점에는 '진괘(震卦)'가 오지만 착종의 과정을 거치면 '이괘(離卦)'가 온다. 'ㄴ'은 오행으로는 화기(火氣)에 해당이 되며, 오성으로는 설음(舌音)에 해당된다. 이들의 관계를 초성자 'ㄱ'과 'ㄴ'은 물론 음양의 기(氣)의 흐름과 관련하여 그림으로 정리하면 [그림 30]과 같다.

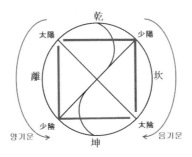

[그림 30] 천지정위 상태에서 본 'ㄱ, ㄴ' 상 배치도

다음은 '천지정위'의 상태에서 하늘(天) 즉, 원도는 그대로 두고 땅(地) 즉, 방도를 변화시키는 방법으로 자형의 형성을 살펴보겠다. '천지정위'는 원

도의 위쪽은 건위천(☰)이 되고, 아래쪽은 곤위지(☷)가 되는 상(象)이다. '천지정위'의 상태에서 방원도(方圓圖)의 왼쪽은 이화(離火)가 되고, 오른쪽이 감수(坎水)가 된다. 아래의 그림은 필자가 복희방원도에서 원도를 제하고 방도만 취하여 '지변천정'을 통해 만든 '지변천정도'이다. 이 '지변천정방도'는 뒤에 'ㅅ'초성자를 제자(制字)하는데 중요한 역할을 하게 된다.

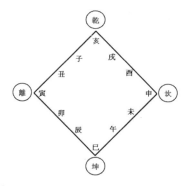

[그림 31] 지변천정한 방도

[그림 31]과 같이 방도(方圖)를 착종(錯綜)시키면 왼쪽 모서리에 있던 해월(亥月)이 오른쪽으로 이동을 하여 유월(酉月)의 자리로 가게 된다. 방도의 해월에 해당하는 원도의 팔괘에는 건괘(乾卦)가 위치한다. 그리고 오른쪽 모서리에 있던 사월(巳月) 또한 이동을 하여 묘월(卯月)의 자리로 가게 되고, 방도의 사월(巳月)은 원도의 팔괘로는 곤괘(坤卦)가 자리한다. '지변천정'은 원도(圓圖)에는 변화가 없고, 방도(方圖)에서만 착종이 일어나는 현상이다. 방도(方圖)를 기준으로 땅(地)을 착종시켜 '지변천정(地變天正)'을 하면 위와 같은 변화된 방도를 얻게 된다.

이를 기준으로 원도(圓圖)와 방도(方圖)를 결합해 본다. 앞에서 방도에는 착종이 일어나지 않고 원도에서만 착종이 일어나서 [그림 29]를 얻었듯이 여기서는 그 반대로 원도에는 착종이 일어나지 않고 방도에서만 착종이 일어나게 한다. 즉 원도에는 변함이 없고, 방도만 착종을 하면 아래와 같은 '지변천정'을 한 방원도(方圓圖)가 된다. 아래 그림은 필자가 지변천정을 통해서 방도를 만들고 난 뒤에 방도 밖에 원도를 넣어서 만든 '지변천정 방원도'이다.

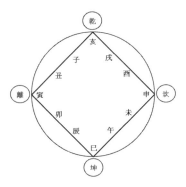

[그림 32] 지변천정방원도

　[그림 32]는 12지지와 팔괘를 통해서 지변천정을 한 방원도이다. 위의 그림에서 보듯이 해월(亥月)에 해당하는 원도의 팔괘(八卦)에는 건괘(乾卦)가 자리하고, 사월(巳月)에 해당하는 원도의 팔괘에는 곤괘(坤卦)가 자리한다. 이 방원도에서 '건'의 꼭짓점을 기준으로 양의 기운은 우선(右旋) 'ᴗ'을 하고, 음의 기운은 좌선(左旋) 'ᴗ'을 한다. 이러한 좌선과 우선의 과정을 거쳐서 두 개의 상(象)을 얻게 된다.

　그 하나는 원도의 팔괘 중에서 건괘(乾卦)를 중심으로 하고, 방도 12지지 중에서 '亥'를 기준으로 하여 양으로 우선(右旋) 'ᴗ'하고, 음으로 좌선(左旋) 'ᴗ'하여 'ᴧ'의 상이 나오게 된다. 다른 하나는 원도의 팔괘 중에서 곤괘를 중심으로 하고, 방도 12지지 중에서 '巳'를 기준으로 하여 양으로 우선(右旋) '∪' 음으로, 좌선(左旋) '∪'하여 '∨' 상이 나오게 된다. 이처럼 [그림 32]의 '지변천정방원도'를 통해서 '∧'의 상과 '∨'의 상이 나온다.

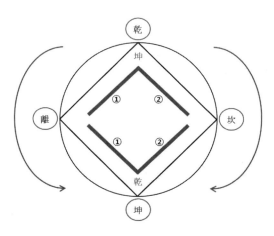

[그림 33] 지변천정한 방원도를 통한 '∧', '∨'도

[그림 33]을 보면 원도 팔괘 중의 건괘(乾卦)를 중심으로 좌우의 기운이 양분이 된다. 그 각은 정확하게 90도를 유지하고 있다. 앞에서 양의 흐름은 우선('∪')을 하고, 음의 흐름은 좌선('∪')을 한다고 했다. 이처럼 지변천정을 한 방원도를 통해서 '∧'155)이라는 상과 '∨'라는 상이 나오게 된다. '∧'의 상을 그림으로 그릴 때는 [그림 33]에서 보듯이 ①을 먼저 그리고 난 뒤에 ②를 나중에 그린다. 같은 원리로 '∨'의 상(象)도 마찬가지로 ①을 먼저 그리고 ②를 나중에 그린다. ①과 ②의 순서로 그리는 것은 양이 먼저이고 음은 나중이라는 음양의 이치로 글자를 만드는 순서가 정해져 있기 때문이다.

---

155) 제자해에서 '∧'은 부호가 직각(90도)이기 때문에 표기를 '∧'으로 서술하였다.

주역의 건위천(☰)을 『훈민정음』 제자해와 관련하여 설명하면, 건괘(乾卦)는 '수-목-화-토-금'의 오행으로 보면 금기(金氣)에 해당한다. [그림 33]에서 나온 'ㅅ'의 상은 오행으로 건금(乾金)에 해당한다. 'ㅅ'의 상이 오행상 '금기'에 해당하기 때문에 오성으로는 치음이 된다.

[그림 33]에서 보듯이 지변천정(地變天定)한 방원도를 통해서 상(象)이 하나가 아닌 'ㅅ'과 'ㅅ'의 두 개가 나왔다. 앞에서 고찰해 보았듯이 'ㅅ'의 상(象)은 오행으로 건금(乾金)에 바르게 자리하기 때문에 금기에 속하고, 오성으로는 치음에 해당되기 때문에 별다른 문제는 없다.

그러나 'ㅅ'의 상(象)은 사상으로 태음(太陰)에 해당한다. 'ㅅ'의 상(象)은 태음(坤土)에 정위(正位)하므로 오행으로는 수기(水氣)가 된다. 오행으로 수기(水氣)가 되면 오성으로는 후음(喉音)에 해당이 된다. 그런데 수기(水氣)는 전술한 대로 원도(圓圖)의 상(象)이다. 원도를 통해서 이미 'ㅇ'의 상(象)을 얻어 놓은 상태이다. 이러한 과정을 통해 보면 오행으로 수기(水氣)에 해당하는 상(象)이 'ㅇ'과 'ㅅ'의 두 개가 된다. 오행은 '수·목·화·토·금'의 다섯 기운의 원리를 의미하므로 다섯 기운의 흐름인 오행에는 다섯 개의 글자가 있으면 된다. 이 경우 여섯 개의 글자가 만들어지므로 오행의 원리에 위배가 된다. 원도(圓圖)를 통해서 수기(水氣)에 해당하는 'ㅇ'의 상(象)이 있는 상태에서 '지변천정'을 통해서 나오게 된 토기인 'ㅅ'의 상은 오행의 원리에 맞지가 않다. 그래서 오행의 원리 상 'ㅇ'만 취하고 'ㅅ'는 취하지 않게 된 것이다.

'ㅅ'를 취하지 않은 이유는 오행의 관점에서 살필 수 있다. 오행의 순행 관계는 '수·목·화·토·금'으로 수생목, 목생화, 화생토, 토생금, 금생수 이다. 이 오행을 기본으로 한 '천지정위'가 된 방원도에서 방도(方圖)를 제외한 원도(圓圖)의 원형(圓形)를 통해서 초성 기본자인 'ㅇ'의 상(象)을 얻게 된다. 'ㅇ'의 상은 오행으로 보면 수기(水氣)에 해당된다. 이어 원도(圓圖)를 제외한 방도(方圖)의 방형(方形)을 통해서 또 하나의 초성 기본자인 'ㅁ'의 상(象)을 얻게 되었다는 사실은 앞서 논의를 하였다. 그런데 지변천정의 과정을 통해서 금기(金氣)인 'ㅅ'의 상(象)을 만드는 과정에서 태음(太陰)을 기본으로 한 'ㆁ'의 상(象)이 나오게 된다. 이 상(象)은 수기(水氣)를 바탕으로 했지만 한쪽 면만 잘라서 사용한 불안전한 상(象)이다. 훈민정음이 창제되던 시대는 음양과 오행사상을 중시했다. 음양과 오행사상을 중시한 당시의 시대상으로 볼 때, 수기(水氣)인 'ㆁ'의 상(象)은 기능상으로도 수기(水氣)인 'ㅇ'의 상(象)과 중복이 되고, 형태상으로도 불안정하기 때문에 취상이 되지 않았다고 본다.

지금까지 살핀 초성 기본자의 자형형성 과정을 정리하면 다음과 같다. 천지정위가 된 방원도의 원도를 통해서 'ㅇ'의 상(象)을 얻게 되었고, 방원도의 방도를 통해서 'ㅁ'의 상(象)을 얻었다. 그리고 방원도의 원도는 변함이 없고 방도의 착종을 통한 '천변지정'에 의해서 'ㄱ'과 'ㄴ'의 상(象)을 얻었다. 또한 방도의 착종을 통한 '지변천정'에 의해서 'ㅅ, ㆁ'의 상(象)을 얻게 되었다. 이처럼 방원도를 기준으로 한 천지정위의 상태에서 착종을 통한 '천변지정'과 '지변천정'의 과정을 거쳐 오행에 해당하는 'ㅇ, ㅁ, ㄱ, ㄴ, ㅅ, ㆁ' 등의 6개의 상(象)을 얻게 되었다. 하지만 이 가운데 수기(水氣)에 해당하는 'ㆁ'의 상(象)은 'ㅇ'과 오행이 중복되고, 형태 또한 불안하다. 이는 오행사상에 위배되기 때문에 'ㆁ'상은 취하지 않고 현재의 초성 기본자인 'ㅇ, ㅁ, ㄱ, ㄴ, ㅅ'의 상(象)이 나오게 되었다.

초성 기본자의 자형을 상(象)과 관련하여 정리하면 아래와 같다.

[표 22] 방원도 및 착종을 통한 초성 기본자

象	取象處	오행(象意)	五聲
○	원도(圓圖)	천리(天理), 만물의 시작(水)	후(喉)
□	방도(方圖)	지리(地理), 만물의 끝(土)	순(脣)
ㄱ	소양(小陽)	木	아(牙)
ㄴ	소음(小陰)	火	설(舌)
∧	태양(太陽)	金	치(齒)
∨	태음(太陰)	水	후(喉)

『훈민정음』 제자해에서 보여주는 자형형성의 원리에는 방원도에서 유추된 상(象)을 오행사상과 접목하려는 의도가 뚜렷하게 보였다. 앞서 살펴본 것처럼 여섯 개의 상(象)이 나왔지만 실제로 자형형성에서 사용하게 된 것은 다섯 개만이 사용되었다는 것이 그 근거로 볼 수 있다.

각 상(象)에 해당하는 오행과 오성은 다음과 같다.

[표 23] 상과 오행, 오성을 통한 초성 기본자

象	五行	五聲
○	水	후(喉)
□	土	순(脣)
ㄱ	木	아(牙)
ㄴ	火	설(舌)
∧	金	치(齒)

'○'의 상(象)은 하늘(天☰)이다. 만물의 시작에서 착안하여 삼라만상의 시작은 오행에서 '水'이다. 그래서 '○'의 상(象)은 '수'에 배당이 된다. 오성으로는 후음을 배속시켰다. 그리고 '□'의 상(象)은 땅(地☷)이다. 만물의 바탕을 이룸을 의미하고 오행으로는 '土'이다. 그래서 '□'의 상(象)은 '토'에 배당이 된다.

'ㄱ'의 상(象)은 [그림 30]에서 보듯이 팔괘 중의 소양(少陽)과 봄(春)에 해당한다. 봄은 오행으로 '木'의 계절이어서 'ㄱ'의 상(象)은 '목'에 배당이 되었다. 'ㄴ'의 상(象)은 팔괘 중의 소음(少陰)과 여름(夏)에 해당한다. 여름은 오행으로 '火'의 계절이어서 'ㄴ'의 상(象)은 '화'에 배당이 되었다. 'ㅅ'의 상(象)은 팔괘 중의 태양(太陽)과 가을(秋)에 해당된다. 가을은 오행으로 '金'의 계절이어서 'ㅅ'의 상(象)은 '금'에 배당이 된다.

초성은 성운학의 오성(五聲) 분류인 '아음, 설음, 순음, 치음, 후음'에 따르지만 기본자의 기준은 성운학의 음분류를 따르지 않고 있다. 제자해를 보면 초성 기본자의 기준[156]은 소리의 세기가 약한 것으로 삼고 있다. 이러한 기준으로 보면, 오행 중의 목기(木氣)에 해당하는 아음은 'ㆁ'자형이, 화기(火氣)에 해당하는 설음은 'ㄴ'자형이, 토기(土氣)에 해당하는 순음은 'ㅁ'이 오면 된다. 그리고 금기에 해당하는 치음은 'ㅿ'자형이, 수기(水氣)에 해당하는 후음은 'ㆆ'자형이 와야 한다. 하지만 초성 기본자는 'ㅇ, ㅁ, ㄱ, ㄴ, ㅅ'이다. 이는 기본자 구성에 있어서 층위가 다르다. 즉, 'ㄱ, ㅅ'은 전청음이고, 'ㅇ, ㅁ, ㄴ'은 불청불탁음이다. 이처럼 음성학적인 면에서 기본자 구성 층위가 다르다.

오행(五行)의 관점으로 보면 기본자 자형을 설명할 수 있다. 방원도의 기준을 사계절의 시작을 의미하는 '인(寅), 사(巳), 신(申), 해(亥)'에 초성 기본자를 배당해 보는 방법이다. 목기인 인(寅) 자리에 'ㄱ'을 배당하고, 화기인 사(巳) 자리에 'ㄴ'을 배당한다. 토기인 방도의 중심에 'ㅁ'을 배당하고, 금기인 신(酉)에 'ㅅ'을 배당한다. 그리고 수기인 해(亥)에 'ㆆ'을 배당한다. 오행과 방위의 관점에서 보아도 전청음과 불청불탁음이 공존하고 있다. 즉 기

---

156) ㄴㅁㅇ. 其聲最不厲. 故次序雖在於後. 而象形制字則爲之始(제자해): ㄴㅁㅇ는 그 소리가 가장 거세지 아니한 까닭에 차례는 비록 뒤에 있으나, 상형(象形)해서 글자를 지음에는 시초가 된다.

본자 층위에 문제가 있다.

국어학적인 방법으로는 이 층위가 다른 기본자를 설명하는 데 한계가 있다. 이를 설명하기 위해서는 학문적인 융합과 복합의 방법이 필요하다. 기본자 층위 문제는 역리적 해석으로 보완할 수 있다. 역리적인 방법에서 초성기본 자형의 구성은 아래 [그림 34]와 같이 선천팔괘도의 대각선을 적용하여보면 이해가 쉽다.

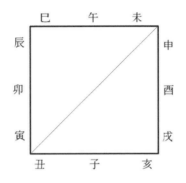

[그림 34] 대각선을 활용한 12지지 방도

12지지를 기준으로 초성 기본자를 정하기 위해서는 기준이 필요하다. [그림 34]와 같이 그 기준이 기본적으로 대각선 축이다. 이 축을 기준으로 선천과 후천이 구분이 되어 좌선과 우선으로 나누어진다. 이 대각선 축은 오행에서 토의 기능을 하는 축의 역할을 한다. 성운학에서 불청불탁음은 오행에서토기(土氣)에 해당된다. 초성 기본 자형은 불청불탁음을 기준으로 자형을배당하면 된다. 방도에는 방위와 오행인 '木·火·土·金·水'의 기(氣)가 흐르고 있다. 각 방위의 마지막 자리인 '丑, 辰, 未, 戌'은 오행 가운데 토기(土氣)에 해당하는 자리이다.

제자해에 'ㄴㅁㅇ. 其聲最不厲. 故次序雖在於後. 而象形制字則爲之始

(제자해)'라고 하였다. 'ㄴ, ㅁ, ㅇ' 그 소리가 가장 거세지 아니한 까닭에 차례는 비록 뒤에 있으나, 상형(象形)해서 글자를 지음에는 시초가 된다는 의미이다. 제자해의 원리에 따라 먼저 초성자에서 기본이 되는 토기를 방도에 배당한다. 토기 중의 토기인 'ㅁ'이다. 다음으로 초성 기본 자형은 'ㄱ'이다. 오행 중에 유일하게 생명체가 목기(木氣)인 나무이다. 나머지는 생명체는 아니다. 생명체가 있기 때문에 시작의 의미가 있다. 목기(木氣)의 지지에는 '인(寅), 묘(卯), 진(辰)'이 자리하는데 이 가운데 시작을 의미하는 지지(地支)는 '인(寅)'이다. 시작의 의미를 지닌 '인' 자리에 'ㄱ'을 배당하면 된다. 마지막으로 남은 초성 기본자는 'ㅅ'이다. 오행 중에 금기(金氣)의 지지에는 '신(申), 유(酉), 술(戌)'이 있다. 금기(金氣)에서도 시작을 나타내는 것은 '신(申)'이다. '신'의 자리에 'ㅅ'을 배당하면 된다.

국어학적인 측면에서는 초성 기본자로 '가장 약한 소리를 선택한 것'이라는 의미를 설명하기 힘들다. 하지만 역리적으로는 음성학적으로 성질이 다른 다섯 글자가 기본자로 배당이 된 이유를 설명할 수 있다. 선천팔괘도의 축을 기준으로 기본자가 오행에 따라 각각의 위치에 배당된 것이다. 'ㅁ'은 토기 중의 토기이므로 중앙에 위치하며 불청불탁음 'ㄴ', 'ㅇ'은 토기로 축을 기준으로 끝에 위치한다. 시작의 의미를 갖는 목기 'ㄱ'과 금기 'ㅅ'이 오행의 목기(木氣)와 금기(金氣)의 출발점에 배정이 된다. 기본자의 위치에서도 '坤復之間爲太極'의 의미가 담겨 있다. 시작의 'ㄱ'과 'ㅅ', 중앙 'ㅁ', 끝의 의미인 'ㄴ', 'ㅇ'의 배정이 축을 기준으로 틀을 형성한다. 이러한 까닭으로 이들 다섯 자가 음성학적 층위는 다르지만 기본자로 선정된 것이다. 이를 방도에 12지지 배당하여 '초성기본도'를 만들 수 있다. 이를 '초성기본도'라고 명명하고, 그림으로 제시하면 다음과 같다.

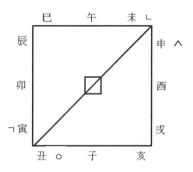

[그림 35] 방도와 12지지를 활용한 초성기본도

3.2.3.2. 가획의 원리와 역리

『훈민정음』 제자해의 초성자는 모두 17자이다. 이 가운데 오음의 기본음인 'ㄱ, ㄴ, ㅁ, ㅅ, ㅇ'이 천지정위가 된 방원도와 착종을 통한 천정지변과 지정천변을 통해서 상(象)을 얻게 되는 과정을 살펴보았다. 기본자를 제외한 나머지 초성자의 제자원리에도 역리가 작용한다.

초성자의 기본자는 『훈민정음』 제자해에서 '各象其形而制之'라 하여 '상형'의 원리에 따라 제자가 되었다. 그리고 나머지 초성자는 '聲出稍厲. 故加劃'이라고 하여 가획의 원리에 따라 제자되었다. 소리의 세기는 가획원리를 이해하는데 중요한 요소이다.

    ⑴ 初聲凡十七字. 牙音ㄱ. 象舌根閉喉之形. 舌音ㄴ. 象舌附上月咢 之形. 脣音ㅁ. 象口形. 齒音ㅅ. 象齒形. 喉音ㅇ. 象喉形. ㅋ比 ㄱ. 聲出稍厲. 故加劃. ㄴ而ㄷ. ㄷ而ㅌ. ㅁ而ㅂ. ㅂ而ㅍ. ㅅ而ㅈ. ㅈ而ㅊ. ㅇ而ㆆ. ㆆ而ㅎ. 其因聲加劃之義皆同. 而唯ㆁ爲異. 半 舌音ㄹ. 半齒音ㅿ. 亦象舌齒之形而異其體無加劃之義焉.

(2) 又以聲音淸濁而言之. ㄱㄷㅂㅅㅈㆆ. 爲全淸. ㅋㅌㅍㅊㅎ. 爲次
淸. ㄲㄸㅃㅉㅆㆅ. 爲全濁. ㆁㄴㅁㅇㄹㅿ. 爲不淸不濁. ㄴㅁㅇ.
其聲最不厲. 故次序雖在於後. 而象形制字則爲之始.

(1)에서는 가획의 원리를 설명하였다. '聲出稍厲. 故加劃'과 '因聲加劃'
등에서 소리(聲) 세기(厲)의 정도에 따라서 획을 더한다고 하였다. 단, 'ㆁ',
'ㄹ', 'ㅿ'은 이체자로서 가획의 의미가 없다고 하였다. (2)에서는 소리의 청
탁(淸濁)에 따라 전청자, 차청자, 전탁자, 불청불탁자를 구분하였다. 그리고
불청불탁(不淸不濁)인 'ㄴ, ㅁ, ㅇ'은 세기로 볼 때 가장 약(最不厲)하여 초성
제자의 기준으로 삼았다는 내용이다. 소리의 세기(厲)에 따라 초성자를 정리
하면 아래와 같다.

[표 24] 세기(厲)에 따른 초성자

소리 세기 조음위치	厲 → 稍厲		
아	ㄱ		ㅋ
설	ㄴ	ㄷ	ㅌ
순	ㅁ	ㅂ	ㅍ
치	ㅅ	ㅈ	ㅊ
후	ㅇ	ㆆ	ㅎ

이러한 가획의 원리에 대해 이성구(1985:70)에서는 괘(卦)의 성장 과정으
로 설명하고 있는데 타당한 견해라고 본다. 이것이 앞서 논한 태극론 중 '생
성의 원리'가 제자해의 초성 구성의 원리에 적용된 경우라고 본다. 이는 태극
에서 음양으로 나누어지고 음양에서 사상으로, 사상에서 팔괘로 확장되는
발생학적 태극관의 원리와도 서로 통한다.

가획과 세기의 원리는 역리적으로는 일생이법, 가일배법157) 혹은 괘(卦)의 확장으로 볼 수 있다. 오행상 목기(木氣)인 'ㄱ'에 획을 더하면 'ㅋ'이 된다. 같은 원리로 오행상 화기(火氣)인 'ㄷ' 초성자에 획을 더하면 'ㅌ'이 된다. 그리고 금기(金氣)인 'ㅅ'에 획을 더하면 'ㅈ'이 되고, 오행상 수기(水氣)인 'ㆆ'에 획을 더하면 'ㅎ'이 된다.

훈민정음 제자해에서 초성자를 소리의 전탁에 따라 전청은 'ㄱ, ㄷ, ㅂ, ㅅ, ㅈ, ㆆ', 차청은 'ㅋ, ㅌ, ㅍ, ㅈ(ㅊ), ㅎ'으로 구분하였다. 그러나 방원도를 통해서 초성자를 배정하면 이와 차이가 난다. 방도에 12지지와 팔괘 등을 통해서 자리를 배정하면 전청에 'ㄱ, ㄷ, ㅅ, ㆆ'이 해당되며 획을 더하면 'ㅋ, ㅌ, ㅈ(ㅊ), ㅎ'이 된다.158).

전청인 'ㄱ, ㄷ, ㅅ, ㆆ'에서 획을 더하여 생성이 된 'ㅋ, ㅌ, ㅈ(ㅊ), ㅎ'의 자형들은 역리적으로 보면, 오행의 기를 심화하거나 더해진 의미를 지니고 있다. 즉, 세기(厲)의 측면에서 강한 느낌이다. 이들 자형은 12지지의 방도인 'ㅁ'의 상(象)에서 소리의 세기(厲)가 가장 센 위치에 두어야 한다. 이 방도인 'ㅁ'의 상(象)에서 오행상 각 방위에서 기운이 가장 강한 자리는 중앙이다. 『훈민정음』제자해에서는 전청에서 획을 더해 만들어진 글자를 차청이라 한다. 그런데 'ㅈ'의 경우는 전청에 포함된다. 자형을 만드는 데 기본을 'ㅅ'으로 두고 획을 더한 경우이므로 차청으로 보아야 할 것이나 훈민정음 제자해에서

---

157) 가일배법(加一倍法)은 하나에 하나를 더하여 둘이 되고, 둘에 둘을 더하여 넷이 되게 하는 식의 셈법이다. 중국(中國) 송(宋)나라의 소옹이 천지(天地) 만물(萬物)의 소장(所藏), 변화(變化)의 수리(數理)를 헤아리는 데에 쓴 방법(方法)이다.

158) 전청과 차청의 분류 기준은 'ㅎ'성의 유무로 'ㅈ'은 전청에 해당되지만, 자형형성에 대한 역리적 관점에서 체계를 세워가는 과정에서 'ㅅ'에 1차 가획을 한 'ㅈ'을 최불려(最不厲)에 배당하여 논하고자 한다. 음가적 분류와 역리적 분류가 차이를 보이는 것에 대한 논의는 앞으로 연구가 더 필요하다.

는 'ㅅ'과 함께 전청으로 분류하였다. 하지만 필자는 오행의 기를 심화하거나 더해진 의미를 지니고 있으므로 'ㅋ, ㅌ, ㅎ' 등과 더불어 분류하고자 한다.

오행의 원리를 전탁에 대입하면 아음(牙音)에 해당하는 목기(木氣) 'ㄱ'의 상(象)은 나무와 관련이 있다. 나무가 처음 자라는 의미를 전청인 'ㄱ'의 상(象)으로 보면, 성장한 상태는 차청인 'ㅋ'의 상(象)으로 그리고 숲을 이룬 상태인 전탁의 상태를 'ㄲ'으로 볼 수 있다.

같은 원리로 오음의 설음(舌音)에 해당하는 오행은 화기(火氣)이다. 화기에 해당하는 초성자 'ㄴ'의 상(象)은 불과 관련이 있다. 불이 처음 자라는 의미를 전청인 'ㄷ'의 상(象)으로 보면, 성장한 상태는 차청인 'ㅌ'의 상(象)으로, 무리를 이룬 상태인 전탁의 상태를 'ㄸ'으로 볼 수 있다. 오음의 치음(齒音)에 해당하는 오행은 금기(金氣)이다. 금기에 해당하는 초성자 'ㅅ'의 상(象)은 쇠와 관련이 있다. 쇠가 처음 자라는 의미를 전청인 'ㅅ'의 상(象)으로 보면, 성장한 상태는 'ㅈ(ㅊ)'의 상(象)으로 그리고 무리를 이룬 상태인 전탁의 상태를 'ㅉ'으로 볼 수 있다. 오음의 후음(喉音)에 해당하는 오행은 수기(水氣)이다. 수기에 해당하는 초성자 'ㅇ'의 상(象)은 물과 관련이 있다. 물이 처음 자라는 의미를 전청인 'ㆆ'의 상(象)으로 보면, 성장한 상태는 'ㅎ'의 상(象)으로 그리고 무리를 이룬 상태인 전탁의 상태를 'ㆅ'으로 볼 수 있다.

3.2.3.3. 소리의 세기와 방도 위치

『훈민정음』 해례의 제자해에서 초성자 17자를 구성하는 원리로는 상형과 가획의 원리가 적용이 된다. 상형의 원리에 따라 초성 기본자가 제자되었으며 가획의 원리는 세기(厲)에 따라서 제자가 되었다.

여기서는 초성 17자를 방도에 배당을 하여 각 자형의 속성을 구명하고자 한다. 초성자의 방도의 배당 위치, 방위와 세기 등을 통하여 가획의 원리를 이해할 수 있다. '복희방원도'에서 원도는 제하고 '복희선천방도'에 12지지와 팔괘를 배당한다. 필자가 제작한 방도에 12지지를 배당하면 아래 그림과 같다. 이는 초성 17자의 속성을 이해하는 데 도움이 된다.

[그림 36] 12지지 방도

[그림 36]은 복희 방도에 12지지를 배당한 것이다. 방도에서 가운데는 토(土)의 기운이고, 좌측이 목의 기운, 위쪽은 화의 기운, 우측은 금의 기운, 아래쪽은 수의 기운이다. 각 면마다 세 개의 지지가 배당이 된다. 목기(木氣)에 배당된 12지는 '寅, 卯, 辰'이며, 화기에 배당된 지지는 '巳, 午, 未'이다. 금기에 배당된 지지는 '申, 酉, 戌'이고, 수기에 배당된 지지는 '亥, 子, 丑'이다. 이 '寅, 卯, 辰' 가운데 토의 기운을 지닌 지지(地支)는 '진(辰)'이다. 오행과 십이지를 활용하여 그림으로 제시하면 아래와 같다.

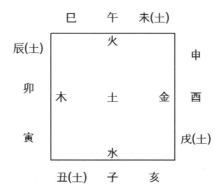

[그림 37] 오행과 십이지에 따른 방도

초성 기본자 중의 'ㅁ'의 상(象)은 앞서 보았듯이 역리적으로도 땅의 상(象)인 방상(方象)을 하고 있다. 'ㅁ'의 상(象)은 오행상 토기(土氣)라고 앞서 논하였다. 오성으로는 순음(脣音)에 해당하며 이는 방(方) 가운데도 중앙의 '土'로서 '土中土'이다. 그리고 역리적 의미로도 중앙을 얻었다고 하여 이 자리를 득중(得中)의 자리라고 한다. 하도는 물론 낙서를 보더라도 중앙에는 토기(土氣)가 온다. 필자가 작성한 방도 'ㅁ'상에서 토기(土氣) 가운데 토의 기운을 방도의 중앙에 배치시키면 아래와 같은 'ㅁ' 상(象)이 된다.

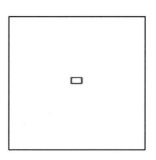

[그림 38] 中土 'ㅁ' 의 배치도

12지지 가운데 토기(土氣)에 해당하는 지지는 '丑, 辰, 未, 戌'이다. 이들 지지의 특징은 오행상 토(土)의 기운으로 12지지 가운데 중심의 의미를 지니며 동시에 중화 기능을 한다. 이러한 토기(土氣)의 중화 기능은 소리의 세기 면에서 보면 소리가 세지[厲] 않은 특징을 지닌다.

(1) 불청불탁음에 해당하는 초성자

『훈민정음』 제자해에서 소리의 세기가 가장 약한 음(音)은 '불청불탁음'이다. 제자해에서 '불청불탁음'은 초성자 'ㆁ, ㄴ, ㅁ, ㅿ, ㅇ' 등이다. 불청불탁음은 오행 가운데 토기(土氣)에 해당한다. 이 가운데 'ㅁ'은 [그림 38]에서 보듯이 토기(土氣) 가운데 있는 '토중토'로서 자리를 잡고 있음을 보았다. 나머지 '불청불탁음'도 방도의 12지지와 관련하여 배당할 수 있다.

'ㆁ'은 아음 가운데 세기(厲)가 가장 약한 소리이고, 중화의 의미가 있는 토기(土氣)이다. 그러므로 목기(木氣)에 배당된 지지 가운데 토의 기운이 있는 '진(辰)'의 자리에 배당된다. 화기에 배당된 지지 가운데 토의 기운을 지닌 것은 '미(未)'이다. 'ㄴ'은 설음 가운데 세기가 가장 약하고 토기에 해당한다. 그러므로 '미(未)'의 자리에 배당하면 된다. 금기(金氣)에 해당하는 'ㅿ'은 세기가 치음 가운데 가장 약한 소리이고, 중화의 의미가 있는 토기(土氣)이다. 그러므로 '술(戌)'의 자리에 배당하면 된다. 수기에서 토의 기운을 지닌 지지는 '축'이다. 후음에 해당하는 'ㅇ'은 세기가 가장 약한 소리이고, 중화의 의미가 있는 토기(土氣)이다. 그러므로 '축(丑)'의 자리에 배당하면 된다.

소리의 세기가 가장 약한 '불청불탁음'인 'ㆁ, ㄴ, ㅁ, ㅿ, ㅇ' 등은 공통적으로 토의 기운을 갖는다. 토(土)의 기운은 다른 오행과의 관계를 연결해 주는 기능을 한다. 12지지에서 토기(土氣)에 해당하는 지지는 '丑-辰-未-戌' 등이다. 'ㆁ'은 오행상 목기(木氣)이고, 오성으로 아음(牙音)에 해당하며 12지지에는 '진(辰)'의 자리이다. 'ㄴ'은 오행상 화기(火氣)이고, 오성으로 설음(舌音)에 해당하며 12지지에는 '미(未)'의 자리이다. 'ㅁ'은 오행상 토기(土氣)이고, 오성상 순음(脣音)으로 방도의 가운데 자리이다. 그리고 'ㅿ'은 오행상 금기(金氣)이고, 오성으로 치음(齒音)에 해당하며 12지지로는 '술(戌)'의 자리이다. 마지막으로 'ㅇ'은 오행상 수기(水氣)이고, 오성으로 후음(喉音)에 해당하며 12지지로는 '축(丑)'의 자리이다. 다음 그림은 필자가 작성한 방도에 12지지 가운데 토기에 해당하는 '丑, 辰, 未, 戌'과 초성자 '불청불탁음'을 배치한 그림이다.

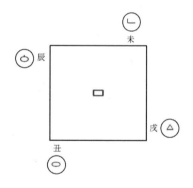

[그림 39] 中土의 'ㆁ, ㄴ, ㅁ, ㅿ, ㅇ'도

(2) 전청에 해당하는 초성자

『훈민정음』 제자해에서 '전청'에 해당하는 초성자는 'ㄱ, ㄷ, ㅂ, ㅅ, ㅈ,

ㆆ' 등이다. 전청은 불청불탁에 비해 세기(厲)가 조금 더 세다. 제자해에서 오행과 오성의 관계를 보면, 목기(木氣)에는 아음(牙音)이, 화기(火氣)에 설음(舌音), 토기(土氣)에 순음(脣音), 금기(金氣)에 치음(齒音), 수기(水氣)에 후음(喉音)이 해당한다. 앞서 살핀 바와 같이 12지지를 오행에 따라 분류하면 목기(木氣)에 '寅, 卯, 辰', 화기(火氣)에 '巳, 午, 未', 금기(金氣)에 '申, 酉, 戌', 수기(水氣)에 '亥, 子, 丑' 등이다.

[표 25] 오행과 지지

오음 (五音)	오행 (五行)	지지(地支)		
		시작 (不厲)	성장 (最不厲)	수렴-土의 기운 (不淸不濁)
아	木	寅	卯	辰
설	火	巳	午	未
치	金	申	酉	戌
후	水	亥	子	丑

'전청'에 해당하는 초성자 역시 12지지에 해당하는 방도 'ㅁ'의 상(象)에 오행과 관련하여 배정을 한다. 전청자는 시작을 의미하는 지지(地支)인 '寅, 巳, 申, 亥'에 배정된다.

『훈민정음』 제자해에서 '전청'에 해당하는 초성자는 'ㄱ, ㄷ, ㅂ, ㅅ, ㅈ, ㆆ' 등이다. 이 가운데 'ㅁ'의 상(象)과 관련해서 'ㄱ, ㄷ, ㅅ, ㆆ'을 먼저 살펴본다.

목기(木氣)에 해당하는 'ㄱ'은 세기(厲)가 목기(木氣) 가운데 조금 강한 소리이고, 시작의 의미가 있다. 그러므로 목기(木氣) 가운데 시작의 기운이 있는 '인(寅)'의 자리에 배당하면 된다. 화기(火氣)에 해당하는 'ㄷ'은 세기

(厲)가 화기(火氣) 가운데 조금 강한 소리이고, 시작의 의미가 있다. 그러므로 화기(火氣) 가운데 시작의 기운이 있는 '사(巳)'의 자리에 배당하면 된다. 금기(金氣)에 해당하는 'ㅅ'은 세기(厲)가 금기(金氣) 가운데 조금 강한 소리이고, 시작의 의미가 있다. 그러므로 금기(金氣) 가운데 시작의 기운이 있는 '신(申)'의 자리에 배당하면 된다. 마지막으로 수기(水氣)에 해당하는 'ㆆ'은 세기(厲)가 수기(水氣) 가운데 조금 강한 소리이고, 시작의 의미가 있다. 그러므로 수기(水氣) 가운데 시작의 기운이 있는 '해(亥)'의 자리에 배당하면 된다.

지금까지 『훈민정음』 제자해의 '전청자' 가운데 'ㄱ, ㄷ, ㅅ, ㆆ'의 오행과 오성 그리고 12지지와 관련하여 살펴보았다. 필자가 작성한 방도를 기준으로 12지지 중 불려(不厲)한 소리에 해당하는 '寅, 巳, 申, 亥'의 자리에 불려(不厲)한 소리인 'ㄱ, ㄷ, ㅅ, ㆆ'를 배치하면 아래와 같다.

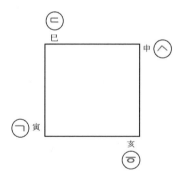

[그림 40] 12지지를 통한 전청음도 'ㄱ, ㄷ, ㅅ, ㆆ'도

(3) 차청에 해당하는 초성자

제자해의 초성자는 소리의 세기(厲)에 따라서 방도 'ㅁ'의 상(象)에 배당이 된다. 차청자는 전청자보다 세기(厲)가 강하다. 그렇기 때문에 방도 'ㅁ' 상에서 가장 강한 기운이 있는 곳에 배치가 된다. 방도 'ㅁ'의 상(象)에서 가장 강한 기운은 각 기의 중심이 되는 중앙이다. 이 중앙의 자리는 역리에서 가장 기운이 강한 자리로 여기에 해당하는 12지지는 '卯, 午, 酉, 子' 등이다.

목기(木氣)에서 세기(厲)가 가장 강한 소리는 'ㅋ'이다. 그러므로 'ㅋ'을 목기(木氣)에서 가운데 자리인 '묘(卯)'에 배당하면 된다. 화기(火氣)에서 세기(厲)가 가장 강한 소리는 'ㅌ'이다. 초성자 'ㅌ'을 화기(火氣)에서 가운데 자리인 '오(午)'에 배당하면 된다. 같은 원리로 금기(金氣)에서 세기(厲)가 강한 소리는 'ㅈ'이다. 'ㅈ'은 금기(金氣) 가운데 'ㅅ'에 비해 세기(厲)가 강한 소리이다.[159] 그러므로 'ㅈ'을 금기(金氣) 가운데 자리인 '유(酉)'에 배당하면 된다. 마지막으로 수기(水氣)에서 세기(厲)가 가장 강한 소리는 'ㅎ'이다. 초성자 'ㅎ'을 수기(水氣)에서 가운데 자리인 '자(子)'의 자리에 배당하면 된다.

『훈민정음』 제자해에서 토기(土氣)를 제외한 오행과 오성 그리고 12지지와 관련하여 전청에 가획을 한 초성자(차청)에 대해서 고찰해 보았다. 이들은 오행의 관점에서 방도 'ㅁ'의 상(象)으로 가장 강한 기운이 있는 자리에 배정된다. 방도에 12지지를 배당할 때 가운데 자리가 세기(厲)가 가장 강하

---

[159] 전청, 차청, 불청불탁은 '청탁'이라는 음가를 고려하여 구분한 것이나 필자는 '음양'법에 기초하여 자형형성 과정을 살피는 데 중점을 두고 있다. 그러므로 음운론적인 초성자 배치와 일치하지는 않는다. 'ㅈ'의 경우, 유금(酉金)의 서방(西方)에 자리한 것은 음양법에 기초한 십이지의 원리에 따르고 있다. 덧붙여 기본자의 자형형성 원리는 가일배법에 기초한 것이므로 음가적 고려인 청탁과는 반드시 일치하지 않는다.

다. 이 자리에는 '子, 卯, 午, 酉' 등이 해당한다. 필자가 작성한 방도에서 12지지 중 오행의 중심에 있는 '子, 卯, 午, 酉'의 자리에 최불려(最不厲)한 소리인 'ㅋ, ㅌ, ㅈ, ㅎ'를 배치하면 아래와 같다.

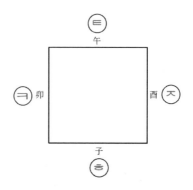

[그림 41] 12지지를 통한 차청음도 'ㅋ, ㅌ, ㅊ, ㅎ'도

(4) 나머지 초성자의 위치

『훈민정음』 제자해에서 초성자 기본자 'ㅁ'은 '土中土'로서 방도 'ㅁ'의 상(象) 중에서도 중앙에 위치함을 보았다. 'ㅁ'에서 가획된 'ㅂ'과 'ㅍ' 역시 토기(土氣)에 해당된다. 그렇지만 이들은 무성음인 관계로 사양토(四陽土)에 배당되지 못했다.[160] 이들은 방도인 'ㅁ'상(象)에서 대각선에 해당하는 자리에 배당된다. 팔괘에서 곤토(坤土 ☷)와 간토(艮土 ☶)의 자리이다.

역리적인 관점에서 보면 'ㅂ'이 '곤(坤)'에 해당된다. 'ㅂ'의 위치는 'ㅍ'의 위치 배당에 따른 것이다. 초성 'ㅍ'을 분석을 해 보면, 'ㅂ+ㅎ'이다. 'ㅎ'은 오행에서 수기(水氣)이다. 앞에서 각 기운의 마지막에 토기(土氣)가 작동을

---

160) 토기(土氣) 가운데 양의 속성을 지닌 토기(土氣)에는 'ㆁ, ㄴ, ㅿ, ㅇ' 등의 불청불탁음이다.

한다고 했다. 이러한 원리로 볼 때, 'ㅎ'은 수기(水氣)이고 'ㅂ+ㅎ'의 관계로 보면 감괘(坎卦)인 수기(水氣) 끝인 곳에 'ㅍ'을 배당할 수 있다. 그러면 자연스럽게 'ㅂ'은 곤(坤)괘에 배당이 된다.

역리적으로 이러한 과정을 통해서 순음 'ㅂ, ㅁ, ㅍ'의 자리가 정해지게 된다. 이 토(土)의 기운이 작동되는 대각선의 방(方)을 귀문방(鬼門方)[161]이라 한다. 12지지 가운데 토기(土氣) 중의 토기(土氣)인 'ㅁ' 초성자 배당에 대해서는 앞서 논의하였다. 필자가 작성한 방도를 기준으로 'ㅁ' 초성자에서 가획된 'ㅂ, ㅍ' 초성자를 방도 'ㅁ'상에서 대각선으로 배치를 하면 아래와 같다.

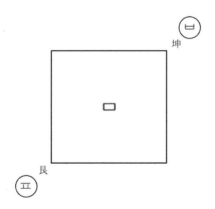

[그림 42] 팔괘를 통한 토음 'ㅂ, ㅁ, ㅍ'도

---

161) 귀문방(鬼門方)은 북동쪽인 간방(艮方)을 귀문방(鬼門方), 남서쪽인 곤방(坤方)을 이귀문(裏鬼門)이라 하여 두 방위 모두 귀문방(鬼門方)으로 불러왔다. 귀문(鬼門)이란 귀신이 드나드는 문이라는 뜻인데 음양(陰陽)의 기운이 변하는 방위다. 간방(艮方)은 음이 가장 많은 북쪽 감방(坎方)에서 점차 양의 기운으로 변하는 방위이고, 곤방(坤方)은 양이 가장 많은 남쪽 이방(離方)에서 점차 음의 기운으로 변하는 방위다. 『두산세계백과사전』의 기술 내용을 참고하였다.

『훈민정음』 제자해에서 불청불탁음인 'ㄹ'은 반설음(半舌音)으로 오행상 화기(火氣)이며 지지(地支)로 미(未)에 해당된다. 하지만 오행과 오성이 같은 'ㄴ'이 미(未)의 자리에 배당이 되었기 때문에 'ㄹ'은 'ㄴ'과 같이 미(未)의 자리에 배당을 할 수가 없다.

'ㄹ'은 제자해에서 밝힌 대로 반설음(半舌音)으로 이체자이다. 그러나 'ㄹ'도 설음의 기본음인 'ㄴ'에서 가획된 것으로 보아야 할 것이다. 다만 한 번 가획이 이루어지는 다른 글자와 제자원리가 달라 이체자로 구분한 것이다. 이러한 'ㄹ'의 특성으로 백두현 (2013:104)에서는 'ㄹ'이 설음의 기본자 'ㄴ'요소를 내재하고 있으며 동시에 'ㄷ' 요소도 포함되어 있다고 하였다. 글꼴 자체로 보면 'ㄹ'은 'ㄷ'에서 2개 획을 가획한 것이며, 2개 획을 가획하여 'ㄹ'을 만들면 가획법의 일관성을 깨뜨리기 때문에 'ㄹ'을 이체자로 처리한다고 했다. 그리고 'ㄹ'에 'ㄴ' 요소가 있는 점을 중시한다면, 'ㄹ'은 순수한 이체자가 아니고 혀의 움직임을 상형한 설음에 속하면서 가획법을 변용하여 글자꼴을 만든 것이라고 하였다. 유창균(2008: 24)에서는 'ㄹ'을 복합어로 보고 있기도 한다.

필자는 'ㄹ' 자형을 'ㄱ+ㄷ'으로 분석을 하고자 한다. 'ㄱ'은 오행으로 목기(木氣)이고, 'ㄷ'은 오행상 화기(火氣)에 해당된다. 이러한 원리로 반설음 'ㄹ'은 목기와 화기의 중간의 자리에 배당하면 된다. 목과 화의 중간에 해당하는 12지지의 자리는 목기(木氣)의 진(辰)과 화기(火氣)의 사(巳)의 모서리가 되고, 팔괘로는 '손(巽)'의 자리다. 필자가 작성한 방도를 기준으로 초성자인 'ㄹ'은 12지지 중 목기(木氣)와 화기(火氣)의 모서리에 배치한다. 'ㄹ'은 팔괘 중에서 '손방(巽方)'에 해당하며 방도(方圖)에 배치하면 아래와 같다.

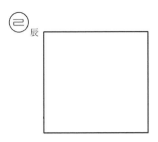

[그림 43] 팔괘를 통한 설음 'ㄹ'도

『훈민정음』 제자해에서 'ㅊ'은 'ㅈ'에 획을 더한 것으로 설명하고 있다. 'ㅊ'은 역리적으로 오행상 금기(金氣)에 해당한다. 발음상 치음(齒音)이며, 음가상으로는 'ㅈ+ㅎ'의 상(象)이라고 본다. 이에 따라 'ㅊ'의 상(象)은 'ㅈ'의 치음(齒音)과 'ㅎ'의 후음(喉音)의 중간에 위치한다. 'ㅊ'은 오행상 금기(金氣)이다. 12지지의 자리로는 금기(金氣)인 술(戌)과 수기(水氣)인 해(亥)의 모서리가 되고, 팔괘로는 '건(乾)'의 자리다.

위의 내용을 정리하면, 초성 기본자인 'ㅊ'은 12지지 중 금기(金氣)이기 때문에 금기(金氣)와 수기(水氣)의 모서리에 배치한다. 방도(方圖)를 기준으로 볼 때, 'ㅊ'은 팔괘 중에서 '건방(乾方)'에 해당하며 방도(方圖)에 배치하면 아래와 같다.

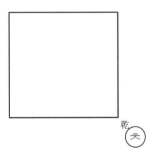

[그림 44] 팔괘를 통한 치음 'ㅊ'도

지금까지『훈민정음』제자해에서 보인 초성 17자의 자형을 역리적으로 고찰해 보았다. 그리고 오행과 오성 그리고 팔괘와 12지지 등을 통해서 초성자를 필자가 작성한 방도를 활용하여 위치별로 배치하였다. 이러한 작업은 초성자의 속성을 역리적으로 이해하는데 도움이 된다. 또한 초성자가 오행과 팔괘의 속성과도 관련이 있고, 세기(勢)와 관련하여 체계적으로 제자가 되었음을 알 수 있다.

김양진(2015:71)에서『훈민정음』해례 제자해의 초성자 배열 순서와 다르게 '후-아-설-치-순'으로 배정이 되었는데, 그것은 발음기관의 심천(深淺)과 음양 및 오행 그리고 팔괘와 방위 등의 역리를 고려해서 배열을 한 결과이다. 토기(土氣)인 'ㅁ, ㅂ, ㅍ'의 위치는 방원도에서 대각선상에 배당이 되는데 이는 역리적인 차원에서는 같은 선상으로 볼 수 있다. 불청불탁음을 제외한 초성자의 배열은 십이지의 음양을 고려한 결과이다.

지금까지의 내용을 정리하여 초성 17자를 방위도에 배치하면 다음과 같은 '초성 17자 역리도'가 나오게 된다.

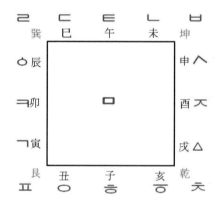

[그림 45] 초성 17자 역리도

3.3. 초성자에 적용된 역리자질

최석정(1646~1715)은 중국의 운서 특히, 소강절의『황극경세서』를 참고하여 훈민정음 초성자를 태극과 양의 그리고 팔괘로 풀이하고 있다.『황극경세서』에서 태양은 '日'이, 태음은 '月'이, 소양은 '星'이, 소음은 '辰'이 된다. 이 '日月星辰'은 하늘의 사상(四象)이 되며, 태유는 水가, 태강은 火가, 소유는 土가, 소강은 石이 된다고 했다. 이 '水火土石'은 땅의 사상(四象)이라고 했다. 그리고 괘수(卦數)를 따져서 홀수는 양괘(陽卦), 짝수는 음괘(陰卦)라고 정하고 팔괘의 원리를 제자해 적용하였다. 유창균(2008:27)에서 말소리가 지닌 변별적 자질162)을 오행, 오음, 사시, 방위에 배합을 하였다고 하였다. 이러한 배합은 일찍부터 중국에서 행해져 왔는데, 예기(禮記)의 월령(月令)이나, 회남자(淮南子)의 시칙훈(時則訓)에서 보였다. 제자해에서는 절운지장도(切韻指掌圖)의 다음에 보이는 변자모차례가(辯字母次禮歌)의 원리를 따랐다고 한다. 한 기(氣)에는 청탁(淸濁)의 차례가 있고, 경중(輕重)의 질서가 있어, 오음(五音)에 합하고 사시(四時)로 운행을 한다고 했다. 예를 들어, 아음(牙音)은 봄의 상(象)이니, 그 음은 각(角), 그 행은 목(木)이다.

필자는 음양(陰陽), 오행(五行), 방위(方位), 간지(干支), 팔괘(八卦) 등을 자질 요소로 설정하여 역리적으로 접근하였다. 이들을 역리 자질로 정한 것은 훈민정음 28자의 특성을 잘 드러낼 수 있기 때문이다. 특히 방위는 중국 성운학에 없던 것으로 독창적으로 훈민정음에 적용한 것이다. 초성 제자해에서 오방위를 방도(□)에 배정하여 초성 17자의 위치와 속성을 알 수 있다.

---

162) 자질은 원래 음운론적 대립을 기술해 주려는 의도에서 시작되었지만, 필자는 초성자와 중성자가 지닌 역리적인 특성을 강조하는 속성의 의미로 사용한다.

3.3.1. 아음에 적용된 역리자질

(1) ㄱ

초성자 'ㄱ'은 [음양]으로는 양(陽), [오행]으로는 목(木), [방위]로는 동(東) 자질을 지닌다. [간지(干支)][163]로는 인(寅), [팔괘]로는 간(艮)의 자질을 지닌다. 이를 정리하면 아래 표와 같다.

[표 26] 초성 'ㄱ' 역리 자질표

자형＼자질	음양	오행	방위	천간 지지	팔괘
ㄱ	陽	木	東	寅	艮

(2) ㅋ

초성자 'ㅋ'은 [음양]으로는 음(陰), [오행]으로는 목(木), [방위]로는 동(東) 자질을 지닌다. [간지(干支)]로는 묘(卯), [팔괘]로는 진(震)의 자질을 지닌다. 이를 정리하면 아래 표와 같다.

[표 27] 초성 'ㅋ' 역리 자질표

자형＼자질	음양	오행	방위	천간 지지	팔괘
ㅋ	陰	木	東	卯	震

---

[163] 간지(干支)는 천간(天干)과 지지(地支)를 의미한다.

(3) ㆁ

초성자 'ㆁ'은 [음양]으로는 양(陽), [오행]으로는 토(土), [방위]로는 동(東) 자질을 지닌다. [간지(干支)]로는 진(辰), [팔괘]로는 손(巽)의 자질을 지닌다. 이를 정리하면 아래 표와 같다.

[표 28] 초성 'ㆁ' 역리 자질표

자형＼자질	음양	오행	방위	천간지지	팔괘
ㆁ	陽	土	東	辰	巽

아음자(ㄱ, ㅋ, ㆁ)는 음양에서 공통 자질적 속성을 지니고, 오행과 방위, 간지 및 팔괘 등에서는 변별적 자질의 속성을 지닌다.

3.3.2. 설음에 적용된 역리자질

(1) ㄴ

초성자 'ㄴ'은 [음양]으로는 음(陰), [오행]으로는 토(土), [방위]로는 남(南) 자질을 지닌다. [간지(干支)]로는 미(未), [팔괘]로는 이(離)의 자질을 지닌다. 이를 정리하면 아래 표와 같다.

[표 29] 초성 'ㄴ' 역리 자질표

자형＼자질	음양	오행	방위	천간지지	팔괘
ㄴ	陰	土	南	未	離

(2) ㄷ

초성자 'ㄷ'은 [음양]으로는 음(陰), [오행]으로는 화(火), [방위]로는 남(南) 자질을 지닌다. [간지(干支)]로는 사(巳), [팔괘]로는 이(離)의 자질을 지닌다. 이를 정리하면 아래 표와 같다.

[표 30] 초성 'ㄷ' 역리 자질표

자형＼자질	음양	오행	방위	천간지지	팔괘
ㄷ	陰	火	南	巳	離

(3) ㅌ

초성자 'ㅌ'은 [음양]으로는 양(陽), [오행]으로는 화(火), [방위]로는 남(南) 자질을 지닌다. [간지(干支)]로는 오(午), [팔괘]로는 이(離)의 자질을 지닌다. 이를 정리하면 아래 표와 같다.

[표 31] 초성 'ㅌ' 역리 자질표

자형＼자질	음양	오행	방위	천간지지	팔괘
ㅌ	陽	火	南	午	離

(4) ㄹ

초성자 'ㄹ'은 [음양]으로는 음(陰), [오행]으로는 목(木), [방위]로는 동(東)과 남(南) 자질을 지닌다. 'ㄹ'은 방도에서 동(東)과 남(南) 사이에 위치하기 때문에 [간지(干支)]로는 배당이 되지 않는다. [팔괘]로는 손(巽)의 자질을 지닌다. 이를 정리하면 아래 표와 같다.

[표 32] 초성 'ㄹ' 역리 자질표

자형 \ 자질	음양	오행	방위	천간 지지	팔괘
ㄹ	陰	木	東 南	×	巽

설음자(ㄴ, ㄷ, ㅌ, ㄹ)는 음양에서 공통 자질적 속성을 지니고, 오행과 방위, 간지 및 팔괘 등에서는 변별적 자질의 속성을 지닌다.

3.3.3. 순음에 적용된 역리자질

(1) ㅁ

초성자 'ㅁ'은 [음양]으로는 음(陰), [오행]으로는 토(土), [방위]로는 중(中) 자질을 지닌다. 'ㅁ'은 방도의 중심에 위치하기 때문에 [간지(干支)]로는 배당이 되지 않는다. [팔괘]로는 곤(坤)의 자질을 지닌다. 이를 정리하면 아래와 표와 같다.

[표 33] 초성 'ㅁ' 역리 자질표

자형 \ 자질	음양	오행	방위	천간 지지	팔괘
ㅁ	陰	土	中	×	坤

(2) ㅂ

초성자 'ㅂ'은 [음양]으로는 음(陰), [오행]으로는 토(土), [방위]로는 서
(西)와 남(南) 자질을 지닌다. 'ㅂ'은 방도에서 서(西)와 남(南) 사이에 위치
하기 때문에 [간지(干支)]로는 배당이 되지 않는다. [팔괘]로는 곤(坤)의 자
질을 지닌다. 이를 정리하면 아래 표와 같다.

[표 34] 초성 'ㅂ' 역리 자질표

자형＼자질	음양	오행	방위	천간지지	팔괘
ㅂ	陰	土	西 南	×	坤

(3) ㅍ

초성자 'ㅍ'은 [음양]으로는 음(陰), [오행]으로는 토(土), [방위]로는 동
(東)과 북(北) 자질을 지닌다. 'ㅍ'은 방도에서 동(東)과 북(北) 사이에 위치
하기 때문에 [간지(干支)]로는 배당이 되지 않는다. [팔괘]로는 간(艮)의 자
질을 지닌다. 이를 정리하면 아래 표와 같다.

[표 35] 초성 'ㅍ' 역리 자질표

자형＼자질	음양	오행	방위	천간지지	팔괘
ㅍ	陰	土	東 北	×	艮

3.3.4. 치음에 적용된 역리자질

(1) ㅅ

초성자 'ㅅ'은 [음양]으로는 양(陽), [오행]으로는 금(金), [방위]로는 서(西) 자질을 지닌다. [간지(干支)]로는 신(申), [팔괘]로는 곤(坤)의 자질을 지닌다. 이를 정리하면 아래 표와 같다.

[표 36] 초성 'ㅅ' 역리 자질표

자형＼자질	음양	오행	방위	천간지지	팔괘
ㅅ	陽	金	西	申	坤

(2) ㅈ

초성자 'ㅈ'은 [음양]으로는 음(陰), [오행]으로는 금(金), [방위]로는 서(西) 자질을 지닌다. [간지(干支)]로는 유(酉), [팔괘]로는 태(兌)의 자질을 지닌다. 이를 정리하면 아래 표와 같다.

[표 37] 초성 'ㅈ' 역리 자질표

자형＼자질	음양	오행	방위	천간지지	팔괘
ㅈ	陰	金	西	酉	兌

(3) ㅊ

초성자 'ㅊ'은 [음양]으로는 양(陽), [오행]으로는 금(金), [방위]로는 서(西)와 북(北) 자질을 지닌다. 'ㅊ'은 방도에서 서(西)와 북(北) 사이에 위치하기 때문에 [간지(干支)]로는 배당이 되지 않는다. [팔괘]로는 건(乾)의 자질을 지닌다. 이를 정리하면 아래 표와 같다.

[표 38] 초성 'ㅊ' 역리 자질표

자형 \ 자질	음양	오행	방위	천간 지지	팔괘
ㅊ	陽	金	西 北	×	乾

(4) ㅿ

초성자 'ㅿ'은 [음양]으로는 양(陽), [오행]으로는 토(土), [방위]로는 서(西) 자질을 지닌다. [간지(干支)]로는 술(戌), [팔괘]로는 건(乾)의 자질을 지닌다. 이를 정리하면 아래 표와 같다.

[표 39] 초성 'ㅿ' 역리 자질표

자형 \ 자질	음양	오행	방위	천간 지지	팔괘
ㅿ	陽	土	西	戌	乾

치음자(ㅅ, ㅈ, ㅊ, ㅿ)는 [음양]에서 공통 자질적 속성을 지니고, [오행]과 [방위], [간지] 및 [팔괘] 등에서는 변별적 자질의 속성을 지닌다.

3.3.5. 후음에 적용된 역리자질

(1) ㅇ

초성자 'ㅇ'은 [음양]으로는 음(陰), [오행]으로는 토(土), [방위]로는 북
(北) 자질을 지닌다. [간지(干支)]로는 축(丑), [팔괘]로는 간(艮)의 자질을
지닌다. 이를 정리하면 아래 표와 같다.

[표 40] 초성 'ㅇ' 역리 자질표

자형＼자질	음양	오행	방위	천간지지	팔괘
ㅇ	陰	土	北	丑	艮

(2) ㆆ

초성자 'ㆆ'은 [음양]으로는 양(陽), [오행]으로는 수(水), [방위]로는 북
(北) 자질을 지닌다. [간지(干支)]로는 해(亥), [팔괘]로는 건(乾)의 자질을
지닌다. 이를 정리하면 아래 표와 같다.

[표 41] 초성 'ㆆ' 역리 자질표

자형＼자질	음양	오행	방위	천간지지	팔괘
ㆆ	陽	水	北	亥	乾

(3) ㆆ

초성자 'ㆆ'은 [음양]으로는 양(陽), [오행]으로는 수(水), [방위]로는 북(北) 자질을 지닌다. [간지(干支)]로는 자(子), [팔괘]로는 감(坎)의 자질을 지닌다. 이를 정리하면 아래 표와 같다.

[표 42] 초성 'ㆆ' 역리 자질표

자형 \ 자질	음양	오행	방위	천간 지지	팔괘
ㆆ	陽	水	北	子	坎

후음자(ㅇ, ㆆ, ㅎ)는 [음양]에서 공통 자질적 속성을 지니고, [오행]과 [방위], [간지] 및 [팔괘] 등에서는 변별적 자질의 속성을 지닌다.

지금까지 초성 17자의 역리자질을 [오행]과 [방위] 그리고 [천간]과 [지지] 및 [팔괘] 자질 등으로 나누어 분석했다. 초성이 지닌 속성에 따라 각각의 자질들의 특성을 알 수 있었다. 위에서 논의한 초성 17자의 역리자질을 정리하면 아래와 같다.

[표 43] 초성 17자 역리 자질표

자형 \ 자질	음양	오행	방위	천간 지지	팔괘
ㄱ	陽	木	東	寅	艮
ㅋ	陰	木	東	卯	震
ㆁ	陽	土	東	辰	巽
ㄹ	陰	木	東 南	×	巽
ㄷ	陰	火	南	巳	離

ㅌ	陽	火	南	午	離
ㄴ	陰	土	南	未	離
ㅁ	陰	土	中	×	坤
ㅂ	陰	土	西南	×	坤
ㅍ	陰	土	東北	×	艮
ㅅ	陽	金	西	申	坤
ㅈ	陰	金	西	酉	兌
ㅊ	陽	金	西北	×	乾
ㅿ	陽	土	西	戌	乾
ㆆ	陽	水	北	亥	乾
ㅎ	陽	水	北	子	坎
ㅇ	陰	土	北	丑	艮

제 4 부

훈민정음의 중성자 제자원리에 적용된 역리

훈민정음 중성자의 제자원리는 천, 지, 인 삼재를 상형하였다. 이 외에 중성자의 제자원리에 적용된 역리에는 음양론, 오행론 그리고 상수론 등이 있다. 중성자 자형 형성은 초성자 자형 형성에 중요한 역할을 했던 복희 방원도를 비롯하여 천간의 역할이 크다.

이 장에서는 훈민정음 해례본에서 설명한 중성의 음성학적 특징을 살펴보고 각 자형의 음성자질을 살펴 제자원리를 이해하는 바탕으로 삼고자 한다. 그리고 방원도와 천간을 활용하여 중성자의 자형형성에 적용된 역리 이론을 고찰해 보고자 한다.

4.1. 중성의 음성학적 분석과 제자원리

제자해의 중성 자질은 혀의 움츠림(설축, 舌縮), 소리의 깊고 얕음(聲深과 聲淺), 입술의 오므림(口蹙)과 펼침(口張)이 있다. 『훈민정음』 제자해에서 설축(舌縮)은 중성 기본자 'ㆍ, ㅡ, ㅣ'에서 각각 '설축(舌縮), 설소축(舌小縮), 설불축(舌不縮)'과 대응이 된다. 소리의 깊이에 따라서도 '성심(聲

深), 성불심불천(聲不深不淺), 성천(聲淺)'으로 나누어 구분한다. ‘ㆍ’는 깊은 데서 나는 소리이고(聲深), ‘ㅡ’는 깊지도 얕지도 않은 데서 나는 소리(聲不深不淺), ‘ㅣ’는 얕은 데서 나는 소리(聲淺)이다. 이는 발음을 할 때, 혀의 구체적인 움직임으로 깊은 데서 나는 소리가 오그라들면 설축(舌縮), 깊지도 얕지도 않는 소리가 조금 오그라들면 설소축(舌小縮)이고, 얕은 데서 나면서 혀가 오그라들지 않으면 설불축(舌不縮)이 된다. 또한 합벽(闔闢)과 구장(口張) 및 구축(口蹙)도 제자해의 중성자질이다.

합벽(闔闢)은 주역에 나오는 용어다.

是故 闔戶謂之坤 辟戶謂之乾 一闔一辟謂之變 往來不窮謂之通 見乃謂之象 形乃謂之器 制而用之 謂之法:利用出入 咸用之謂之神.(『繫辭上全』11)

문을 닫는 것을 곤(坤)이라 하고, 문을 여는 것을 건(乾)이라 하며, 한 번 닫고 한 번 여는 것을 변화라 하고, 끝없이 왕래하는 것을 통이라 하며, 외부로 드러나는 현상을 상이라 한다. 형체를 갖춘 것을 기(器)라 하고, 만들어 사용하는 것을 법이라 한다. 이용의 법칙을 깨달아 모든 사람들이 사용하는 것을 신(神)이라 한다.

문을 닫는 것을 곤(坤) 즉 합(闔)이라고 하고, 문을 여는 것을 건(乾) 즉 벽(闢)이라 한다. 이렇게 ‘一闔一闢’을 변(變)이라 한다. 이러한 합벽(闔闢)과 구장(口張) 및 구축(口蹙)을 비롯해서 설축(舌縮)과 심천(深淺) 등의 자질은 중성 제자의 중요한 분류 기준이 된다고 했다.

구축(口蹙)과 구장(口張)의 자질은 ‘ㆍ, ㅡ, ㅣ’의 세 중성과 ‘ㅏ,ㅓ,ㅗ,

ㅡ, ㅑ, ㅕ, ㅛ, ㅠ'를 구별하기 위한 자질이다. 그런데 『훈민정음』 제자해에서
는 이 오므림(蹙)과 벌림(張)을 합벽(闔闢)으로 바꾸어 설명하기도 한다. 합
(闔)은 입을 오므린 것이고, 벽(闢)은 입을 벌린 것이다. 'ㅗ'는 혀를 오그림
(舌縮)에 입 오므림(口蹙)을 더한 것이고, 'ㅏ'는 혀를 오그림(舌縮)에 입 벌
림(口張)을 더한 것이다. 'ㅜ'는 혀를 조금 오그림(舌小縮)에 입 오므림(口
蹙)을 더한 것이고, 'ㅓ'는 혀를 조금 오그림(舌小縮)에 입 벌림(口張)을
더한 것이다. 그리고 'ㅑ, ㅕ, ㅛ, ㅠ'는 'ㅏ, ㅓ, ㅗ, ㅜ'에 각각 '기어 ㅣ(起於
ㅣ)'를 더한 것이다.

이 장에서는 이를 바탕으로 훈민정음 중성 11자의 자질을 살펴보고 이에
적용된 역리에 대해 고찰할 것이다.

4.1.1. 설축, 설불축, 설소축 자질

『훈민정음』 제자해에서 설축 자질의 설명을 보면 다음과 같다.

中聲凡十日字

• 舌縮而聲深 天開於子也 形之圓 象乎天也

ㅡ 舌小縮而聖不深不淺 地闢於丑也 形之平 象乎地也

ㅣ 舌不縮而聲淺 人生於寅也 形之立 象乎人也

ㅗ 與•同而口蹙. 其形則•與ㅡ合而成. 取天地初交之義也.

ㅏ 與•同而口張. 其形則ㅣ與•合而成. 取天地之用發於事物待人而成也.

ㅜ 與ㅡ同而口蹙. 其形則ㅡ與•合而成. 亦取天地初交之義也.

ㅓ 與ㅡ同而口張. 其形則•與ㅣ合而成. 亦取天地之用發於事物待人而成也.

김무식(1993:275)은 설축의 개념은 혀 전체가 설근을 향하여 긴축되는 수축감을 형상화한 것으로 이 자질의 기능은 모음 체계의 근간을 담당한 대립 체계라고 보고 있다. 임용기(2008:130)는 '설축, 설소축, 설불축'은 혀의 오그라짐(縮)의 정도를 나타낸 것이고, '구축, 구장'은 입의 오그라짐(蹙)과 벌어짐(張)을 나타낸 것으로 보고 있다. 그리고 '설축'은 혀가 혀뿌리(舌根) 방향으로 당겨져 후퇴하는 조음 동작을 표현한 용어로 현대국어의 전설·후설과 비슷한 성격이 있지만 백두현(2013:89), 김주원(2013:209)에서는 설축을 '혀를 움츠린다.'의 의미로 이해했다.

『훈민정음』제자해에서 중성 기본자인 '·, ㅡ, ㅣ'는 설축과 심천에 근거하여 분석할 수 있다. 재출자의 분류 기준은 '⸓與·同而口蹙. 其形則·與ㅡ合而成. 取天地初交之義也. ㅏ與·同而口張. 其形則ㅣ與·合而成. 取天地之用發於事物待人而成也. ⸤與ㅡ同而口蹙. 其形則ㅡ與·合而成. 亦取天地初交之義也. ㅓ與ㅡ同而口張. 其形則·與ㅣ合而成. 亦取天地之用發於事物待人而成也.'에서 보듯이 구축(口蹙)과 구장(口張)이다. 구축은 '⸓, ⸤'에, 구장은 'ㅏ, ㅓ'에 적용이 되었다.[164]

지금까지 『훈민정음』 제자해의 설축(舌縮)자질에 대해 살핀 것을 표로 정리하면 다음과 같다.[165]

---

[164] 백두현(2013:113)에서는 '·'가 구축값을 가지면 '⸓'로 바뀌고, 'ㅡ'가 구축값을 가지면 '⸤'로 바뀐다. 이것이 국어 음운사에 나타난 원순모음화 현상이다. 그러나 '·'가 구장값을 가지면 'ㅏ'가 되고, 'ㅡ'가 구장값을 가지면 'ㅓ'가 되는 음운론적 과정은 국어 음운사에 나타나지 않았다고 한다.

[165] 자질 '설, 구, 성'에 따른 7모음 분류표는 김영송(1981)에서 참고하여 정리하였다.

[표 44] 자질 '설, 구, 성'에 따른 7모음 분류표

	자질 '舌'		
	不縮	小縮	縮
	ㅣ	ㅡ	·
자질 '口蹙'		ㅜ	ㅗ
자질 '口張'		ㅓ	ㅏ
	淺	不深不淺	深
	자질 '聲'		

4.1.2. 성심, 성천 자질

설축은 혀의 움직임에 초점을 둔 용어라면, 심천은 소리의 깊고 얕음을 중시하는 자질이다. 백두현(2013:113)에서는 성심음(聲深音) '·'와, 성천음(聲淺音) 'ㅣ' 그리고 성불심불천음(聲不深不淺音) 'ㅡ'로 분류를 했지만 결과적으로 설축에 따른 분류와 같은 결과를 산출했다고 했다.

설축과 성심, 성천에 의한 음류를 표시하면 다음과 같이 나타낼 수 있다.

[표 45] 설축과 설소축, 설불축의 관계

> 舌不縮(聲淺) → 舌小縮(聲不深不淺) → 舌縮(聲深)

4.1.3. 구축, 구장 자질

이 구축과 구장의 자질은 중국의 성운학을 바탕으로 하였지만 『훈민정음』 제자해의 독창적인 자질이며, 그 자질 값은 이원적으로 원순성과 개구도를 표시한 것으로 보인다. 이 자질은 설축 자질과 함께 모음 체계의 중요한 대립관계를 나타내는 자질이다. 설축 자질로 구분된 음류를 다시 구분하는 데 사용되는 자질이다. 현대 음운론적 관점에서 보면 모음체계의 세로 관계를 담당하는 자질로 파악된다.

지금까지 이 '口蹙/口張' 자질에 대한 기존의 해석을 정리하면 다음과 같다.

(1) 口蹙 = 闔(원순성), 구장 = 벽(개구도)(유창균 1985:333-335)

(2) 중국 음운학의 개구와 합구(강신항 1964:93)

(3) 개구도(이숭녕 1949b:23)

(4) 입술의 모양과 개구도를 포괄하는 개념(이기문 1972:103)

(5) 蹙은 입술 모양, 張은 개구도(정연찬 1980:208)

(6) 口蹙은 合口와 비슷하며, 口張은 개구음과 비슷하나 평순은 물론 개구도를 아울러 포함하는 의미(박종희 1983:179)

(7) 구축과 구장은 모음 'ㆍ, ㅡ'와 'ㅗ, ㅜ' 및 'ㆍ, ㅡ'와 'ㅏ, ㅓ'음의 관계를 나타내는 자질(김무식 1993:239)

(8) 구축과 구장은 입이 오그라짐과 벌어짐(유창균 2008:130)

(9) 구축과 구장은 성운학의 영향을 받은 것이기는 하지만 창의적 성격이 강한 음성분석(백두현 2013:90)

기존의 구축과 구장에 대한 일반적인 견해는 '원순-비원순성'과 개구도의 차이와 '원순성과 개구도의 복합개념' 등으로 파악했다. 김영송(1975)에서는 입술의 운동을 벌림과 좁힘, 둥긂과 폄으로 나누고 있다. 입술의 벌림을 '구장'에, 입술의 좁힘을 '구축'으로 설명하였다. 입술의 좁힘과 벌림을 단순하게 입술 모양만으로 구분을 짓지 않고 구강의 운동을 비롯해서 기타 조음구의 작용을 함께 고찰하기도 하였다.

오정란(2000:202)에서는 구축을 원순모음화, 구장을 상대적 개구도 증대로 구분하였다. 백두현(2013:83-142)에서는 구축은 입술의 오므림을, 구장은 그 반대로 입술의 펼쳐짐을 의미한다고 했다. 그리고 구축은 'ㅗ, ㅜ'에, 구장은 'ㅏ, ㅓ'에 적용이 되지만『훈민정음』제자해에서 중성 기본자 'ㆍ, ㅡ, ㅣ'가 구축 및 구장에 대해 어떤 성질을 가지는 것인지에 대해서는 언급이 없는 점으로 보아, 'ㆍ, ㅡ, ㅣ'는 구축과 구장에 대해 중립적인 값을 가진다고 보고 있다. 제자해에서 구축은 'ㅗ, ㅜ'에, 구장은 'ㅏ, ㅓ'에 적용이 되지만 'ㆍ, ㅡ, ㅣ'의 구축과 구장에 대한 속성을 언급한 점이 없으므로 'ㆍ, ㅡ, ㅣ'는 구축과 구장에 대해 중립적인 값을 지닌다고 보는 견해는 설득력이 있다.

『훈민정음』제자해에 구축은 합(闔)이 되고, 구장은 벽(闢)이 되는데, 합벽(闔闢)은 'ㅏ, ㅓ, ㅗ, ㅜ, ㅑ, ㅕ, ㅛ, ㅠ'의 여덟 중성을 기본자 'ㆍ, ㅡ, ㅣ'와 구별하기 위한 자질로 볼 수 있다.

4.1.4. 합벽 자질

합벽(闔闢)은 닫히고 열린다는 의미로 중성자를 구분하는 중요한 자질이다. 합(闔)은 조음할 때 입을 오므리는 것을 말하는데,『훈민정음』제자해의 중성 'ㅗ, ㅜ, ㅛ, ㅠ' 등이 해당된다. 그리고 벽(闢)은 입을 벌리는 것을 말하는데, 중성 'ㅏ, ㅓ, ㅑ, ㅕ' 등이 해당된다. 제자해에서 초출자 'ㅗ, ㅏ, ㅜ, ㅓ'와 재출자 'ㅛ, ㅑ, ㅠ, ㅕ'의 배열 순서를 보면, 한 번 입을 오므리고 한 번 입을 벌리는 일합일벽(一闔一闢)의 차례로 되어 있다. 제자해에서 음양·오행·방위·지수와 관련시켜서 보면 목기(木氣)인 나무[木]에 'ㅏ, ㅕ'가 해당되고, 화기(火氣)인 불[火]에 'ㅜ, ㅛ'가 해당되고, 토기(土氣)인 흙[土]에 'ㆍ, ㅡ'가 해당되고, 금기(金氣)인 쇠[金]에 'ㅓ, ㅑ'가 해당되고, 수기(水氣)인 물[水]에 'ㅗ, ㅠ'가 해당된다.

이 가운데 수기(水氣)에 해당하는 'ㅗ, ㅠ'와 화기(火氣)에 해당하는 'ㅜ, ㅛ'는 음양이 교합하는 시초이므로 합(闔)이라 하였고, 목기(木氣)에 해당하는 'ㅏ, ㅕ'와 금기(金氣)에 해당하는 'ㅓ, ㅑ'는 음과 양이 정하여진 바탕이 되기 때문에 벽(闢)이라 했다.[166]

이러한 자질은 중국 성운학에 바탕을 두고 있으며, 구축과 구장과 동일한 자질값을 나타낸 것으로 『훈민정음』 제자해에 그 설명이 보인다. 구축(口蹙), 구장(口張), 합벽(闔闢)에 의한 단모음을 분류하였는데 이 책의 형식에 맞추어 정리하면 다음과 같다.

[표 46] 분류자질 '口蹙/張, 闔闢'에 의한 단모음의 분류

분류자질	구	구축	무표항(중립)	구장
	합벽	합	무표항(중립)	벽
음 류		ㅗ	ㆍ	ㅏ
		ㅜ	ㅡ	ㅓ
조음특성		원순성	무표항	개구도

---

166) 水火未離乎氣. 陰陽交合之初. 故闔. 木金陰陽之定質. 故闢.(制字解)

또한 설축 자질과 합벽 자질을 중심으로 단모음을 분류하면 아래와 같다.

[표 47] '설축' 및 '합벽'에 따른 중성 체계 분류

자질	기본자	합	벽
설축	•	ㅗ	ㅏ
설소축	ㅡ	ㅜ	ㅓ
설불축	ㅣ		

4.2. 중성자의 제자원리와 역리의 상관성

4.2.1. 중성 기본자(· ㅡ ㅣ) 제자와 역리

『훈민정음』 제자해에 적용된 역리는 삼재론, 음양론, 오행론 그리고 상수론 등이다. 이 가운데 중성 기본자는 삼재론으로 설명하고 있다.[167]

아래는 선행 연구에서 중성 기본자의 제자해에 대하여 해석한 것을 표로 정리한 것이다.[168]

---

167) '·, ㅡ, ㅣ'의 제자에 대하여 최현배(1961:268), 김민수(1971:29), 박종국(1976:.61), 강신항(1974:26), 유창균(1977:40-41), 곽신환(1977:307), 이정호(1978:140), 이성구(1985:.85-90), 백두현(2016:31).

168) 이성구(1985:84-90)를 인용하고, 보완하여 표로 정리했다.

[표 48] 중성 기본자 해석 비교

	•	ㅡ	ㅣ
최현배 (1961:268)	하늘이 자(子)에서 열린 것이라	땅이 축(丑)에서 펼친 것이라	사람이 인(寅)에서 생긴 것이라
김민수 (1971:29)	자(子)-십이지(十二支)첫째 [자]를 천개(天開)에 결부시키었음	축(丑)-십이지(十二支)의 둘째 [축]을 지벽(地闢)에 결부시키었음	인(寅)-십이지(十二支)의 셋째 [인]을 인생(人生)에 결부시키었음
박종국 (1976:61)	하늘이 자(子)에서 열림이다	땅이 축(丑)에서 열림이라	사람이 인(寅)에서 남이라
강신항 (1974:26)	하늘이 자(子)시에 열린 것	땅이 축(丑)시에 열린 것	사람이 인(寅)시에 남
이정호 (1975:140)	하늘이 자(子)시에 열림이라	땅이 축(丑)시에 퍼짐	사람이 인(寅)시에 남이라
유창균 (1977:40-41)	천개(天開)	지벽(地闢)	인생(人生)
이성구 (1985:84-90)	자일(子一)에 해당되는 복괘(復卦)에서 천(天)이 처음 열리는 것	축이(丑二)에 해당되는 임괘(臨卦)에서 지(地)가 처음으로 펼쳐진 것	인삼(寅三)에 해당되는 태괘(泰卦)에서 인(人)이 나타나는 것
권재선 (1988:38)	하늘은 자(子)에 열림이라	땅은 축(丑)에 열림이라	사람은 인(寅)에 낳임이라
박창원 (2005:70-73)	하늘은 자(子)시 열림의 의미이다	땅은 축(丑)시에 열림의 의미이다	사람이 인(寅)시에 생겨나는 의미이다

제자해의 중성 기본자인 '•, ㅡ, ㅣ'에 대한 국어학자와 성리학자들의 견해를 보면 대부분 한문 문면의 의미로 해석을 하였다. 이에 비해 이성구(1985:89)는 중성 기본자인 '•, ㅡ, ㅣ'의 제자 과정을 십이지와 12벽괘를 관련시켰다. 성리학의 우주론이 중성 기본자의 생성원리에 나타난 것으로

설명하고, '·, ㅡ, ㅣ'의 생성을 천지개벽(天地開闢)의 과정으로 보았다. '·'는 하늘이 처음 열리는 천개(天開)로, 'ㅡ'는 땅이 처음 펼쳐지는 지벽 (地闢)으로 보고, 'ㅣ'는 사람이 처음 생겨나는 인생(人生)으로 보고 있다. 이러한 과정을 십이지(十二支)의 '자, 축, 인'에 관련하여 설명하였다.

필자는 중성자에 대한 자형형성의 원리를 역리 중에서 복희 방원도와 천간(天干)을 활용하여 중성자에 대한 자형형성의 원리를 고찰해 보고자 한다.

『훈민정음』 제자해에 보인 중성 기본자인 '·'의 자형은 하늘의 형상을 상 (象)하였다고 되어 있다.[169] 'ㅡ'의 자형은 땅의 형상을 상(象)하였다고,[170] 마지막으로 'ㅣ'의 자형은 사람이 서 있는 형상을 상(象)하였다고 한다.[171]

제자해에서 보여주는 형성원리는 앞서 고찰한 바 있는 천원지방의 의미로 이해할 수 있다. 하늘의 둥근 형상에서 '○'의 상(象)을, 땅의 네모난 형상에서 '□'의 상(象)을 얻게 된다. 원도(○)에서 천(天)의 이치에 따라 무극의 중심에 태극이 드러나면서 태극의 점인 '·' 상(象)을 취상한 것이다. 방도 (□)는 땅(地)의 이치에 따라 방도의 'ㅡ' 상(象)을 취상한 것이다.

  · 坤爲地(☷), 2爻, 爻辭: 直方大 不習 无不利

위 곤괘(坤卦)의 2효의 효사에서 '直'이라는 표현이 중요한데 그것은 '直' 의 의미가 방도의 입체성에서 드러나는 'ㅡ'의 상(象)을 의미하기 때문이다. 곤괘에서 효사를 '直'으로 표현한 이유가 바로 'ㅡ'의 상(象)이 직선이기 때문이다.

---

169) · 舌縮而聲深. 天開於子也. 形之圓. 象乎天也.(制字解)
170) ㅡ 舌小縮而聲不深不淺. 地闢於丑也. 形之平. 象乎地也.(制字解)
171) ㅣ 舌不縮而聲淺. 人生於寅也. 形之立. 象乎人也.(制字解)

이사질(1705~1776)의 『훈음종편(訓音宗編)』에서도 훈민정음의 모든 글자의 기원을 '천원지방(天圓地方)'에 두고 세상의 모든 만형만상이 원(圓)과 방(方)에 의해서 이루어진 것이고, 글자도 이것을 본떠 만들었다고 하였다. 권정선(1848-?)의 『음경(音經)』에서도 한글의 자형(字形)을 원방반절상형설(圓方反切象形說)로 설명하고 있다. 즉 모든 한글의 자형은 천지(天地)의 기본인 원(○)과 방(□)의 절단(切斷)으로 되었는데, '○'과 '□'이란 입과 혀를 펴거나 오므리는 형상을 상징하는 것이다. '○'과 '□'의 변용이 ' • , ㅡ'인데 중성 글자의 기본이 된다. '○, □'에서 중성 글자가 생겨난다고 하였다. 조영진(1969:202)에서도 훈민정음의 자형과 태극사상을 관련시켜, 천원지방(天圓地方)을 나타내는 원꼴 '○'과 네모꼴 '□'이 훈민정음의 기본 도형임을 주장하기도 했다. 그리고 서병국(1973:43)에서도 역리적 사고방식이 훈민정음 제자에 영향을 주었다고 보면서 원동방정(圓動方靜)을 통해서 동(動)의 상(象)은 원(圓)이고, 원(圓)은 양(陽)을 의미하고, 정(靜)의 상(象)은 방(方)이고, 방(方)은 음(陰)을 상징하는 원리가 제자해에 적용된 것을 언급하였다.

복희 방원도의 원도를 통해 중성 기본자인 ' • '의 상(象)이 나왔다고 앞서 설명을 하였다. 초성 기본자인 '○'의 상(象)의 중심에서 중성 기본자 ' • '의 상(象)이 나온다. 그리고 초성 기본자인 '□'의 상(象)에서 'ㅡ'의 상(象)이 나온다. 이는 곤위지 2효의 효사에서 방도 '□'의 상(象)에서 입체화 하면 '直'의 의미를 지닌 'ㅡ'의 상(象)을 추론해 낼 수 있다. 위와 같은 추론 과정을 통해서 두 글자가 만들어졌다.[172] 복희 방원도의 원도(圓圖)에서 하늘(天)의 '○' 상(象)을 통해서 ' • '의 상(象)이 나오고, 방도(方圖)에서 땅(地)의 '□' 상

---

172) ㅡ舌小縮而聲不深不淺 地闢於丑也 形之平 象乎地也(制字解).

(象)을 통해서 '一'의 상(象)이 나왔다.

중성자 제자원리에는 당시의 사상적 배경인 음양과 삼재 사상과 지지(地支)[173] 등이 활용되었다. 입체 방원도와 역리적 사상 등을 통해서 '•'와 '一'의 상이 나왔다. 음양의 관점에서 보면 방원도 안의 원도(圓圖)는 하늘(天☰)로 양이고, 방도(方圖)는 땅(地☷)으로 음이다. 삼재사상의 관점에서 보면 하나의 상(象)이 더 필요하다. 원도인 하늘과 방도인 땅을 연결시킬 상(象)이 필요한데 제자해에서 그 역할을 사람(人)의 상(象)으로 하였다. 사람의 상을 통해서 'ㅣ'의 상(象)이 나오게 된다. '•'는 '三才之始'[174]이며, 그 다음에 '一'와 'ㅣ'를 양과 음을 활용하여 중성자가 만들어졌다.[175]

중성자의 경우 음양과 오행, 팔괘 등을 통해 상(象)의 원리를 설명하였다. 그런데 삼재사상으로 나온 'ㅣ'의 상(象)은 음양이나 오행의 관점이나 팔괘의 관점에서는 설명을 할 수가 없게 되었다. 뿐만 아니라 'ㅣ'의 상(象)은 현실적으로도 오행과 팔괘 그리고 상수에도 배당할 방법이 없었다. 이러한 상황을 『훈민정음』 제자해에서는 'ㅣ'의 상(象)에 대한 설명을 다음과 같이 하고 있다.

> ㅣ獨無位數者 盖以人則無極之眞 二五之精 妙合而凝 固未可以定
> 位成數論也(制字解)

---

173) 제자해에서 '天開於子也, 地闢於丑也, 人生於寅也' 등을 통해 중성자 제자원리에서 지지(地支)의 원리를 활용한 것을 확인할 수 있다.

174) 取象於天地人而三才之道備矣. 然三才爲萬物之先, 而天又爲三才之始, 猶•, 一, ㅣ三字八聲之首, 而•又爲三字之冠也(制字解) '•, 一, ㅣ' 중에서 '•'가 머리(首)가 되는 동시에 '冠'이 된다는 설명이다. '•'의 의미를 짐작할 수 있는 구절이다.

175) 이를 토대로 이성구(1985)는 성리학적 우주론의 관점에서 훈민정음 중성 기본자 '•, 一, ㅣ'의 생성원리를 설명하고 있다.

『훈민정음』 제자해에서 오직 'ㅣ' 상(象)만이 혼자 자리와 수가 없음은 대개 사람은 무극의 정수로, 음양오행의 정기(精氣)가 신묘하게 어울려 엉긴 것으로 본래 정해진 자리나, 수를 논할 수 없기 때문이라고 설명하고 있다.

지금까지 제자해의 기본자에 대한 제자 과정을 정리하면 다음과 같다.

복희 방원도의 원도와 방도를 입체적인 관점에서 고찰하면, 원도인 '圓=○'에서 'ㆍ'의 상을 얻게 되었고, 방도인 '方=□'에서 'ㅡ'의 상을 얻게 된다. 그리고 삼재사상을 통해서 '독무위수자'인 'ㅣ'의 상을 얻게 되었다.

4.2.2. 중성 초출자(ㅏ ㅓ ㅗ ㅜ) 및 재출자(ㅑ ㅕ ㅛ ㅠ)의 제자원리와 역리

『훈민정음』 제자해[176]에서 초출자의 자형 형성과 음성적 특징은 앞서 살핀 축과 합벽, 구장, 구축 자질로 설명한다. 'ㅗ'는 발음상 '합과 구축'이며 자형은 'ㆍ'와 'ㅡ'를 합한 모양이다. 상을 취한 뜻은 '取天地初交之義也.'라고 했다. 같은 원리로 'ㅏ'는 발음상 '벽'과 '구장'이며 자형은 'ㅣ'와 'ㆍ'의 합한 모양이다. 상을 취한 뜻은 '取天地之用發於事物待人而成也.'라고 했다. 그리고 'ㅜ'는 발음상 '합'과 '구축'이며, 자형은 'ㅡ'와 'ㆍ'의 합한 모양이고, 취한 뜻은 '取天地初交之義也.'라고 했다. 'ㅓ'는 발음상 '벽'과 '구장'이며, 자형은 'ㆍ'와 'ㅣ'의 합한 모양이고, 취한 뜻은 '取天地之用發於事物待

---

176) 此下八聲. 一闔一闢. ㅗ與ㆍ同而口蹙. 其形則ㆍ與ㅡ合而成. 取天地初交之義也. ㅏ與ㆍ同而口張. 其形則ㅣ與ㆍ合而成. 取天地之用發於事物待人而成也. ㅜ與ㅡ同而口蹙. 其形則ㅡ與ㆍ合而成. 亦取天地初交之義也. ㅓ與ㅡ同而口張. 其形則ㆍ與ㅣ合而成. 亦取天地之用發於事物待人而成也.(제자해)

人而成也.'라고 했다.

제자해에서 밝힌 중성의 초출자형 형성은 '一闔一闢'에 의해서 이루어진다고 했다. '闔'과 '闢'은 동과 정의 기본이 되는데, 합이 되기도 하고 벽이 되기도 하는 것이 '一闔一闢'이라 한다. 제자해에서 '天地初交之義'에서 밝힌 대로 초출자 'ㅗ, ㅏ, ㅜ, ㅓ'는 '초교'를 통해서 자형이 제자되었다. 재출자 'ㅛ, ㅑ, ㅠ, ㅕ'는 이 초출자에 점을 하나씩 더한 '재교'에 의해서 제자가 되었다.

또한 제자해의 중성과 관련하여 오행과 상수론의 원리와 관련된 내용을 볼 수 있다.

> 'ㅗ初生於天, 天一生水之位也, ㅏ次之, 天三生木之位也. ㅜ 初生 於也, 地二生火之位也. ㅓ次之, 地四生金之位也. ㅛ再生於天, 天七 成火之數也. ㅑ次之, 天九成金之數也. ㅠ再生於地 地六成水之數也 ㅕ次之, 地八成木之數也. ·天五生土之位也. ㅡ地十成土之數也. ㅣ獨 無位數者.'(制字解)

제자해에서 중성의 구조 원리를 수와 관련하여 설명한 부분이다. 천수는 홀수로 양을, 지수는 짝수로 음을 의미하고 있다. 천수에는 '天一, 天三, 天五, 天七, 天九'로, 여기에는 양모음 중 'ㅗ, ㅏ, ·, ㅛ, ㅑ' 등이 해당된다. 그리고 지수에는 '地二, 地四, 地六, 地八, 地十'으로, 여기에는 음모음 중 'ㅜ, ㅓ, ㅠ, ㅕ, ㅡ' 등이 해당된다. 이처럼 중성자의 구성 원리도 자연스럽게 음양의 원리를 바탕으로 함을 볼 수 있다.

4.2.3. 중성 11자에 결합된 역리와 그 의미

『훈민정음』 제자해의 제자원리의 기저에는 복희 방원도가 있다. 이 방원도를 바탕에 두고 초성 기본자의 제자 원리에 오행과 오음의 원리가 적용되었다고 보면, 중성 기본자의 제자 원리는 삼재의 원리가 그 기본이 된다. 이러한 원리 위에 생성과 순환 및 상수의 원리를 비롯해서 합성[177]의 원리와 음양 등의 원리가 적용이 되어 제자가 되었다.

삼재사상은 당시 유학자들에게는 생활 속의 학문이었고, 이러한 사상적 배경이 중성 기본자를 만들었다. 그 위에 음양론, 오행론, 상수론을 비롯해서 합성론의 원리를 이차적으로 적용을 해서 초출자와 재출자를 만들었다.

제자해에서 기본자를 바탕으로 합성을 하는 예를 보면 역리적으로 수기(水氣)에 해당하는 'ㅗ'의 경우의 합성은 'ㆍ'에 'ㅡ'가 합해서 제자가 된다. 여기서 음양의 원리가 적용이 된다. 'ㆍ'가 'ㅡ'와 'ㅣ'를 기준으로 위에 붙느냐 아래에 붙느냐에 따라서 음양의 원리가 적용이 되어 재출자가 만들어진다. 'ㆍ'가 위와 바깥에 붙어서 'ㅗ'와 'ㅏ'로 양이 되고, 'ㆍ'가 아래와 안쪽으로 붙어서 'ㅜ'와 'ㅓ'로 음이 된다. 같은 원리로 재출자도 'ㅛ'와 'ㅑ'는 양의 의미를, 'ㅠ'와 'ㅕ'는 음의 의미를 가진다.

중성 기본자에서 초출자와 재출자로의 확대는 태극에서 양의로 양의에서 팔괘로 확대되어 가는 가일배법이 적용이 되었다고 본다. 특히 중성자는 하도와 낙서는 물론 복희 선천도와 소옹의 상수론 등이 적용이 되어 있다. 중성자의 지수와 성수의 원리는 하도와 관련이 있고, 낙서는 변화의 법칙으로 생성원리를 지닌다. 오행론으로 '1, 6'은 수(水)이고, '3, 8'은 목(木)이다.

---

177) 백두현(2013:115)에서 제자해 '合而成'을 술어화하여 '합성'이라 칭하였다.

'2, 7'은 화(火)이고, '4, 9'는 금(金)이다. 마지막으로 '5, 10'은 토(土)에 해당한다. 상수론에서 '1, 2, 3, 4, 5'는 생수가 되고, '6, 7, 8, 9, 10'은 성수가 된다.

『훈민정음』 제자해에서 중성 기본자인 '·, ㅡ'의 수리는 '5, 10'이다. 이는 오행의 토기(土氣)에 해당한다. 기본자 'ㅣ'는 자리와 수가 없다. 기본자를 정하고 난 뒤에 생수를 통해서 초출자가 나오고 성수를 통해서 재출자가 나오게 된다.

초출자에 사용된 생수 '1, 3, 2, 4'는 오행의 '水, 木, 火, 金'이 된다. 재출자에 적용되고 있는 성수 '6, 8, 7, 9'의 오행도 '水, 木, 火, 金'이 되어 있다. 이는 오행의 흐름상 토(土)의 기운을 중간에 두면 '水, 木, 火, 土, 金'이 된다. 이것은 초성 제자해의 오성 배열인 '후음(水), 아음(木), 설음(火), 순음(土), 치음(金)'의 오행과 일치되어 일관성이 있다.

지금까지의 내용을 오행[178]의 순서에 따라 정리해 보면 다음과 같다. 기본자와 초출자는 『훈민정음』 제자해의 순서이지만, 재출자의 순서는 오행의 흐름을 고려해서 재구성하였다.

---

[178] 『性理大全』 卷十四 易學 啓蒙 一에서 "天一 地二 天三 地四 天五 地六 天七 地八 天九 地十 天數五 地數五 五位相得而各有合 天數 二十有五 地數三十 凡天地之數五十有五 此所以成變化而行鬼神也"라고 하였다. 또한 周易 繫辭傳에 "天一 地二 天三 地四 天五 地六 天七 地八 天九 地十 子日 夫易何爲者也 夫易開物成務 冒天下之道 如斯而己者也"라고 했다. 제자해(制字解)의 내용으로 위의 이론들을 응용하여 '천수(天數)는 一, 三, 五, 七, 九이고, 지수(地數)는 二, 四, 六, 八, 十'으로 짝수를 음(陰) 즉, 땅(地)으로 설명했다. 그리고 오행(五行)과 사계절(四季)과 방위(四方)를 결부하여 홀수를 양(陽), 즉 기수(奇數)를 양(陽), 우수(偶數)를 음(陰)으로 설명했다. 훈민정음 제자해에서 '奇'는 '陽', '偶'는 '陰'으로 구분하였다.

[표 49] 중성 11자 역리표

기본자	초출자	재출자
·天五生土之位也	ㅗ初生於天. 天一生水之位也.	ㅛ再生於地. 地六成水之數也.
ㅡ地十成土之數也	ㅏ次之. 天三生木之位也.	ㅑ次之. 地八成木之數也.
ㅣ獨無位數者.	ㅜ初生於地. 地二生火之位也.	ㅠ再生於天. 天七成火之數也.
	ㅓ次之. 地四生金之位也.	ㅕ次之. 天九成金之數也.

4.3. 중성자형의 역리체계와 역리자질

4.3.1. 중성자형의 역리체계

『훈민정음』 제자해에서 중성 기본자는 삼재론에 의해 제자되었다고 설명하고 있다. 중성자는 이러한 원리 위에 생성과 순환 및 상수의 원리, 음양 등의 원리가 적용되어 제자가 되었다. 여기서는 기본자를 포함한 나머지 중성자에 대한 제자 원리에 대해 복희 원도(곽신환 2016:45)에 천간을 활용하여 고찰해 보고자 한다.

일반적으로 '三才之道'에서 '삼재'는 '天 · 地 · 人'을 의미한다. 이 '삼재지도'는 『주역』의 「계사전」에 나온다.

'有天道焉 有人道焉 有地道焉 兼三才而兩之 六者 非他也 三才之道也'

(「계사전」)

위의 내용을 정리하면, 세상의 이치를 다 갖추어 천도(天道)가 있고, 인도(人道)가 있고, 지도(地道)가 있으니 삼재를 겸해서 둘로 한다. 육이란 것은 다른 것이 아니라 삼재의 도라는 의미이다.

『훈민정음』제자해에서 중성 11자 중에 삼재를 본뜬 것은 기본자 '·, ㅡ, ㅣ'이다. 이 기본자에 대해 제자해에 다음과 같이 설명하고 있다.

> ·舌縮而聲深, 天開於子也, 形之圓, 象乎天也. ㅡ舌小縮而聲不深
> 不淺, 地闢於丑也. 形之平, 象乎之也. ㅣ舌不縮而聲淺, 人生於寅也.
> 形之立, 象乎人也.(制字解)

위의 내용을 보면, '·'는 '舌縮而聲深'과 둥근 것을 형상화한 하늘(天☰)을, 'ㅡ'는 '舌小縮而聲不深不淺'과 평지를 형상화한 땅(地☷)을 그리고 'ㅣ'는 '舌不縮而聲淺'과 서 있는 사람을 형상화한 사람(人)을 형상화한 것이다.

기본자 '·, ㅡ, ㅣ'에 초출자 'ㅗ, ㅏ, ㅜ, ㅓ'와 재출자 'ㅑ, ㅕ, ㅛ, ㅠ' 등으로 형성된 원리는 태극→양의→사상→팔괘의 원리 및 복희팔괘가 적용된 상생 순환의 원리가 적용되어 있다고 본다.[179] 그리고 『훈민정음』제자해에서 중성자 하나하나에 수(數)와 자리를 배당해 놓았다. 이는 하도(河圖)의 오행에 따라 천간(天干)을 배당하였다. 복희 원도(圓圖)에 천간(天干)을 배당하여 아래와 같은 원도를 얻을 수 있다.

---

179) "제자해"에 "此下八聲 一闔一闢"이란 '·, ㅡ, ㅣ'를 제외한 나머지 8자를 말함.

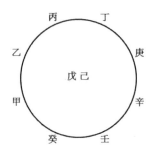

[그림 46] 천간 원도

[그림 46]에서는 하도의 방위를 나타내는 수리가 있다. 목기(木氣)에 갑을(3, 8)을 배당하고, 화기(火氣)에 병정(2, 7)을 배당하였다. 토기(土氣)에 무기(5, 10)을 금기(金氣)에 경신(4, 9)를 배당하였다. 마지막으로 수기(水氣)에 임계(1, 6)을 배당하여 천간 원도를 완성시켰다. 제자해의 중성자를 오행과 관련하여 정리하면 다음과 같다.

[표 50] 오행을 통한 중성자 배당표

五行	木	火	土	金	水
中聲	ㅏ ㅑ	ㅜ ㅛ	· ㅡ	ㅐ ㅓ	ㅠ ㅗ
獨無位數者			ㅣ		

제자해에서는 중성자에 대해서 수리를 이중적으로 적용을 하였다. 생수(1, 2, 3, 4, 5)와 성수(6, 7, 8, 9)로 나누어서 제자원리를 설명하고 있다.

- 'ㅗ'가 初生於天, 天一生水之位也로 1 水가 되고,
- 'ㅜ'가 初生於地, 地二生火之位也로 2 火가 되고,

- '·ㅏ'가 次之,　　天三生木之位也로 3 木이 되고,
- '·ㅓ'가 次之,　　地四生金之位也로 4 金이 된다.
- '·ᅮ'가 再生於地, 地六成水之數也로 6 水가 되고
- '·ᅭ'가 再生於天, 天七成火之數也로 7 火가 된다.
- '·ㅕ'가 次之,　　地八成木之數也로 8 木이 되고
- '·ㅑ'가 次之,　　天九成金之數也로 9 金이 된다.
- '·ㆍ'가 天五生土之位也로 5 土가 되고,
- '·ㅡ'가 地十成土之數也로 10 土가 된다.
- '·ㅣ'가 獨無位數者로 수리와 오행과 관련이 없다.

제자해의 중성자의 제자 원리를 오행과 수리에 적용해서 정리하면 아래와 같다.

[표 51] 오행과 수리를 활용한 중성자 배당표

五行	木	火	土	金	水
數理	3	2	5	4	1
母音	ㅏ	ᅮ	ㆍ	ㅓ	ᅭ
數理	8	7	10	9	6
母音	ㅕ	ᅭ	ㅡ	ㅑ	ᅮ
獨無位數者	ㅣ				

[표 51]에서 보듯이 『훈민정음』 제자해에서 중성 제자의 원리는 오행론과 상수론으로 제자가 되었음을 확인할 수 있다. 필자가 이러한 원도에 중성자를 배당하여 얻은 중성자 배치도는 아래와 같다.

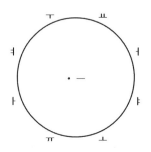

[그림 47] 원도를 통한 중성 배치도

위 [그림 47]에서 중성 'ㅣ'는 앞장에서 설명한 대로 원도에서 존재하지 않는다. 제자해에서 'ㅣ'는 삼재론을 활용하여 제자가 되었다. 'ㆍ'가 하늘(天)을 의미한다면, 'ㅡ'는 땅(地)을, 'ㅣ'는 사람(人)을 상형한 것이다. 그래서 원도 안에는 중성 'ㅣ'를 넣을 곳이 없다. 그래서 원도(圓圖)에 천간(天干)을 활용하여 중성 11자의 배치도를 만들면 아래와 같다.

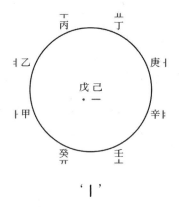

[그림 48] 천간 원도와 중성자 배치도

지금까지 논한 것을 정리하면『훈민정음』제자해의 제자 원리는 단순한 태극과 사상 및 팔괘의 원리만 적용된 것이 아니라 공·통시적 역리가 융합과 복합된 역사상(易思想)의 결정체로 볼 수 있다.

4.3.2. 중성자의 역리자질

『훈민정음』제자해의 중성 11자에 대한 자질의 구성을 [음양(陰陽)], [오행(五行)], [방위(方位)], [간지(干支)], [팔괘(八卦)] 등을 자질 요소로 설정하여 역리적으로 접근하였다. 이들을 역리 자질로 정한 것은 훈민정음 28자의 특성을 잘 드러낼 수 있기 때문이다. 특히 방위는 중국 성운학에는 없는 것으로 독창적으로 훈민정음에 적용한 것이다. 중성 제자해에서 오방위를 원도(○)에 배정하여 중성 11자의 위치와 속성을 알 수 있다.

제자해의 중성의 기본자인 '•'은 [음양]으로는 양(陽), [오행]으로는 양토(陽土)로서 토(土), [방위]로는 중앙 자질이다. [간지(干支)]로는 무(戊), [팔괘]로는 곤(坤☷)의 자질을 지닌다. 이를 정리하면 아래 표와 같다.

[표 52] 중성 '•' 역리 자질표

자질 자형	음양	오행	방위	천간 지지	팔괘
•	陽	土	中	戊	坤

제자해의 중성의 기본자인 'ㅡ'는 [음양]으로는 음(陰), [오행]으로는 토(土), [방위]로는 중앙 자질이다. [간지(干支)]로는 기(己), [팔괘]로는 곤(坤

☵)의 자질을 지닌다. 이를 정리하면 아래 표와 같다.

[표 53] 중성 '一' 역리 자질표

자형 \ 자질	음양	오행	방위	천간 지지	팔괘
一	陰	土	中	己	坤

제자해의 중성 기본자인 'ㅣ'는 제자원리의 기준에 따라 자리와 수리는 물론 방위도 없다. 그리고 팔괘에도 해당이 되지 않고, [간지(干支)]에도 속하지 않는다. 'ㅣ'는 유일하게 [음양] 자질만 있으며, 음(陰)과 양(陽)의 자질을 다 지닌다. 이를 정리하면 아래 표와 같다.

[표 54] 중성 'ㅣ' 역리 자질표

자형 \ 자질	음양	오행	방위	천간 지지	팔괘
ㅣ	陰 陽	×	×	×	×

제자해의 중성자인 'ㅗ'는 [음양]으로는 양(陽), [오행]으로는 수(水), [방위]로는 북(北)의 자질이다. [간지(干支)]로는 임(壬), [팔괘]로는 감괘(坎 ☵)의 자질을 지닌다. 이를 정리하면 아래 표와 같다.

[표 55] 중성 'ㅗ' 역리 자질표

자형 \ 자질	음양	오행	방위	천간 지지	팔괘
ㅗ	陽	水	北	壬	坎

제자해의 중성자인 'ᅮ'는 [음양]으로는 음(陰), [오행]으로는 수(水), [방위]로는 북(北)의 자질이다. [간지(干支)]로는 계(癸), [팔괘]로는 감괘(坎 ☵)의 자질을 지닌다. 이를 정리하면 아래 표와 같다.

[표 56] 중성 'ᅮ' 역리 자질표

자형＼자질	음양	오행	방위	천간지지	팔괘
ᅮ	陰	水	北	癸	坎

제자해의 중성자인 'ᅡ'은 [음양]으로는 양(陽), [오행]으로는 목(木), [방위]로는 동(東)의 자질이다. [간지(干支)]로는 갑(甲), [팔괘]로는 진괘(震 ☳)의 자질을 지닌다. 이를 정리하면 아래 표와 같다.

[표 57] 중성 'ᅡ' 역리 자질표

자형＼자질	음양	오행	방위	천간지지	팔괘
ᅡ	陽	木	東	甲	震

제자해의 중성자인 'ᅧ'는 [음양]으로는 음(陰), [오행]으로는 목(木), [방위]로는 동(東)의 자질이다. [간지(干支)]로는 을(乙), [팔괘]로는 진괘(震 ☳)의 자질을 지닌다. 이를 정리하면 아래 표와 같다.

[표 58] 중성 'ㅕ' 역리 자질표

자형 \ 자질	음양	오행	방위	천간 지지	팔괘
ㅕ	陰	木	東	乙	震

제자해의 중성자인 'ㅜ'는 [음양]으로는 음(陰), [오행]으로는 화(火), [방위]로는 남(南)의 자질이다. [간지(干支)]로는 병(丙), [팔괘]로는 이괘(離 ☲)의 자질을 지닌다. 이를 정리하면 아래 표와 같다.

[표 59] 중성 'ㅜ' 역리 자질표

자형 \ 자질	음양	오행	방위	천간 지지	팔괘
ㅜ	陰	火	南	丙	離

제자해의 중성자인 'ㅛ'는 [음양]으로는 양(陽), [오행]으로는 화(火), [방위]로는 남(南)의 자질이다. [간지(干支)]로는 정(丁), [팔괘]로는 이괘(離 ☲)의 자질을 지닌다. 이를 정리하면 아래 표와 같다.

[표 60] 중성 'ㅛ' 역리 자질표

자형 \ 자질	음양	오행	방위	천간 지지	팔괘
ㅛ	陽	火	南	丁	離

제자해의 중성자인 'ㅓ'는 [음양]으로는 음(陰), [오행]으로는 금(金), [방위]로는 서(西)의 자질이다. [간지(干支)]로는 경(庚), [팔괘]로는 건괘(乾

≡)의 자질을 지닌다. 이를 정리하면 아래 표와 같다.

[표 61] 중성 'ㅓ' 역리 자질표

자형＼자질	음양	오행	방위	천간지지	팔괘
ㅓ	陰	金	西	庚	乾

제자해의 중성자인 'ㅑ'는 [음양]으로는 양(陽), [오행]으로는 금(金), [방위]로는 서(西)의 자질이다. [간지(干支)]로는 신(辛), [팔괘]로는 건괘(乾 ≡)의 자질을 지닌다. 이를 정리하면 아래 표와 같다.

[표 62] 중성 'ㅑ' 역리 자질표

자형＼자질	음양	오행	방위	천간지지	팔괘
ㅑ	陽	金	西	辛	乾

지금까지 제자해의 중성 11자의 역리 자질에 대해 분석하였다. 자질의 속성은 [음양]과 [오행] 그리고 [방위], [간지]와 더불어 [팔괘] 등이다. 이러한 분석은 중성자가 지닌 속성에 따른 자형들 각각의 특성을 이해하는데 도움이 된다. 이 속성을 통해서 중성 11자의 자질의 속성을 밝혔다. 위에서 논의한 중성 11자의 역리자질을 정리하면 아래와 같다.

[표 63] 중성 11자 역리 자질표

자질 자형	음양	오행	방위	천간 지지	팔괘
ᆞ	陽	土	中	戊	坤
ー	陰	土	中	己	坤
ᅵ	陰陽	×	×	×	×
ᅩ	陽	水	北	壬	坎
ᅮ	陰	水	北	癸	坎
ᅡ	陽	木	東	甲	震
ᅥ	陰	木	東	乙	震
ᅳ	陰	火	南	丙	離
ᅭ	陽	火	南	丁	離
ᅧ	陰	金	西	庚	乾
ᅣ	陽	金	西	辛	乾

『훈민정음』제자해에 보인 중성 기본자인 'ᆞ'의 자형은 하늘의 형상을 상
(象)하였다고 되어 있다. 'ー'의 자형은 땅의 형상을 상(象)하고, 마지막으
로 'ᅵ'의 자형은 사람이 서 있는 형상을 상(象)하였다고 한다.

제자해에서 보여주는 자형(字形) 형성원리는 앞서 고찰한 바 있는 천원지
방의 의미로 이해할 수 있다. 하늘의 둥근 형상에서 '○'의 상(象)을, 땅의
네모난 형상에서 '□'의 상(象)을 얻게 된다. 원도(○)에서 천(天)의 이치에
따라 무극의 중심에 태극이 드러나면서 태극의 점인 'ᆞ'상을 취상한 것이다.
땅의 이치가 담겨있는 방도(□)에서 'ー' 상을 취상한 것이다. 이는 앞서 논한
곤괘(乾卦)의 효사를 활용하여 '□'의 상을, 건괘(坤卦)의 효사를 활용하여
'○'의 상을 취상한 것과 같다.

지금까지『훈민정음』제자해의 초·중성의 역리 자질에 대해서 고찰을 해

보았다. 훈민정음은 복희팔괘를 기본으로 한 '방원도'의 원리와 더불어 음양과 오행 그리고 삼재사상과 천간과 지지 및 방위 등의 공·통시적 역리가 융합과 복합으로 된 역리의 결정체이다. 『훈민정음』 제자해의 초성 기본 5자와 중성 기본 3자는 복희역의 방원도와 소강절의 상수학에서 그 연원을 찾을 수 있다. 그리고 가획자와 이체자 등은 방원도의 원형에 오행과 문왕팔괘 및 십간과 십이지 등의 공·통시적 역리가 융합과 복합의 작용으로 형성된 자형이다.

  이상에서 정리한 『훈민정음』 제자해의 초성자 17자에 대한 역리와 중성자 11자에 적용된 공·통시적 역리가 융합과 복합되어 다음과 같은 '초·중성 28자 역리도'가 탄생이 된다.

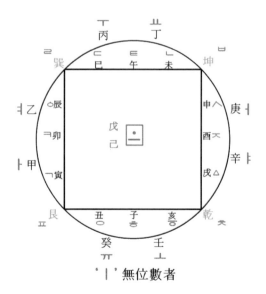

[그림 49] 초·중성 28자 역리도

『훈민정음』 제자해에서 '초·중성 28자 역리도'를 기준으로 초성 17자와 중성 11자를 오행 자질과 방위 자질 그리고 천간 및 지지 자질을 비롯해서 팔괘 자질 등의 역리자질로 정리하면 아래와 같은 표를 얻을 수 있다. 각 자형이 지닌 속성에 따라 각각의 자질들의 특성을 알 수 있다.

[표 64] 훈민정음 초성과 중성의 역리적 자질도

자형 ＼ 자질	음양	오행	방위	천간 지지	팔괘
•	陽	土	中	戊	坤
―	陰	土	中	己	坤
｜	陰陽	×	×	×	×
ㅗ	陽	水	北	壬	坎
ㅛ	陰	水	北	癸	坎
ㅏ	陽	木	東	甲	震
ㅑ	陰	木	東	乙	震
ㅜ	陰	火	南	丙	離
ㅠ	陽	火	南	丁	離
ㅓ	陰	金	西	庚	乾
ㅕ	陽	金	西	辛	乾
ㄱ	陽	木	東	寅	艮
ㅋ	陰	木	東	卯	震
ㆁ	陽	土	東	辰	巽
ㄹ	陰	木	東南	×	巽
ㄷ	陰	火	南	巳	離
ㅌ	陽	火	南	午	離
ㄴ	陰	土	南	未	離

ㅁ	陰	土	中	×	坤
ㅂ	陰	土	西南	×	坤
ㅍ	陰	土	東北	×	艮
ㅅ	陽	金	西	申	坤
ㅈ	陰	金	西	酉	兌
ㅊ	陽	金	西北	×	乾
△	陽	土	西	戌	乾
ㆆ	陽	水	北	亥	乾
ㅎ	陽	水	北	子	坎
ㅇ	陰	土	北	丑	艮

제5부

결 론

이 책은『훈민정음』해례본의 제자해에 적용된 역리사상을 살피고, 역리적 추론을 통해 훈민정음 제자원리와 자형형성 원리를 찾아보았다.『훈민정음』해례본의 제자해를 정확히 해석하기 위해서는 국어학적인 접근뿐만 아니라 역리적 접근이 함께 이루어져야 한다는 전제 하에 이루어졌으며 연구방법은 학문의 융합과 복합적 차원에서 전개하였다. 또한『훈민정음』해례본의 제자해에 제자원리와 자형형성 원리의 근본을 두었으며, 원문의 의미해석과 역리의 적용범위를 파악하기 위해『성리대전』,『계사전』,『황극경세서』등에 실린 역리와 비교하면서 실증적인 방법으로 고찰하였다.

그 결과『훈민정음』해례본의 제자해는 복희역을 기본으로 하고, 소강절의 상수학을 바탕으로 하여, 초성 기본자(ㄱ, ㄴ, ㅁ, ㅅ, ㅇ)와 중성 기본자(ㆍ, ㅡ, ㅣ)를 만든 것을 확인하였다. 그리고 나머지 초성자와 중성자는 공·통시적 역리가 융합과 복합되어 만들어짐을 보았다.

본론에서 밝힌 주요 내용을 부별로 요약하여 결론으로 삼는다.

2부에서는 훈민정음이 태극사상, 음양사상, 오행사상 그리고 삼재론과 간지(干支) 등의 공·통시적 역리가 복합되어 제자가 되었음을 확인하였다.

첫째, 『훈민정음』 제자해의 상형(象形)의 의미를 자연의 원리를 내포한 우주론적인 입장에서 보았다. 태극에서 음과 양의 변화를 통해서 분화되기까지 여러 단계를 거치는데 상형은 물질로 나타나기 이전의 단계인 중간계와 물질로 나타나는 물질계와 관련이 있다. 예를 들어 舌音 'ㄴ'은 물질계에서 '설부상악지형(舌附上腭之形)'을 본뜬 형(形)이지만, 중간계의 '상'으로 보면 'ㄴ'이라는 구상화된 상(象)이 된다. 제자해에서 말한 상형이 표면적으로는 육서로서의 상형을 의미하나 내면에는 형이상학적인 역리적 상형을 의미하는 것으로 이해해야 자형 형성 원리를 제대로 파악할 수 있다. 역리적 상형은 '나타나다, 표현하다'의 구상화된 상(象)이다.

둘째, 제자해에는 '순환론적 역사상'을 바탕으로 공·통시적 역리사상이 융합과 복합이 되어 담겨 있다. 제자해에 '坤復之間爲太極'에서 보이는 곤(坤)에서 복(復)으로 소장생성이 되는 태극관은 바로 복희씨의 '방원도'에서 직접 확인할 수 있었으며, 이는 소강절의 순환론적 태극관이 깊이 관련이 되어 있음을 확인하였다.

셋째, 음양론과 삼재론을 비롯해서 천간 및 팔괘 등 공시적 역리와 통시적 역리가 적용되어 제자원리의 근간을 이루었다. 훈민정음 제자는 복희의 선천팔괘와 소강절의 상수학을 핵심적으로 활용하였다.

3부에서는 형이상학적인 관점에서 초성자의 오음체계와 오행의 상관성을 살피고, 선천원도와 선천방도를 통해 초성자의 자형이 형성되었음을 밝혔다. 그리고 역리적인 관점에서 훈민정음 초성자의 자질을 고찰하여 초성 17자의 체계를 세웠다.

첫째, 제자해의 오음체계와 오성, 오행의 관계를 볼 때 훈민정음 제자해의 순서가 바르다. 오행 '목·화·토·금·수' 중에서 '토'는 가운데 배정이 되어 있다. '오행' 가운데 '토기'에 배정이 되는 '오음'은 [궁성]이다. [궁성]에 해당하는 '토기'에는 땅을 의미하는 'ㅁ'자가 배정되는 것은 극히 당연한 이치다.

둘째, 복희 '방원도'와 주역의 건괘(乾卦☰) 그리고 십이지(十二支) 등의 제역리를 통해서 초성 기본자인 'ㅇ'과 'ㅁ'이 나오고, 나머지는 가획과 이체의 원리를 통해서 제자가 되었음을 확인하였다.

셋째, 'ㄱ', 'ㄴ', 'ㅅ'도 방도에서 자형이 만들어졌다. 'ㄱ'은 '수근목생(水根木生)'의 원리를 통해서 제자가 되었다. 'ㄴ'과 'ㅅ'은 '착종(錯綜)'의 원리를 통해서 제자가 되었다. '착종'은 『계사상전』에 나오는 말로 착(錯)은 종횡의 변화를, 종(綜)은 상하의 변화를 뜻한다. 복희팔괘(선천팔괘) 방위도에서 하늘의 위치에 하늘이, 땅의 위치에 땅이 위치한 상태인 '천지정위(天地定位)' 상태에서 땅에 해당하는 방도(方圖)는 변화가 있고, 하늘에 해당하는 원도(圓圖)는 변화가 없는 상태인 지변천정(地變天定)과 하늘에 해당하는 원도(圓圖)에는 변화가 있고, 땅에 해당하는 방도(方圖)에는 변화가 없는 상태인 천변지정(天變地定) 등 착종이 일어나 'ㄴ'과 'ㅅ'자형이 형성된 것이다.

넷째, 십이지를 배당한 방도에 우상 좌하로 대각선을 그어 보면 대각선을 기준으로 기본자가 배치된다. 방도의 가운데에 'ㅁ'을 배당하고, 寅자리에 'ㄱ'을 배당한다. 未자리에 'ㄴ'을 배당하고, 申자리에 'ㅅ'을 배당하여 초성 기본자가 형성된 것을 확인하였다. 이를 통해 그동안 국어학적으로 설명이 안 되었던 기본자 선정에 대한 의문을 풀 수 있다.

다섯째, 방도에 십이지와 후천팔괘를 이용하여 초성자의 체계를 구성하였다. 십이지(十二支) 중 양(陽)의 성질을 지닌 토(土)가 넷이 있다. 이 가운데 불청불탁음(ㅇ, ㆁ, ㄴ, ㅿ)은 십이지(十二支)의 '丑, 辰, 未, 戌'에 배속하였다. 불여음(ㄱ, ㄷ, ㅅ, ㆆ)은 십이지(十二支)의 '寅, 巳, 申, 亥'에 그리고 최불여음(ㅋ, ㅌ, ㅈ, ㅎ)은 십이지(十二支)의 '卯, 午, 酉, 子'에 배당하였다.

여섯째, 역리자질을 통해 초성 17자의 특성을 밝혀 방도에 초성자 위치를 구명하였다. 초성과 중성 자질 및 음양의 자질, 오행 자질과 방위 자질, 천간 및 지지 자질을 비롯해서 팔괘 자질 등 초성이 지닌 속성에 따라 방도에 위치를 배치하였다.

4부에서는 중성자는 '천, 지, 인' 삼재의 원리와 복희 '방원도', 팔괘(八卦) 그리고 십간(十干) 등의 제 역리를 통해서 중성 기본자인 '•, ㅡ, ㅣ'가 제자가 되었음을 확인하였다.

첫째, 중성의 음성학적 특징을 분석하였다. 설축, 설불축, 설소축, 성심, 성천, 구축, 구장, 합벽 자질 등은 제자원리의 중요한 역할을 하였다.

둘째, 'ㅣ'는 삼재의 원리를 통해서 이해할 수 있다. 그리고 역리적인 관점에서 훈민정음 중성자의 자질을 고찰하여 체계를 세웠다. 삼재의 원리란 역리상 음양 원리의 확장이다. 태극에서 음양이 분화하고 음양의 합을 통해서 제 삼의 기를 생성하는 변증법적 논법이 삼재의 다른 표현이다. 삼재는 천지의 합을 통해 인(人)이 생성되는 원리이며 이는 곧 음양의 생성 변화의 원리이다. 중성 기본자 'ㅣ'는『훈민정음』해례본의 제자해에서 밝힌 대로 '獨無位數者'라고 하였듯이 자리도 숫자도 없다.

셋째, 제자해의 중성 11자의 역리자질을 중성과 음양의 자질로 구분하였다. 오행 자질과 방위 자질, 천간 및 지지 자질을 비롯해서 팔괘 자질 등으로 고찰하여 원도에 중성 11자의 위치를 배치하였다.

지금까지 논의한 내용을 정리하여『훈민정음』해례본의 제자해를 학문의 융합과 복합적 차원에서 재해석하고, 훈민정음의 자형형성 원리를 살펴 훈민정음 '초·중성 28자 역리도'와 자질 체계표를 작성하였다.

역리적 관점에서 새롭게 훈민정음 '제자원리'와 '자형형성'을 고찰하였다.

『훈민정음』 해례본의 제자해를 정확히 해석하기 위해서는 학문의 융합과 복합적 접근이 필요하다. 이 책은 이런 측면에서 의미가 있다고 본다. 이 책에서 살핀 훈민정음의 역리적 연구는 훈민정음의 제자원리에 폭넓은 이해를 제공할 것이며, 훈민정음을 다양하게 연구할 수 있는 기틀을 마련하는 데 기여할 것이라고 본다. 이 책에서 깊이 있게 논하지 못한 역리사상에 대한 것은 보다 폭넓은 융·복합적 관점과 성리학적 고찰을 통해 심화될 수 있을 것이다.

참고문헌

강규선(1985), 훈민정음과 성리학, 운학과의 관계, 『어문논총』 제4집, 한국언어문학회, 1-16.

강규선(2001), 『훈민정음 연구』, 보고사.

강규선·황경수(2006), 『훈민정음 연구』, 보고사.

강길운(2005), 『훈민정음과 음운 체계』, 형설출판사.

강신항(1963), 훈민정음해례 이론과 성리대전과의 연관성, 『국어국문학』 제26호, 국어국문학회, 177-185.

강신항(1974), 『訓民正音』, 신구문화사.

강신항(1977), 훈민정음 창제 동기의 일면, 『언어학』 제2호, 한국언어학회, 57-63.

강신항(2006), 역학과 훈민정음해례 이론, 『태동고전연구』 제22집, 한림대학교 태동고전연구소, 1-28.

강창석(1989), 훈민정음의 제작 과정에 관한 몇 가지 문제, 『울산어문논문집』 제5집, 울산대학교 국어국문학과, 21-49.

곽신환(2006), 학산 이정호의 역학 사상, 『동양철학』 제26집, 한국동양철학회, 35-77.

곽신환(2010), 『주역의 이해』, 서광사.

곽신환(2015), 『조선유학과 소강절 철학』, 예문서원.

곽신환(2015), 태극문 논변, 『유교연구』 제33집, 충남대학교 유교연구소, 225-250.

곽신환(2016), 훈민정음 해례본에 반영된 성리학과 주역의 영향 −태극·음양·오행·삼재론을 중심으로, 『2016년 국립한글박물관 훈민정음 학술대회(훈민정음의 현대어 번역을 위한 종합적 검토) 발표논문집』, 국립한글박물관, 23-41.

권성기(1982), 훈민정음 자형기원에 관한 연구, 『한성어문학』 제1집, 한성대학교,

235-249.

권재선(1988), 『훈민정음 해석 연구』, 우골탑.

권재선(1999), 『훈민정음의 표기법과 음운-중세음운론』, 우골탑.

권재일(2012), 세종학문의 국어사적 이해, 『전국 국어 학술대회 자료집』, 한글학회, 61-72.

김구룡(2014), 컬레정합론으로 보완-재정립한 훈민정음 제자원리, 『한국어정보학회 국제학술대회 발표논문집』, 국어정보학회, 92-113.

김만태(2012), 훈민정음의 제자원리와 역학사상-음양오행론과 삼재론을 중심으로, 『철학사상』 제45권. 서울대학교 철학사상 연구소, 55-94.

김무식(1993), 훈민정음 음운체계 연구. 경북대 대학원 박사 논문.

김민수(1959), 『주해 훈민정음』, 통문관.

김석득(1972), 경세훈민정음도설의 역리적 구조, 『동방학지』 제13집, 연세대학교 국학연구원, 135-169.

김석환(1995), 『현토 주해 훈민정음』, 한맥.

김석환(1997), 『훈민정음 연구』, 한신문화사.

김성렬(1996), 훈민정음 창제와 음절 인식에 대하여, 『한중인문과학연구』 제1집, 한중인문학회, 71-84.

김송원(1985), 한국어 모음의 음양성에 대한 재조명 - 음양성에 의한 어감 분화의 현상을 중심으로-, 『겨레어문학(김일근박사화갑기념논총)』제9.10합집, 겨레어문학회, 979-1001.

김송원(1985), 훈민정음 역리의 언어학적 자질론-중성의 제자원리를 중심으로-, 『논문집』 제20집. 건국대학교, 103-121.

김슬옹(2013), 조선시대의 훈민정음 공식 문자론, 『한글』 제297호, 한글학회, 205-234.

김슬옹(2015), 『훈민정음』정인지 서문의 표준 번역을 위한 시안, 『청람어문교육』, 제53호, 329-374. 청람어문교육학회.

김양진(2015), 일음양오행과 훈민정음, 『국어학』 제74집, 국어학회, 57-102.

김양진(2016), 상형과 훈민정음, 『2016년 훈민정음학회 전국학술대회-훈민정음 연구의 깊이와 외연- 논문발표집』, 훈민정음학회, 105-127.

김영국(1981), 훈민정음 자모체계에 대하여-복합자형의 생성과 그 음가를 중심으로-, 『경기어문학』 제2집, 경기대학교. 209-225.

김영만(1987), 훈민정음 자형의 원형과 생성체계 연구, 『국어국문학논총(정진태 박사 회갑 기념)』, 삼영사. 43-70.

김영송(1975), 『우리말 소리연구』, 샘문화사.

김영송(1977), 훈민정음의 '설축'자질, 『언어학』 제2호, 한국언어학회, 979-1001.

김영송(1988), 훈민정음의 모음체계, 『훈민정음의 이해』, 한신문화사, 81-112.

김완진(2002), 훈민정음 자음자와 가획의 원리, 『어문연구』 제7·8합집, 한국어문교육연구회, 186-194.

김유범(2009), 텍스트 구성 차원에서 바라본 훈민정음 기술 내용의 몇 문제, 『한국어학』 제43집, 한국어학회, 105-124.

김익수(1986), 주자의 역학과 훈민정음 창제와의 관련성 연구, 『경기어문학』 제7집, 경기대학교, 271-295.

김익수(2003), 역경문화 : 훈민정음 창제와 주역역학과의 상관성 관견, 『주역철학과 문화』 제1권, 한국역경문화학회, 315-359.

김주원(2013), 『훈민정음-사진과 기록으로 읽는 한글의 역사』, 민음사.

김주원, 남권희(2013), 훈민정음 해례본(상주본)의 서지와 묵서 내용, 『훈민정음학회 전국학술대회 발표논문집』, 훈민정음학회, 43-66.

김태완(2005), 훈민정음과 중국 운서와의 분합관계-훈민정음의 초성을 중심으로, 『중국인문학회 학술대회 발표논문집』, 중국인문학회, 161-174.

김학권 옮김(2008), 『주역산책』, 예문서원.

김후련(2013), 한국문화에 내재된 음양오행 코드 분석-훈민정음을 중심으로, 『글로벌문화콘텐츠』 제13호, 글로벌문화콘텐츠학회, 20-41

남명진(2006), 한국정신문화의 역철학적 사유기반에 관한 연구,『동서철학연구』
　　　제42호, 한국동서철학회, 5-29.

남성우(1979), 중국운학과 성리학이 훈민정음 창제에 미친 영향,『중국연구』제4호,
　　　한국외국어대학교 중국연구소, 159-187.

노상철(1979), 한글 자형의 조형론적 고찰- 훈민정음 해례의 제자해를 중심으로-,
　　　『부산공업전문대학 연구논문집』제20집, 부산공업대학교, 547-552.

노영균(2019),『황극경세서』, 대원출판사.

문효근(2015),『훈민정음 제자원리』, 도서출판 경진.

박균섭(2013), 조선시대 성리학과 창의성에 관한 시론,『인격교육』제7집, 한국인격
　　　교육학회, 25-41.

박병채(1976),『譯解 訓民正音』, 박영사.

박병천(2006),『훈민정음』해례본의 한글 자형 수정 방안에 대한 연구-사진본과 영인
　　　본의 한글 문자를 대상으로,『세종학연구』제14호, 세종대왕기념사업회,
　　　19-44.

박연규(1998), 주역괘의 은유적 이미지,『공자학』제4권, 한국공자학회, 121-150.

박일봉(1991),『주역』, 육문사.

박종국(1976),『훈민정음』, 정음사.

박종국(2007),『훈민정음 종합 연구』, 세종학연구원.

박지홍(1981), 어제 훈민정음의 연구,『한글』제173, 174호, 한글학회, 483-514.

박창원(2005),『훈민정음』, 신구문화사.

박태권(1970), 이조 실학파 학자들의 학설이 국어학에 미친 영향-신경준의 어학설을
　　　중심으로-,『논문집』제11집, 부산대학교, 1-23.

박형우(2009), 훈민정음 '상형이자방고전'의 의미,『한민족어문학』제53집, 한민족
　　　어문학회, 153-180.

반재원 · 허정윤(2007),『한글 창제 원리와 옛글자 살려 쓰기』, 역락.

백두현(2009), 훈민정음 해례본의 텍스트 구조 연구,『국어학』제54호, 국어학회,

75-107

백두현(2012), 융합성의 관점에서 본 훈민정음의 창제 원리,『어문론총』제57호, 한국문학언어학회, 115-156.

백두현(2013), 작업 단계로 본 훈민정음의 제자 과정과 원리,『한글』제301호, 한글학회, 83-142.

백두현(2013), 훈민정음에 내제된 보편적 가치와 그 의미,『어문론총』제67집, 한국문학언어학회, 9-38.

백두현(2014), 훈민정음 해례의 제자론에 대한 비판적 고찰,『어문학』제123집, 한국어문학회, 39-66.

백두현(2016), 훈민정음 해례본의 현대어 표준 번역을 위하여(제자해1(서언)과 제자해2(초성1)을 중심으로), 훈민정음 해례본의 현대어 번역 표준화 학술 소모임, 국립한글박물관.

서병국(1964), 훈민정음 해례본의 제자해 연구-제자원리를 중심으로-,『경대논문집(인문·사회)』제8집, 경북대학교, 13-32.

서병국(1970), 훈민정음 제자이론과 중국운서와의 관계(其一)-절운지장도와 광운을 위주로-,『건국학술지』제11집, 건국대학교, 131-147.

서병국(1973), 중국운학이 훈민정음 제정에 미친 영에 관한 연구,『교육연구지』제15집, 경북대학교, 17-27.

서병국(1981),『新講 訓民正音』, 학문사.

서영식(2012), 융복합 교육을 위한 철학적 고찰,『철학논총』제67호, 새한철학회, 145-163.

성백효(2011),『(현토완역)논어집주』, 전통문화연구회.

성원경(1974), 훈민정음 제자해 초성고,『문리논총』제3권 1호, 건국대학교, 26-38.

세종대왕기념사업회(2003),『훈민정음』, 세종대왕기념사업회.

송재국(2010), 주역의 육효 중괘 구성 원리-삼재론과 음양론을 중심으로-,『동서철학연구』재55호, 한국동서철학회, 119-149.

신경철(1998), 훈민정음의 모음자와 모음체계 신고,『한국어교육』9권, 국제한국어
　　교육학회, 149-162.

신상순, 이돈주, 이환묵(2005),『훈민정음의 이해』, 한신문화사.

신창순(1975), 훈민정음에 대하여-그 문자론적 고찰,『문창어문논집』제12권, 문창
　　어문학회, 5-12.

심경호(2009),『주역철학사』, 예문서원.

심경호(2016),『훈민정음』해례본의 한문 문장 구조와 성조점에 따른 의미 해석에
　　대하여,『2016년 국립한글박물관 훈민정음 학술대회(훈민정음의 현대어
　　번역을 위한 종합적 검토) 발표논문집』, 국립한글박물관, 63-84.

안명철(2004), 훈민정음 자질 문자설에 대하여,『어문연구』제32권 3호, 한국어문교
　　육연구회, 43-60.

안명철(2005), 훈민정음의 제자원리와 기호론,『국어학』제45호, 국어학회, 213
　　-241.

안명철(2006), 훈민정음 제자원리와 육서,『우리말글』제38집, 우리말글학회, 43-58.

안병희(1990), 훈민정음의 제자원리에 대하여,『강신항교수 회갑기념국어학논문집』,
　　태학사, 135-145.

안병희(2002), 훈민정음 해례본 삼제(三題),『진단학보』제93집, 진단학회, 173-197.

안병희(2007),『훈민정음 연구』, 서울대학교 출판부.

오정란(2000), 중세국어 모음체계의 대립과 조정양상,『한국어학』제12집, 한국어학
　　회, 187-212.

유열(1947),『풀이한 훈민정음』, 보신각.

유정기(1988), 훈민정음의 철학적 체계,『동양문화』제6,7집, 영남대학교 동양문화
　　연구소, 179-197.

유진중(2013), 훈민정음 초성체계의 성운학적 연구, 가천대학교, 박사학위논문.

유창균(1963), 훈민정음 중성체계 구성의 근거,『어문학』제10집, 한국어문학회,
　　24-43.

유창균(1977), 『訓民正音』, 형설출판사.

유창균(2008, 『훈민정음 역주』, 형설출판사.

이광호(1988), 훈민정음 신제 28자의 성격에 대한 연구,『배달말』제13호, 배달말학
　　　회, 47-66.

이근수(1994), 훈민정음의 언어철학적 분석,『인문과학』제1호, 홍익대학교 인문과
　　　학연구소, 83-102.

이근수(1995), 『훈민정음 신연구』, 보고사.

이기문(1974), 훈민정음 창제에 관련된 몇 가지 문제,『국어학』제2호, 국어학회,
　　　1-15.

이기문(1980), 훈민정음 창제의 기반,『동양학』10권, 단국대학교 동양학연구원,
　　　388-396.

이돈주(1922), 『한자학 총론』(전정증보판), 박영사.

이상규(2013), 『세종실록』분석을 통한 한글창제 과정의 재검토,『한민족어문학』
　　　제65집, 한민족어문학회, 5-56.

이상규(2014), 여암 신경준의 저정서(邸井書) 분석,『어문론총』제62집, 한국문학언
　　　어학회, 1543-187.

이상규(2015), 훈민정음에 대한 인문지리학적 접근,『한민족어문학』제69집, 한민족
　　　어문학회, 5-39.

이상혁(2004), 『조선후기 훈민정음 연구의 역사적 변천』, 역락.

이상혁(2004), 『훈민정음과 국어 연구』, 역락.

이선경(2014), 한국문화의 원형적 상상력으로서의 역(易)-음양 천지인 삼재의 태극
　　　을 중심으로,『대동철학』제66집, 대동철학회, 1-25.

이성구(1984), 훈민정음의 철학적 고찰: 해례에 나타난 제자원리를 중심으로,『논문
　　　집』제8집, 명지실업전문대학, 7-53.

이성구(1985), 『훈민정음 연구』, 동문사.

이성구(1987), 훈민정음 해례에 나타난 하도 원리와 중성,『이응호 박사 회갑 기념

논문집』, 한샘, 281-304.

이승재(1989), 차자표기 연구와 훈민정음의 문자론적 연구에 대하여,『국어학』제19
　　호, 국어학회. 203-239.

이승재(2006), 훈민정음의 문자론적 서역에 대하여,『세종학연구』제14호, 세종대왕
　　기념사업회, 143-144.

이영월(2007), 훈민정음 초성체계 재해석,『중국학연구』제42집, 중국학연구회,
　　69-20.

이영월(2010), 등운 이론과 훈민정음 28자모의 음운 성격-창제동기와 목적을 중심으
　　로 하여,『중국어문논역총간』제27집, 중국어논역학회, 123-150.

이재돈(2016), 훈민정음 해례에 나타난 중국 음운학 이론-오음, 칠음, 청탁 및 기타
　　운서의 영향 등을 중심으로,『2016년 국립한글박물관 훈민정음 학술대회(훈
　　민정음의 현대어 번역을 위한 종합적 검토) 발표논문집』, 국립한글박물관,
　　45-60.

이정호(1973),『해설 역주 훈민정음』, 국제대학인문사회과학연구.

이정호(1975),『훈민정음의 구조원리 그 역학적 연구』, 아세아문화사.

이정호(1979), 한국 역학의 인간적 조명-특히 훈민정음과 금화정역에 대하여,『국제
　　대학논문집』제7집, 305-325.

이정호(1986),『국문·영문 해설 역주 훈민정음』, 보진재.

이현희(997), 훈민정음,『새국어생활』제7권 제4호, 국립국어연구원, 237-253.

이희재(2014), 17세기 조선후기 최석정의 훈민정음의 역학적 원리 연구,『대동철학』
　　제66집, 대동철학회, 51-66.

임용기(1992), 훈민정음에 나타난 삼분법 형성 과정에 대하여,『세종학연구』제7호,
　　세종대왕기념사업회, 73-97.

임용기(1996), 삼분법의 형성과『훈민정음』의 성격, 한글 233호, 한글학회, 5-68.

임용기(2002), ‘삼분법’의 형성 과정에 대한 이해와 중성체계 분석의 근거에 관한
　　몇 가지 문제,『애산학보』제27집, 애산학회, 65-90.

임용기(2010), 초성, 중성, 종성의 자질과 훈민정음,『국어학』제57호, 국어학회, 75-105.

임용기(2016), 훈민정음의 우리말 음절 짜임새와 초성·중성·종성의 자질체계,『2016년 훈민정음학회 전국학술대회-훈민정음 연구의 깊이와 외연- 발표논문집』, 훈민정음학회, 3-33.

장선호(2013), 증보문헌비고 악보 훈민정음과 부록 훈민정음 초성 상형도에 대한 연구,『한국어정보학』제15집, 한국어정보학회, 21-28.

장윤희(2013), 훈민정음 제자원리의 위계성과 이체,『어문연구』제41호, 한국어문교육연구회, 37-56.

장재한(1981), 태극의 개념과 논변의 재검토-태극도설을 중심으로, 민족문화 제7집, 한국고전번역원, 111-127.

정경일(2002),『한국운서의 이해』, 대우학술총서.

정병석(2005), 주역의 삼재지도와 천생인성, 유교사상문화연구 제24호, 한국유교학회, 211-235.

정병석(2006), 태극 개념 형성의 연원적 배경과 해석,『철학』제88호, 한국철학회, 45-66.

정병석(2013), 역유태극의 해석을 통해 본 여헌 장현광의 역학사상, 한국학논집 제52집, 계명대학교 한국학연구원, 119-148.

정병우(1994), 훈민정음 연구-제자해 중심으로,『국어교육연구』제6집, 광주교육대학초등국어교육학회, 103-118.

정복동(2011), 훈민정음 중성의 심미구조 고찰,『서예학연구』제19집, 한국서예학회, 5-27.

정영길(2005), 훈민정음 제자상의 몇 가지 문제,『국제언어문학』제12집, 국제언어문학회, 35-47.

조규태(1998), 훈민정음 창제와 상상력,『인문학연구』 제4집, 인문학연구소, 113-136.

조규태(2010), 『번역하고 풀이한 훈민정음』(개정 3판), 한국문화사.

조영진(1969), 훈민정음 자형의 기원에 대하여, 『국어국문학』 제44 · 45호, 국어국문학회, 195-207.

주백온 저, 김학권 옮김(2008), 『주역산책』, 예문서원.

주상대(1983), 훈민정음의 초성 자질 '려'에 대하여, 『국문학연구』 제7집, 대구가톨릭대학교, 69-81.

주희 저, 백은기 옮김(1999), 『주역본의』, 여강출판사.

차익종(2014), 동국정운의 중성 배열 원리에 대하여-훈민정음 해례본의 제자 · 합용 · 상합의 관점에서, 『국어학』 제70호, 국어학회, 157-183.

최상진(1994), 훈민정음음양론에 의한 어휘의미 구조 분석, 『국어국문학』 제111호, 국어국문학회, 109-132.

최상진(1997), 훈민정음의 언어유기체론에 대하여, 『(조영식 박사 희수기념) 논문집』 제26집, 경희대학교, 79-96.

최창록(1998), 『황정경 연구』, 태학사.

편집부(1996), 『성리대전』, 이화문화출판사.

한동석(2013), 『우주변화의 원리』, 대원출판사.

홍기문(1946), 『정음발달사(상)』, 서울신문사 출판국.

홍기문 저, 이상규외 주해(2016), 『증보정음발달사』, 역락.

황경수(2006), 훈민정음 제자해와 초성의 역학사상, 『언어학연구』 제11호, 한국중원언어학회, 207-226.

황경수(2015), 훈민정음 용자례의 분석, 청대학술논집 제9집, 청주대학교 학술연구소, 163-181.

사전

『국어국문학자료 사전』(1994), 편집부, 한국사전연구사.

『두산세계대백과사전』(1996), (주)두산.

『원불교대사전』(2013), 원불교 100년기념사업회.

『한국고전용어사전』(2001), 편찬위원회, 세종대왕기념사업회.

『한국민족문화대백과사전』(1991), 한국정신문화연구원.

『중국역대인명사전』(임종욱, 2010), 이회문화사.

《훈민정음》해례본

한글학회(1998) 수정본

ㄴ。舌音。如那字初發聲

ㄷ。舌音。如斗字初發聲

ㆁ。牙音。如業字初發聲

ㅋ。牙音。如快字初發聲

ㄱ。牙音。如君字初發聲

訓民正音

國之語音。異乎中國。與文字不相流通。故愚民有所欲言。而終不得伸其情者多矣。予爲此憫然。新制二十八字。欲使人人易習。便於日用耳。

《훈민정음》 해례본 – 한글학회(1998) 수정본 – 정음1ㄱㄴ

ㄹ半舌音。如閭字初發聲

ㆆ喉音。如挹字初發聲

ㅎ喉音。如虛字初發聲　並書如洪字初發聲

ㆁ牙音。如業字初發聲

ㅿ半齒音。如穰字初發聲

ㅅ齒音。如戌字初發聲　並書如邪字初發聲

正音　二

ㅈ齒音。如卽字初發聲　並書如慈字初發聲

ㅊ齒音。如侵字初發聲

ㅁ脣音。如彌字初發聲

ㅍ脣音。如漂字初發聲

ㅂ脣音。如彆字初發聲　並書如步字初發聲

≪훈민정음≫ 해례본 – 한글학회(1998) 수정본 – 정음2ㄱㄴ

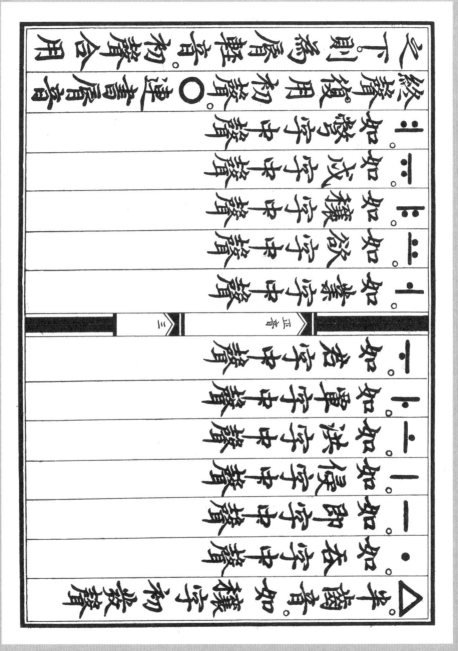

《훈민정음》 해례본 - 한글학회(1998) 수정본 - 정음3ㄱㄴ

則右慈聲則加書。初聲合用則並書，終聲同。ᆞᅳᅭᅲᅮ附書初聲之下。ᅵᅡᅥᅣᅧ附書於右。凡字必合而成音。左加一點則去聲，二則上聲，無則平聲。入聲加點同而促急。

丄 ㅣ · ㅡ ㅜ
ㅛ ㅑ ㅏ ㅣ

《훈민정음》해례본 – 한글학회(1998) 수정본 – 정음4ㄱㄴ

正音二十八字，各象其形而制之。
牙音ㄱ，象舌根閉喉之形。
舌音ㄴ，象舌附上腭之形。
脣音ㅁ，象口形。
齒音ㅅ，象齒形。
喉音ㅇ，象喉形。
ㅋ比ㄱ，聲出稍厲，故加畫。
ㄴ而ㄷ，ㄷ而ㅌ，ㅁ而ㅂ，ㅂ而ㅍ，ㅅ而ㅈ，ㅈ而ㅊ，ㅇ而ㆆ，ㆆ而ㅎ，其因聲加畫之義皆同，而唯ㆁ為異。
半舌音ㄹ，半齒音ㅿ，亦象舌齒之形而異其體，無加畫之義焉。

正音解例

訓民正音解例
制字解

天地之道，一陰陽五行而已。坤復之間為太極，而動靜之後為陰陽。凡有生類在天地之間者，捨陰陽而何之。故人之聲音，皆有陰陽之理，顧人不察耳。今正音之作，初非智營而力索，但因其聲音而極其理而已。理既不二，則何得不與天地鬼神同其用也。

夫人之有聲，本於五行。故合諸四時而不悖，叶之五音而不戾。喉邃而潤，水也。聲虛而通，如水之虛明而流通也。於時為冬，於音為羽。牙錯而長，木也。聲似喉而實，如木之生於水而有形也。於時為春，於音為角。舌銳而動，火也。聲轉而颺，如火之轉展而揚揚也。於時為夏，於音為徵。齒剛而斷，金也。聲屑而滯，如金之屑瑣而鍛成也。於時為秋，於音為商。脣方而合，土也。聲含而廣，如土之含蓄萬物而廣大也。於時為季夏，於音為宮。

正音解例　制字解　二

正音二十八字，各象其形而制之。牙音ㄱ，象舌根閉喉之形。舌音ㄴ，象舌附上腭之形。脣音ㅁ，象口形。齒音ㅅ，象齒形。喉音ㅇ，象喉形。ㅋ比ㄱ，聲出稍厲，故加畫。ㄴ而ㄷ，ㄷ而ㅌ，ㅁ而ㅂ，ㅂ而ㅍ，ㅅ而ㅈ，ㅈ而ㅊ，ㅇ而ㆆ，ㆆ而ㅎ，其因聲加畫之義皆同，而唯ㆁ為異。半舌音ㄹ，半齒音ㅿ，亦象舌齒之形而異其體，無加畫之義焉。

《훈민정음》 해례본 – 한글학회(1998) 수정본 – 정음해례2ㄱㄴ

牙錯而長。木也。聲似喉而實。如木之生於水而有形也。於時爲春。於音爲角。舌銳而動。火也。聲轉而颺。如火之轉展而揚揚也。於時爲夏。於音爲徵。齒剛而斷。金也。聲屑而滯。如金之屑瑣而鍛成也。於時爲秋。於音爲商。脣方而合。土也。聲含而廣。如土之含蓄萬物而廣大也。於時爲季夏。於音爲宮。水乃生物之源。火乃成物之用。故五行之中。水火爲大。喉乃出聲之門。舌乃辨聲之管。故五音之中。喉舌爲主也。喉居後而牙次之。北東之位也。舌齒又次之。南西之位也。脣居末。土無定位而寄旺四季之義也。是則初聲之中。自有陰陽五行方位之數也。

又以聲音淸濁而言之。ㄱㄷㅂㅈㅅㆆ爲全淸。ㅋㅌㅍㅊㅎ爲次淸。ㄲㄸㅃㅉㅆㆅ爲全濁。ㆁㄴㅁㅇㄹㅿ爲不淸不濁。ㄴㅁㅇ。其聲最不厲。故次序雖在於後。而象形制字則爲之始。ㅅㅈ雖皆爲全淸。而ㅅ比ㅈ。聲不厲。故亦爲制字之始。唯牙之ㆁ。雖舌根閉喉聲氣出鼻。而其聲與ㅇ相似。故韻書疑與喩多相混用。今亦取象於喉。而不爲牙音制字之始。蓋喉屬水而牙屬木。ㆁ雖在牙而與ㅇ相似。猶木之萌芽生於水而柔軟。尙多水氣也。ㄱ木之成質。ㅋ木之盛長。ㄲ木之老壯。故至此乃皆取象於牙也。

又以聲音淸濁而言之。ㄱㄷㅂㅈㅅㆆ，爲全淸。ㅋㅌㅍㅊㅎ，爲次淸。ㄲㄸㅃㅉㅆㆅ，爲全濁。ㆁㄴㅁㅇㄹㅿ，爲不淸不濁。ㄴㅁㅇ，其聲㝡不厲，故次序雖在於後，而象形制字則爲之始。ㅅㅈ雖皆爲全淸，而ㅅ比ㅈ聲不厲，故亦爲制字之始。

正音解例 四

唯牙之ㆁ，雖舌根閉喉聲氣出鼻，而其聲與ㅇ相似，故韻書疑與喩多相混用，今亦取象於喉，而不爲牙音制字之始。蓋喉屬水而牙屬木，ㆁ雖在牙而與ㅇ相似，猶木之萌芽生於水而柔軟，尙多水氣也。ㄱ木之成質，ㅋ木之盛長，ㄲ木之老壯，故至此乃皆取象於牙也。

ㅗ與•同而口蹙　其形則•與一合而成　取天地初交之義也

ㅏ與•同而口張　其形則•與ㅣ合而成　取天地之用發於事物待人而成也

ㅜ與ㅡ同而口蹙　其形則ㅡ與•合而成　亦取天地初交之義也

ㅓ與ㅡ同而口張　其形則ㅣ與•合而成　亦取天地之用發於事物待人而成也

ㅛ與ㅗ同而起於ㅣ

ㅑ與ㅏ同而起於ㅣ

ㅠ與ㅜ同而起於ㅣ

ㅕ與ㅓ同而起於ㅣ

ㅗㅏㅜㅓ始於天地　爲初出也

ㅛㅑㅠㅕ起於ㅣ而兼乎人　爲再出也

ㅗㅏㅜㅓ之一其圓者　取其初生之義也

ㅛㅑㅠㅕ之二其圓者　取其再生之義也

ㅗㅏㅛㅑ之圓居上與外者　以其出於天而爲陽也

ㅜㅓㅠㅕ之圓居下與內者　以其出於地而爲陰也

《훈민정음》 해례본 – 한글학회(1998) 수정본 – 정음해례5ㄱㄴ

始於天地，為初出也。ㅛㅑㅠㅕ起於ㅣ而兼乎人，為再出也。ㅗㅏㅜㅓ之一其圓者，取其初生之義也。ㅛㅑㅠㅕ之二其圓者，取其再生之義也。ㅗㅏㅛㅑ之圓居上與外者，以其出於天而為陽也。ㅜㅓㅠㅕ之圓居下與內者，以其出於地而為陰也。

•之貫於八聲者，猶陽之統陰而周流萬物也。ㅛㅑㅠㅕ之皆兼乎人者，以人為萬物之靈而能參兩儀也。取象於天地人而三才之道備矣。然三才為萬物之先，而天又為三才之始，猶•ㅡㅣ三字為八聲之首，而•又為三字之冠也。

ㅗ初生於天，天一生水之位也。ㅏ次之，天三生木之位也。ㅜ初生於地，地二生火之位也。ㅓ次之，地四生金之位也。ㅛ再生於天，天七成火之數也。ㅑ次之，天九成金之數也。ㅠ再生於地，地六成水之數也。ㅕ次之，地八成木之數也。水火未離乎氣，陰陽交合之初，故闔。木金陰陽之定質，故闢。•天五生土之位也。ㅡ地十成土之數也。ㅣ獨無位數者，盖以人則無極之真，二五之精，妙合而凝，固未可以定位成數論也。

ㅗ初生於天。天一生水之位也。ㅏ次之。天三生木之位也。ㅜ初生於地。地二生火之位也。ㅓ次之。地四生金之位也。ㅛ再生於天。天七成火之數也。ㅑ次之。天九成金之數也。ㅠ再生於地。地六成水之數也。ㅕ次之。地八成木之數也。水火未離乎氣。陰陽交合之初。故闔。木金陰陽之定質。故闢。

ㆍ天五生土之位也。ㅡ地十成土之數也。ㅣ獨無位數者。盖以人則無極之眞。二五之精。妙合而凝。固未可以定位成數論也。是則中聲之中。亦自有陰陽五行方位之數也。以初聲對中聲而言之。陰陽。天道也。剛柔。地道也。

《훈민정음》 해례본 – 한글학회(1998) 수정본 – 정음해례7ㄱㄴ

以初中終合成之字言之，亦有動靜互根、陰陽交變之義焉。動者，天也。靜者，地也。兼乎動靜者，人也。

蓋五行在天則神之運也，在地則質之成也，在人則仁禮信智義，神之運也，肝心脾肺腎，質之成也。

初聲有發動之義，天之事也。終聲有止定之義，地之事也。中聲承初之生，接終之成，人之事也。

蓋字韻之要，在於中聲，初終合而成音。亦猶天地生成萬物，而其財成輔相則必賴乎人也。

終聲之復用初聲者，以其動而陽者乾也，靜而陰者亦乾也，乾實分陰陽而無不君宰也。

一元之氣，周流不窮，四時之運，循環無端，故貞而復元，冬而復春。初聲之復爲終，終聲之復爲初，亦此義也。

正音解例

《훈민정음》 해례본 – 한글학회(1998) 수정본 – 정음해례8ㄱㄴ

天地之化本一氣　陰陽五行相始終
物於兩間有形聲　元本無二理數通
正音制字尚其象　因聲之厲每加畫
音出牙舌脣齒喉　是爲初聲字十七

正音解例　九

牙取舌根閉喉形　唯業似欲取義別
舌迺象舌附上齶　脣則實是取口形
齒喉直取齒喉象　知斯五義聲自明
又有半舌半齒音　取象同而體則異

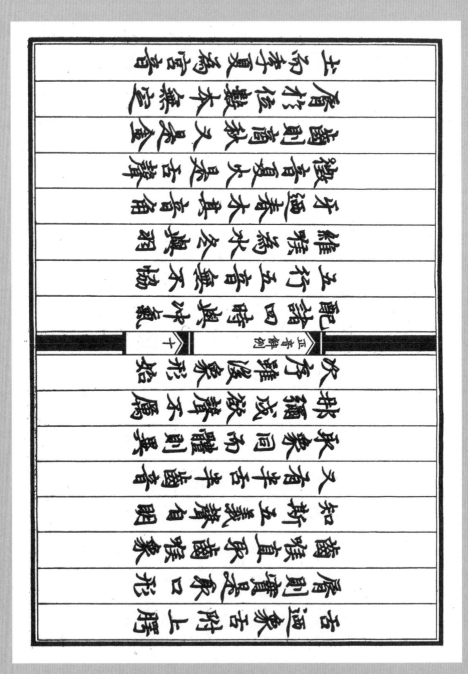

《훈민정음》 해례본 – 한글학회(1998) 수정본 – 정음해례10ㄱㄴ

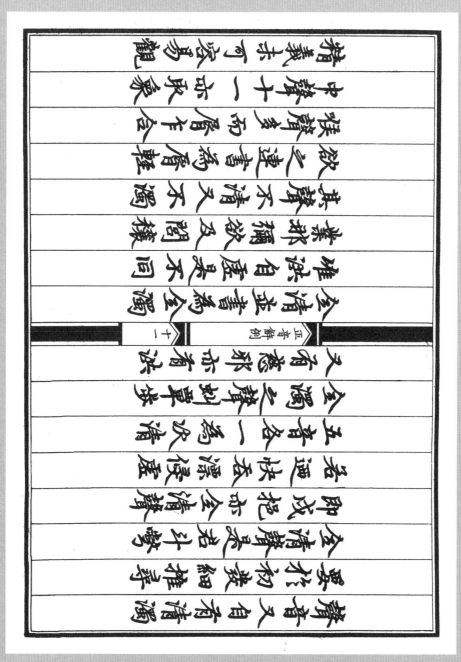

全淸聲是君斗彆　即戌挹亦全淸聲
若迺快呑漂侵虛　五音各一爲次淸
全濁之聲虯覃步　又有慈邪亦有洪
全淸並書爲全濁　唯洪自虛是不同
業那彌欲及閭穰　其聲不淸又不濁
欲之連書爲脣輕　喉聲多而脣乍合
中聲十一亦取象　精義未可容易觀

《훈민정음》 해례본 – 한글학회(1998) 수정본 – 정음해례11ㄱㄴ

ㅜ與ㅡ同而口蹙。其形則ㅡ與ㆍ合而成。亦取天地初交之義。ㅓ與ㅡ同而口張。其形則ㆍ與ㅣ合而成。亦取天地之用發於事物待人而成也。ㅛ與ㅗ同而起於ㅣ。ㅑ與ㅏ同而起於ㅣ。ㅠ與ㅜ同而起於ㅣ。ㅕ與ㅓ同而起於ㅣ。

ㅗㅏㅜㅓ始於天地。爲初出也。ㅛㅑㅠㅕ起於ㅣ而兼乎人。爲再出也。ㅗㅏㅜㅓ之一其圓者。取其初生之義也。ㅛㅑㅠㅕ之二其圓者。取其再生之義也。ㅗㅏㅛㅑ之圓居上與外者。以其出於天而爲陽也。ㅜㅓㅠㅕ之圓居下與內者。以其出於地而爲陰也。

《훈민정음》 해례본 – 한글학회(1998) 수정본 – 정음해례12ㄱㄴ

正音解例　十三

陽之靜。動者，天也。靜者，地也。兼乎
動靜者，人也。蓋五行在天則神之運
也，在地則質之成也，在人則仁禮信
義智神之運也，肝心脾肺腎質之成也。
初聲有發動之義，天之事也。終聲有
止定之義，地之事也。中聲承初之生，
接終之成，人之事也。蓋字韻之要，在
於中聲，初終合而成音。

亦猶天地生成萬物，而其財成輔相
則必賴乎人也。終聲之復用初聲者，
以其動而陽者乾也，靜而陰者亦乾
也，乾實分陰陽而無不君宰也。一元
之氣，周流不窮，四時之運，循環無端，
故貞而復元，冬而復春。初聲之復為
終，終聲之復為初，亦此義也。

《훈민정음》 해례본 – 한글학회(1998) 수정본 – 정음해례13ㄱㄴ

中聲唱之初聲和，天先乎地理自然。
和者爲初亦爲終，物生復歸皆於坤。
陰變爲陽陽變陰，一動一靜互爲根。
初聲復有發生義，爲陽之動主於天。
終聲比地陰之靜，字音於此止定焉。
韻成要在中聲用，人能輔相天地宜。
陽之爲用通於陰，至而伸則反而歸。
初終雖云分兩儀，終用初聲義可知。

正音之字只廿八，探賾錯綜窮深幾。
指遠言近牖民易，天授何曾智巧爲。

初聲解

正音初聲，卽韻書之字母也。聲音由此而生，故曰母。如牙音君字初聲是ㄱ，ㄱ與ㅜㄴ而爲군。快字初聲是ㅋ，ㅋ與ㅙ而爲쾌。虯字初聲是ㄲ，ㄲ與ㅠ而爲뀨。業字初聲是ㆁ，ㆁ與ㅓ而爲업之類。

正音初聲即韻書之字母也聲音由此而生故曰母如牙音君字初聲是ㄱㄱ與ㅜㄴ而爲군快字初聲是ㅋㅋ與ㅙ而爲쾌虯字初聲是ㄲㄲ與ㅠㆁ而爲뀨業字初聲是ㆁㆁ與ㅓ而爲업之類舌之斗吞覃那脣之彆漂步彌齒之即侵慈戌邪喉之挹虛洪欲半舌半齒之閭穰皆倣此

訣曰

君快虯業其聲牙
舌聲斗吞及覃那
彆漂步彌則是脣
齒有即侵慈戌邪
挹虛洪欲迺喉聲
閭爲半舌穰半齒
二十三字是爲母
萬聲生生皆自此

中聲解

中聲者居字韻之中合初終而成音如吞字中聲是•居ㅌㄴ之間而爲툰

正音解例 十五

《훈민정음》 해례본 – 한글학회(1998) 수정본 – 정음해례15ㄱㄴ

二字合用者，ㅗ與ㅏ同出於ㆍ，故合而爲ㅘ。ㅛ與ㅑ又同出於ㅣ，故合而爲ㆇ。ㅜ與ㅓ同出於ㅡ，故合而爲ㅝ。ㅠ與ㅕ又同出於ㅣ，故合而爲ㆊ。以其同出而爲類，故相合而不悖也。

一字中聲之與ㅣ相合者十，ㆍㅣㅢㅚㅐㅟㅔㆉㅖㆌ是也。二字中聲之與ㅣ相合者四，ㅙㅞㆈㆋ是也。ㅣ於深淺闔闢之聲，並能相隨者，以其舌展聲淺而便於開口也。亦可見人之參贊開物而無所不通也。

訣曰

母字之音各有中，須就中聲尋闢闔。
洪覃自吞可合用，君業出即亦可合。
欲之與穰戌與彆，各有所從義可推。
侵之爲用最居多，於十四聲徧相隨。

終聲解

終聲者，承初中而成字韻。如即字終聲是ㄱ，ㄱ居즈終而爲즉。洪字終聲是ㆁ，ㆁ居ᅘᅩ終而爲ᅘᅩᆼ之類。舌唇齒喉皆同。

《훈민정음》 해례본 – 한글학회(1998) 수정본 – 정음해례16ㄱㄴ

不清不濁之字 其聲不厲 故用於終則宜於平上去

全清次清全濁之字 其聲爲厲 故用於終則宜於入

所以ㆁㄴㅁㅇㄹㅿ六字爲平上去聲之終 而餘皆爲入聲之終也

然ㄱㆁㄷㄴㅂㅁㅅㄹ八字可足用也

如빗곶爲梨花 영의갗爲狐皮 而ㅅ字可以通用 故只用ㅅ字

且ㅇ聲淡而虛 不必用於終 而中聲可得成音也

ㄷ如볃爲彆 ㄴ如군爲君 ㅂ如업爲業 ㅁ如땀爲覃 ㅅ如諺語·옷爲衣 ㄹ如諺語·실爲絲之類

五音之緩急 亦各自爲對

如牙之ㆁ與ㄱ爲對 而ㆁ促呼則變爲ㄱ而急 ㄱ舒出則變爲ㆁ而緩

舌之ㄴㄷ 脣之ㅁㅂ 齒之ㅿㅅ 喉之ㅇㆆ 其緩急相對 亦猶是也

訣曰

不清不濁用於終　爲平上去不爲入

全清次清及全濁　是皆爲入聲促急

初作終聲理固然　只將八字用不窮

唯有欲聲所當處　中聲成音亦可通

若書卽字終用君　洪彆亦以業斗終

君業覃終又何如　以那彆彌次第推

六聲通乎文與諺　戌閭用於諺衣絲

五音緩急各自對　君聲迺是業之促

斗彆聲緩爲那彌　穰欲亦對戌與挹

閭宜於諺不宜文　斗輕爲閭是俗習

《훈민정음》 해례본 – 한글학회(1998) 수정본 – 정음해례17ㄱㄴ

《훈민정음》 해례본 – 한글학회(1998) 수정본 – 정음해례18ㄱㄴ

且半舌之ㄹ、當用於諺、而不可用於文。如入聲之彆字、終聲當用ㄷ、而俗習讀爲ㄹ、蓋ㄷ變而爲輕也。若用ㄹ爲彆之終、則其聲舒緩、不爲入也。

訣曰

不清不濁用於終　爲平上去不爲入
全清次清及全濁　是皆爲入聲促急
初作終聲理固然　只將八字用不窮
唯有欲聲所當處　中聲成音亦可通
若書即字終用君　洪彆亦以業斗終
君業覃終又何如　以那彆彌次第推
六聲通乎文與諺　戌閭用於諺衣絲
五音緩急各自對　君聲迺是業之促
斗彆聲緩爲那彌　穰欲亦對戌與挹
閭宜於諺不宜文　斗輕爲閭是俗習

《훈민정음》 해례본 – 한글학회(1998) 수정본 – 정음해례19ㄱㄴ

〔正音解例　合字解（20ㄱ）〕

初中終三聲。合而成字。初聲或在中聲之上。或在中聲之左。如君字ㄱ在ᅮ上。業字ᅥ在ᄋ左之類。中聲則圓者橫者在初聲之下。ᆞᅳᅩᅮᅭᅲ是也。縱者在初聲之右。ᅵᅡᅣᅥᅧ是也。如呑字ᆞ在ㅌ下…

〔版心〕 正音解例　二十

〔合字解　訣（20ㄴ）〕

訣曰

初聲在中聲左上
挹欲於諺用相同
中聲十一附初聲
圓橫書下右書縱
欲書終聲在何處
初中聲下接着寫
初終合用各並書
中亦有合悉自左

音ㅇ而ㆁ居ㅊ終而爲즉。洪字終聲是ㆁ,ㆁ居堃終而爲홍之類。舌脣齒喉皆同。聲有緩急之殊,故平上去其終聲不類入聲之促急。不淸不濁之字,其聲不厲,故用於終則宜於平上去。全淸次淸全濁之字,其聲爲厲,故用於終則宜於入。所以ㆁㄴㅁㅇㄹㅿ六字爲平上去聲之終,而餘皆爲入聲之終也。

正音解例 二十一

然ㄱㆁㄷㄴㅂㅁㅅㄹ八字可足用也。如빗곶爲梨花,영의갗爲狐皮,而ㅅ字可以通用,故只用ㅅ字。且ㅇ聲淡而虛,不必用於終,而中聲可得成音也。ㄷ如별爲彆,ㄴ如군爲君,ㅂ如업爲業,ㅁ如땀爲覃,ㅅ如諺語옷爲衣,ㄹ如諺語실爲絲之類。五音之緩急,亦各自爲對。如牙之ㆁ與ㄱ爲對,而ㆁ促呼則變爲ㄱ而急,ㄱ舒出則變爲ㆁ而緩。舌之ㄴㄷ,脣之ㅁㅂ,齒之ㅿㅅ,喉之ㅇㆆ,其緩急相對,亦猶是也。

《훈민정음》 해례본 - 한글학회(1998) 수정본 - 정음해례21ㄱㄴ

而文之入聲與去聲相似諺之入聲無定或似平聲如긷爲柱·녑爲脅或似上聲如·낟爲穀·깁爲繒或似去聲如·몯爲釘·입爲口之類其加點則與平上去同平聲安而和春萬物舒泰上聲和而擧夏萬物漸盛去聲擧而壯秋萬物成熟入聲促而塞冬萬物閉藏也

訣曰
初聲在中聲左上挹欲於諺用相同中聲十一附初聲圓橫書下右書縱欲書終聲在何處初中聲下接着寫初終合用各並書中亦有合悉自左諺之四聲何以辨平聲則弓上則石刀爲去而筆爲入觀此四物他可識音因左點四聲分一去二上無點平語入無定亦加點文之入則似去聲方言俚語萬不同有聲無字書難通一朝制作侔神工大東千古開矇矓

《훈민정음》 해례본 – 한글학회(1998) 수정본 – 정음해례22ㄱㄴ

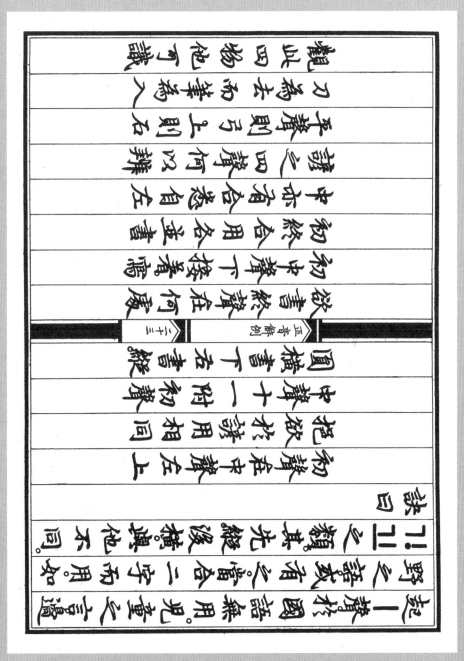

訣曰

初聲在中聲左上　挹欲於諺用相同
中聲十一附初聲　圓橫書下右書縱
欲書終聲在何處　初中聲下接着寫

初終合用各並書　中亦有合悉自左
諺之四聲何以辨　平聲則弓上則石
刀爲去而筆爲入　觀此四物他可識

《훈민정음》 해례본 – 한글학회(1998) 수정본 – 정음해례23ㄱㄴ

合字解 訣

音因左點四聲分　一去二上無點平
語入無定亦加點　文之入則似去聲
方言俚語萬不同　有聲無字書難通
一朝制作侔神工　大東千古開矇矓

用字例

初聲
ㄱ。如감爲柿，又如ᄀ爲蘆。
ㅋ。如우케爲未舂稻，又如콩爲大豆。
ㆁ。如러울爲獺，又如서에爲流澌。
ㄷ。如뒤爲茅，又如담爲墻。
ㅌ。如고티爲繭，又如두텁爲蟾蜍。
ㄴ。如노로爲獐，又如납爲猿。
ㅂ。如불爲臂，又如벌爲蜂。
ㅍ。如파爲蔥，又如ᄑㆍ爲蠅。
ㅁ。如뫼爲山，又如마爲薯藇。
ㅸ。如사ᄫㅣ爲蝦，又如드ᄫㅣ爲瓠。
ㅈ。如자爲尺，又如죠ᄒㆍㅣ爲紙。
ㅊ。如체爲籭，又如채爲鞭。
ㅅ。如손爲手，又如셤爲島。
ㅎ。如부헝爲鵂鶹，又如힘爲筋。
ㅇ。如비육爲鷄雛，又如ᄇㆍㅣ얌爲蛇。
ㄹ。如무뤼爲雹，又如어름爲氷。
ㅿ。如아ᅀㆍ爲弟，又如너ᅀㅣ爲鴇。

中聲
ㆍ。如ᄐㆍㄱ爲頤，ᄑㆍᆺ爲小豆，ᄃㆍ리爲橋，ᄀㆍ래爲楸。
ㅡ。如믈爲水，발측爲跟，그력爲雁，드레爲汲器。
ㅣ。如깃爲巢，ᄆㅣㄹ爲蠟，피爲稷，키爲箕。
ㅗ。如논爲水田，톱爲鉅，호ᄆㅣ爲鉏，벼로爲硯。

如·뫼爲山。·마爲薯藇。ᄫ。如사·ᄫᅵ爲
蝦。드·ᄫᅴ爲瓠。ᄌ。如·자爲尺。죠ᄒᆡ爲
紙。ᄎ。如·체爲籭。·채爲鞭。ᄉ。如·손爲
手。:셤爲島。ᄒ。如·부형爲鵂鶹。·힘爲
筋。ㅇ。如·비육爲鷄雛。·ᄇᆡ얌爲蛇。ᄅ。
如·무뤼爲雹。어·름爲氷。ᅀ。如아ᅀᆞ
爲弟。:너ᅀᅵ爲鴇。中聲ㆍ。如·ᄐᆞᆨ爲頤
·ᄑᆺ爲小豆。ᄃᆞ리爲橋。·ᄀᆞ래爲楸。ㅡ。
如·믈爲水。·발·측爲跟。그력爲鴈。드

正音解例 二十五

·레爲汲器。ㅣ。如·깃爲巢。:밀爲蠟。·피
爲稷。·키爲箕。ㅗ。如·논爲水田。·톱爲
鉅。호·ᄆᆡ爲鉏。벼·로爲硯。ㅏ。如·밥爲
飯。·낟爲鎌。이·아爲綜。·사ᄉᆞᆷ爲鹿。ㅜ。
如숫爲炭。·울爲籬。·누·에爲蠶。·구리
爲銅。ㅓ。如·브ᅀᅥᆸ爲竈。:널爲板。·서·리
爲霜。·버·들爲柳。ㅛ。如:죵爲奴。·고ᄋᆞᆷ

≪훈민정음≫ 해례본 – 한글학회(1998) 수정본 – 정음해례25ㄱㄴ

ㅗ。如논爲水田。톱爲鉅。호ᄆᆡ爲鉏。벼로爲硯。

ㅏ。如밥爲飯。낟爲鎌。이아爲綜。사ᄉᆞᆷ爲鹿。

ㅜ。如숫爲炭。울爲籬。누에爲蚕。구리爲銅。

ㅓ。如브ᅀᅥᆸ爲竈。ᄂᆞᆯ爲板。서리爲霜。버들爲柳。

ㅛ。如죵爲奴。고욤爲梬。쇼爲牛。삽됴爲蒼朮菜。

ㅑ。如남샹爲龜。약爲鼅鼆。다야爲匜。쟈감爲蕎麥皮。

ㅠ。如율믜爲薏苡。쥭爲飯ᄎᆔ。슈룹爲雨繖。쥬련爲帨。

ㅕ。如엿爲飴餹。뎔爲佛寺。벼爲稻。져비爲燕。

有天地自然之聲，則必有天地自然之文。所以古人因聲制字，以通萬物之情，以載三才之道，而後世不能易也。然四方風土區別，聲氣亦隨而異焉。蓋外國之語，有其聲而無其字，假中國之文字以通其用，是猶鑿枘之鉏鋙也，豈能達而無礙乎。要皆各隨所處而安，不可强之使同也。吾東方禮樂文章，侔擬華夏。但方言俚語，不與之同。

昔新羅薛聰，始作吏讀，官府民間，至今行之。然皆假字而用，或澁或窒，非但鄙陋無稽而已，至於言語之間，則不能達其萬一焉。

吾東方禮樂文章，侔擬華夏。但方言俚語，不與之同。學書者患其旨趣之難曉，治獄者病其曲折之難通。

〈正音解例〉〈二十七〉

癸亥冬，我殿下創制正音二十八字，略揭例義以示之，名曰訓民正音。象形而字倣古篆，因聲而音叶七調。三極之義，二氣之妙，莫不該括。以二十八字而轉換無窮，簡而要，精而通。故智者不終朝而會，愚者可浹旬而學。

〔正音解例 二十八ㄱ〕

…叶七調。三極之義，二氣之妙，莫不該括。以二十八字而轉換無窮，簡而要，精而通。故智者不終朝而會，愚者可浹旬而學。以是解書，可以知其義。以是聽訟，可以得其情。字韻則淸濁之能辨，樂歌則律呂之克諧。無所用而不備，無所往而不達。雖風聲鶴唳，雞鳴狗吠，皆可得

〔正音解例 二十八ㄴ〕

而書矣。遂命詳加解釋，以喩諸人。於是，臣與集賢殿應敎臣崔恒、副校理臣朴彭年、臣申叔舟、修撰臣成三問、敦寧府注簿臣姜希顏、行集賢殿副修撰臣李塏、臣李善老等，謹作諸解及例，以敍其梗槪。庶使觀者不師而自悟。若其淵源精義之妙，則非臣等之所能發揮也。

訓民正音

恭惟我殿下，天縱之聖，制度施爲超越百王。正音之作，無所祖述，而成於自然。豈以其至理之無所不在，而非人爲之私也。夫東方有國，不爲不久，而開物成務之大智，蓋有待於今日也歟。

正統十一年九月上澣。

資憲大夫禮曹判書集賢殿大提學知春秋館事世子右賓客臣鄭麟趾拜手稽首謹書

《훈민정음》 해례본 – 한글학회(1998) 수정본 – 정음해례29ㄱㄴ

출   처 : 『훈민정음 해례본 입체 강독본』(개정판)
저   자 : 김슬옹
출판사 : ㈜박이정
출판년도 : 2018. 3. 28